서울지방변호사회
법제연구원 연구총서 **10**

# 한국의 법률업무관련
# 자격사 제도에 관한 연구

**서울지방변호사회**
집필 이광수

박영사

# 발간사

　역사는 왜곡되기 쉽습니다. 기록되지 않은 역사는 그럴 위험성이 더욱 높습니다. 역사는 반드시 바르게 기록되어야 합니다. 법과 원칙을 생명으로 하는 법률가에게는 역사를 바로 세우는 것은 선택이 아니라 사명입니다. 2017년 5월 23일 서울중앙지방법무사회 정기총회에 참석하였는데, 법무사 중 일부가 법무사의 전신인 대서인(代書人)이라는 제도가 1897년에 한국에 도입되었으므로 변호사 제도보다 법무사 제도가 더 앞선 제도라는 주장을 서슴없이 하는 것을 보고, 정말 역사가 이렇게 왜곡될 수 있겠구나 하는 생각에 온몸에 전율이 일었습니다.

　'학문의 기원이 철학, 법학, 신학에서 비롯되었다'는 말이라든지, '닷새 후에 대제사장 아나니아가 더들로라는 변호사와 함께 총독 앞에서 바울을 고소하니라(사도행전 24:1)'라고 쓰여 있는 성경구절까지 인용하지 않더라도, 우리는 상식적으로도 무엇인가 잘못되었구나라는 것을 직관적으로 느낄 수 있습니다. 잘못된 주장에는 의미 없는 소모적인 논쟁이 아니라, 체계적인 연구와 증거자료로써 진실을 밝혀야겠다는 사명감이 느껴졌습니다.

　진실은 훼손되었음을 인식하는 순간 최대한 빨리 바로잡아야 합니다. 서울지방변호사회 산하 법제연구원에 연구를 의뢰하였습니다. 특정 단체를 비난하기 위한 것이 아니라 역사를 바로 세우는 작업이라는 대전제 하에 연구를 진행할 것을 요청하였습니다. 그리고 연구의 범위를 특정 직역에 한정할 것이 아니라, 파행적으로 운영되고 있는 국내의 유사 법조직역 전체를 포괄하여 줄 것을 요청하였습니다.

우리 법조계는 오랫동안 일제의 잔재를 완전히 청산하지 못하고 있었습니다. 국가가 소수 엘리트 법조인 양성을 주도하고, 고시라는 높은 문턱을 통과한 소수 엘리트들은 그야말로 시험 한번 잘 본 덕분에 평생을 사회적 명예와 경제적 풍요를 보장받는 체제가 너무나 장기간 유지되었습니다. 이러한 소수 엘리트들이 주도하는 법조계는 문턱이 높을 수밖에 없었습니다. 일반 국민이 감당하기 어려운 고액의 변호사비용으로 인하여 국민의 법률적 수요를 구조적으로 충족시켜 줄수 없었습니다.

이러한 상황에서 같은 소수 엘리트 법조인 양성 시스템을 가지고 있는 일본처럼 법률전문가인 변호사를 보완할 만한 직역이 필요하였습니다. 전 세계적으로 유례가 없는 유사 법조직역이 탄생하게 된 것입니다. 더욱 우려스러운 것이, 이러한 직역들 중 상당수가 관련 업무를 처리하던 공무원 출신들에게 자동으로 자격을 부여하는 일종의 전관예우라는 특혜를 제공해 왔다는 것입니다. 일제가 남겨 놓은 부정적인 역사가 아직도 우리 사회에 남아있는 것입니다.

사회가 바뀌면 제도도 바뀌어야 합니다. 우리는 법조인을 국가에서 선발하고 공무원의 지위를 부여하여 모든 교육을 지원하는 사법시험 제도를 폐지하고, 로스쿨 제도를 도입하였습니다. 이로 인하여 이제는 소수 엘리트가 아니라, 다양한 학문적·사회적 경험을 가진 변호사들이 대량으로 배출되고 있습니다. 이제는 국민의 곁에서, 국민의 수요에 맞추어 법률서비스를 제공할 변호사들이 언제든지 대기하고 있는 사회로 변화하고 있습니다.

원칙과 예외는 분명히 구별되어야 합니다. 법률업무는 원칙적으로

변호사의 고유 업무입니다. 법률업무는 소송을 포함하여 법률자문, 각
종 계약이나 법률행위가 모두 포함되는 개념입니다. 소수 엘리트 법조
인 양성 시스템 하에서 변호사의 절대적 숫자가 부족하였기 때문에 반
드시 법률전문가인 변호사만이 수행하여야 할 소송을 제외하고, 예외
적으로 변호사업무의 보완재로 각종 유사 법조직역이 만들어진 것입
니다. 처음에 유사직역이 만들어질 당시만 해도 변호사의 절대 숫자가
부족했고, 유사직역도 그 숫자가 적었기 때문에 암묵적 공존이 가능할
수 있었습니다.

　　그러나 시대가 변해서 유사직역에 종사하는 숫자가 늘어나면서
그 안에서 경쟁이 치열해지자 변호사의 고유 업무 중 가장 대표적이라
고 할 수 있는 소송까지 마치 본래 자신의 업무영역에 속해 있는 것처
럼 사실을 왜곡하고 있습니다. 소액사건, 조세소송, 특허소송, 노동소
송 등 외국에서는 찾아보기가 힘든 영역에까지 자신들의 업무범위를
넓히려고 하고 있습니다.

　　로스쿨 제도의 도입으로 변호사 배출 숫자가 급증하였습니다. 이
로 인하여 보완적으로 등장한 유사직역은 그 역사적 사명을 다하였으
므로 당장 폐지하거나 통합하여야 한다는 주장도 있습니다. 하지만 인
위적인 폐지나 통합은 바람직하지 않습니다. 이제는 국민의 선택에 맡
겨야 할 때입니다. 소송은 현행법상 변호사의 고유 업무 영역입니다.
소송능력은 소송의 승패를 좌우하는 매우 중요한 요소입니다. 국민의
권익을 위해서도 소송을 체계적으로 배우지 못한 자에게 결코 맡길 수
가 없습니다.

　　그러나 본래 변호사가 모두 처리하여야 할 업무분야임에도, 변호
사 숫자의 절대 부족으로 등장한 유사직역과 변호사의 업무가 중복되
는 업무분야에 대해서는 이제 국민을 위하여 '비용과 전문성'으로 경쟁
하도록 하여야 합니다. 국민들이 같은 비용 혹은 더 저렴한 비용으로

양질의 법률서비스를 제공받도록 하는 것이 국가를 위해서도 바람직하다고 할 것입니다.

이제는 대량으로 배출되는 변호사들이 국민과 함께, 국민의 다정한 이웃으로서 법률서비스를 제공할 수 있게끔 사회적 환경이 변화하였습니다. 과거의 소수 엘리트 법조인 양성시스템이라는 일제의 잔재를 청산할 때가 되었습니다. 이제는 국민을 위하여, 국회를 비롯한 정부기관에 대한 조직적인 로비 대신 원칙과 합리적 근거자료를 기초로 한 설득이 필요합니다. 법제연구원의 이번 '한국의 법률업무관련 자격사 제도에 관한 연구'는 이러한 인식 하에서 오랜 조사와 연구를 거쳐 발간되게 된 것입니다. 국회를 비롯한 정부기관이 올바른 정보를 기초로 무엇이 국민을 위한 길인지를 판단하는 자료로 사용되기를 바라는 마음에서 발간을 결심하였습니다.

바쁘신 중에도 이번 연구총서의 발간에 힘써 주신 이광수 법제연구원장님과 본회 법제팀을 비롯한 많은 분들께 진심으로 감사드립니다. 또한 본서의 출간을 위해 협조와 노고를 아끼지 않으신 박영사 안종만 회장님과 편집부 관계자 여러분의 노고에 깊이 감사드립니다. 앞으로도 서울지방변호사회는 국민의 다정한 이웃으로서 국민과 함께, 국민을 위하여 최상의 법률서비스를 제공하는 변호사회가 되도록 최선을 다하겠습니다.

2018년 9월 23일
서울지방변호사회 회장
이 찬 희

# 서  문

이 연구는 두 개의 질문에서 시작되고 발전되었다. 첫 번째는 "정말인가?"라는 질문이었고, 두 번째는 "그래서?"라는 질문이었다. "정말인가?"라는 질문은 某 자격사 단체의 행사에서 그들 단체가 변호사보다 10년 앞서 우리나라에 도입된 최초의 법률업무전문자격사단체라고 自讚하더라는 傳言을 듣고 나서 든 것이었다. 개화기의 문헌 등 몇 가지 자료를 조사하면서 위 단체의 自讚은 얼토당토않은 것임을 금방 알 수 있었다. 법률문서 작성은 모조리 자신들의 업무라고 생각하는 그 단체의 短見은 主客顚倒의 極致를 보여주기에 부족함이 없었다.

그런데 그 단체의 無道함보다도 더 啞然失色케한 것은, 자신의 淵源조차 제대로 파악하지 않은 채, 남의 말만 믿고 삼촌을 아버지라고 믿으며 지내고 있는 우리 변호사단체의 實相이었다. 심지어 이웃 단체조차 당신네 아버지는 지금 알고 있는 삼촌이 아니라 따로 있다고 알려주고 있는 마당에 말이다. 다소 거친 표현 같지만, 이러한 아연실색의 마음을 추스르고 정리한 부분이 이 연구의 제2장이다. 그 결론은 우리나라의 '근대적' 변호사 제도의 연원은 1895년의 '代人' 제도라는 것이었다. '근대적'이라는 어휘를 부가한 이유는, 시간을 훨씬 더 거슬러 올라가면 조선시대 초기에 이미 변호사의 연원으로 볼 수 있는 제도를 확인할 수 있기 때문이다. 野史도 아니고 극작가의 머릿속에서

번득이는 창작의 영감으로부터 탄생한 것도 아닌, 朝鮮王朝實錄이라는
正史에서 그 존재를 확인할 수 있는 이른바 '外知部'가 바로 그러한 제
도이다. 비록 소송을 부추기는 나쁜 존재라고 박해를 받았지만, 이들
外知部야말로 다른 사람의 소송을 위임받아 대신 수행하는 존재였으
므로, 연혁적으로 변호사의 뿌리라고 해도 과언이 아닐 것이다. 적어
도 법률문서만 작성하면 무조건 자기네의 前身이라고 우기는 태도보
다는 더 정직한 태도라고 할 수 있다. 그러나 모름지기 '근대적'인 자
격사 제도라고 하려면 적어도 국가가 그 자격사의 활동에 관여하는 장
치가 마련되어야 하는 것이 최소한의 필요조건이라고 할 수 있다. 이
런 이유에서 外知部보다는 그나마 1895년의 '代人'이 우리나라 최초의
근대적인 변호사 제도의 嚆矢라고 볼 수 있다는 것이다.

　　여기까지 결론을 정리하고 나자 그 다음에 떠오른 질문이 바로
"그래서?"라는 질문이었다. 이 질문에는 어느 제도가 10년 먼저 들어왔
건 10년 늦게 들어왔건 그게 무슨 대수냐는 의문이 바탕에 자리하고
있다. 인접 자격사들이 내 집 앞마당을 차지하는 것도 모자라서 이제
는 안방까지 넘보고 있는 지금 실정에 아비를 제대로 알지 못하는 게
무슨 큰 허물이 될까보냐는 것이다.

　　그러나 이 두 가지 질문에는 매우 중요한 含意가 담겨 있었다. 첫
번째 질문의 含意는 우리나라의 법률업무관련 자격사 제도의 淵源이
어떤 것이며, 지금까지 어떤 변화를 겪으면서 유지되어 왔는지에 대한
것이다. 그러나 만일 두 번째 질문의 含意를 제대로 파악하지 못한다
면 첫 번째 질문의 含意는 그게 대수냐는 反問에 가로막히고 말 것이
다. 두 번째 질문의 含意는 법률업무관련 자격사 職群간의 갈등과 충
돌 속에서 변호사 제도의 사회적 효용성을 분명하게 인식시키지 못한
다면 昨今에 변호사업계가 직면하고 있는 어려움은 단지 직역간의 밥
그릇싸움에 불과한 것으로 전락하게 된다는 것이다. 변호사 제도의 사

회적 효용성은 어디에서 찾아야 하는가? 어째서 국가권력은 변호사를 국가자격제로 운용하면서 변호사가 아닌 자가 변호사의 업무를 조금이라도 할라치면 서슬퍼런 형벌권을 행사하려 드는 것일까? 그 해답은 바로 헌법제정권력자인 국민이 법치주의와 적법절차의 원리를 헌법의 기본질서로 채택하였다는 데에 있다. 변호사가 예뻐서가 아니라 적법절차의 원리가 제대로 구현되기 위해서는, 변호사 제도의 정립이 關鍵이 된다. 국민의 사법접근권을 충실화하는 것이 변호사 제도가 갖는 사회적 효용을 키우는 방편이다. 두 번째 질문에 대한 답변이 여기에 있다. 도토리 키재기를 하자는 것이 아니라, 주권자인 국민이 주권자로 제대로 대접받기 위해서 변호사 제도는 보호되어야 한다는 것이다.

변호사 제도의 정립을 위해 이 연구가 제시한 방안은 인접 자격사 職群의 입장에서는 받아들이기 어려운 방안일 수 있다. 통합 대상 職群은 말할 것도 없거니와 동업이나 업무제휴 대상으로 거론된 職群조차 성에 차지 않는 방안일 것이다. 그러나 이 연구가 제시한 방안은 職群간의 이해관계를 조정하기 위한 것이 아니다. 국민의 사법접근권 충실화라는 사회적 효용을 극대화해서 법치주의와 적법절차의 원리가 제자리를 찾도록 이바지하기 위함이다. 이를 위해 변호사단체 스스로도 무엇을 고쳐야 하는지 스스로를 돌아볼 필요가 있다. 이 연구의 원고를 탈고해서 서울지방변호사회에 제출한 이후인 2017. 12. 26.에 변호사에게 자동적으로 세무사자격을 부여하는 규정의 삭제를 내용으로 하는 세무사법개정안이 국회를 통과하였다. 이 연구에서는 해당 개정안 통과 이후의 상황이나 예상되는 변화에 대해서는 원칙적으로 다루지 않았다. 어차피 헌법재판소의 위헌결정이 나기 전까지는 변호사의 세무사 등록 자체가 제한받아온 터에 개정안이 갖는 파급력이 어느 정도일 것인지 미지수이기 때문에 이 상황을 새롭게 다루어야 할 필요가 없다고 보았다. 다만 이 연구에서 지적한 바와 같이 이미 세무사 자격을 부여받은 변호사들의 세무업무 수행을 방해하는 구실이 되었던 세무사법 관련 조항이 헌법에 위반된다는 헌법재판소의 2018. 4. 26. 결정은 이 연구가 지적한 문제점을 확인시켜주었다는 의미가 있으므로 출간 직전에 추가하였다. 세무사 자격 자동폐지는 적절한 개정이 아니었다는 아쉬움이 강하게 남아 있는 것이 사실이지만, 자동부여 폐지 개정안이 발의되기 전에 이 연구가 제시한 것처럼 변호사단체가 앞장서서 특허업무나 세무업무를 수행하는 변호사들에 대한 특별한 관심과 연수 등 훈련프로그램의 개발 등이 필요하다는 의견에 대해 귀를 기울였더라면 어떤 결과를 가져왔을지 아쉬움이 있기도 하다. 이제라도 조금씩 그런 변화의 조짐이 보이고 있음은 그나마 다행이라고 할 수 있겠다.

　　이 연구의 動因이 되었던 첫 번째 질문은 서울지방변호사회 94대 이찬희 회장님께서 직접 제기하신 것이다. 그 질문이 없었다면 이 연구는 시작될 수 없었을 것이다. 그리고 회원들의 실무와 직접적 관련성이 부족함에도 '사법제도의 발전'이라는 사회적 효용을 위해 법제연구원이라는 조직을 유지하고 있는 서울지방변호사회 94대 임원진의 배려가 없었다면 이 연구가 법제연구원의 열 번째 연구총서로 햇빛을 볼 수 없었을 것이다. 한편 박중진 법제팀장과 박유선 주임, 백종성 사원은 여전히 교정과 출판의 진행을 위한 수고를 아끼지 않았다. 이 자리를 빌려 모두에게 감사함을 표한다.

2018년 11월

서울지방변호사회 법제연구원

책임연구위원　이 광 수

# 차 례

# 제 1 장 총 설

## 제 3 장  외국 법률업무관련 자격사 제도의 연혁과 현황

# 제5장　결　론

# 총 설

## 제1절 연구의 의의와 목적

서울지방변호사회가 창립 100주년을 기념하여 발간한 『서울지방변호사회백년사』는 한국 변호사 제도의 기원에 관하여 이렇게 기술하고 있다. "실정법상의 제도로서의 변호사는 1905. 11. 서울에 통감부가 설치되고 같은 달 법률 제8호로 변호사법이 제정되면서부터이다. 이 법에 따라 최초의 변호사시험은 1907. 6.에 실시하고 6인의 합격자를 배출하였다"[1]라는 것이다. 이때 합격한 합격자들을 포함하여 1907년 8월 등록을 마친 10여 명의 변호사들이 창립총회를 개최하고 같은 해 9월 23일 법부대신의 인가를 받아 '한성변호사회'를 설립하게 된 것이 오늘날 서울지방변호사회의 모태가 된 것이다. 지금까지의 일반적인 설명은, 이와 같이 변호사 제도의 시행 및 한성변호사회의 출범이 곧

---

1 서울지방변호사회, 『서울지방변호사회100년사』(2009) 중 김효전 교수 집필 부분 26면.

근대적 의미에서 법률업무를 취급할 수 있는 '최초'의 자격사 제도의 도입 및 자격사단체의 효시라고 하는 것이었다.

그런데 이에 관하여 변호사보다 더 앞선 근대적 법률업무관련 자격사 제도의 시행을 주장하는 이들이 있다. 바로 대한법무사협회가 그러한 경우이다. 즉, 대한법무사협회가 발간한 『법무사백년사』에서는 광무(光武) 원년(元年)인 1897년 9월에 대한제국 법제 훈령인 「대서소세칙(代書所細則)」을 공포함으로써 창설된 '대서인(代書人)' 제도가 한국 법무사 제도의 전신(前身)으로서, "한국의 법무사 제도는 근대법의 산물로서 일본이 서구제도를 도입, 모방하여 만든 제도를 대한제국 시대에 이를 본떠서 씨를 뿌리고 한일합방2 이후의 일제 치하에서 그 뿌리를 내린 것"이라고 기술하고 있는 것이다.3 이들에 의하면 2017년 현재 한국 법무사의 역사는 120년에 이르고 있어 변호사보다 10년이나 앞선 최초의 근대적 법률업무관련 자격사가 되는 것이다.4 일반인들도 접하는 「법률신문」이라는 매체에 공공연히 한국 법무사의 역사 120년을 언급한 것이 처음일 뿐, 사실 법무사업계의 이러한 언명은 어제 오늘의 일이 아니었다.

이 연구는 이에 대한 문제제기에서부터 출발한다. 그 문제제기란 크게 두 가지 측면에서 제기된다. 하나는, 대한법무사협회나 일부 법무사들이 위에서 주장하는 것처럼 '대서인(代書人)' 제도가 과연 한국

---

2 '합방'이라는 용어가 국가 사이의 대등한 결합을 의미하기 때문에 근래에는 '병합'이라는 용어를 사용하는 것이 적절하다는 의견이 일반적이다. 이 연구에서도 그러한 관점에 전적으로 동의하지만, 원문을 그대로 인용하는 경우에는 이 연구의 관점과 일치하지 않는 표현이더라도 그대로 인용하였음을 밝혀둔다.

3 대한법무사협회, 『법무사백년사』, 육법사, 1997, 184면.

4 이천교, "법무사 120년, 그 존재와 역할", 「법률신문」(2017. 9. 28. 입력)(https://www.lawtimes.co.kr/Legal‑Opinion/Legal‑Opinion‑View?serial=121441 &kind=BA10&key=) 참조(2017. 10. 15. 최종방문).

법무사 제도의 전신(前身)이라고 볼 수 있는가 하는 점이고, 다른 하나
는 광무 원년의 「대서소세칙(代書所細則)」이 과연 '법무사' ─ 사법서사
를 포함하여 ─ 제도를 창설한 것으로 볼 수 있는가 하는 점이다. 이에
착안한 연구를 진행하다 보면 필연적으로 우리나라 근대 사법제도의
기원이 된 일본의 사법제도에 관한 천착(穿鑿)에 이르지 않을 수 없게
된다. 그런데 일본이 근대적 사법제도를 어떻게 발전시켜 왔는지에 관
한 연구를 진행하면서 비단 법무사 제도뿐만 아니라 부분적으로 제한
된 영역에서나마 예외적으로 법률업무의 성격을 갖는 사무를 취급할
수 있는 권한을 부여받고 있는 다른 인접 자격사 제도에 관해서도 관
심을 두지 않을 수 없었다. 이렇듯 인접 자격사 제도의 연원과 현황을
살펴보는 일은 앞으로 우리나라 자격사 제도가 어떤 방향으로 나아갈
것이며 또한 나아가야 할 것인지에 대한 예측과 당위를 보여줄 것이기
때문이다.

　이에 이 연구에서는 먼저 법률업무를 취급할 수 있는 자격사 제도
로서 변호사 제도를 비롯하여 법무사 제도는 물론 특정한 법률 분야에
관한 법률사무를 취급할 권한을 부여받고 있는 변호사 인접 자격사 제
도에 관하여 그 연원과 현재의 모습을 살펴보되, 우리나라에서의 연원
(제2장)뿐만 아니라 그 연원의 뿌리가 되었다고 볼 수 있는 외국의 법
률업무관련 자격사 제도(제3장)에 관해서도 살펴보고자 한다. 현재 우
리나라 법률업무관련 자격사 제도의 틀이 이루어지게 된 연혁과 현황
을 파악한 다음에는 이와 같은 법률업무관련 자격사 제도가 앞으로 어
떻게 발전해 나가야 할 것인지 방향을 모색하고자 한다. 역사를 알아
야 하는 이유는 역사를 통해 미래를 배울 수 있기 때문이다. 우리나라
법률업무관련 자격사 직군(職群)이 지금과 같이 갈등과 대립의 양상을
보이는 상황에서는 국민에게 충실한 법률서비스를 제공하여야 한다는
제도 본래의 이념이 퇴색되어 버리고 말 것이다. 이 부분에서는 지금

까지 제기되어온 이른바 '진입장벽 철폐론'과 '자격제한 필요론'을 비롯하여, 변호사 인접 자격사 제도의 통·폐합 논의 및 MDP 도입론을 모두 살펴보면서, 우리나라의 법률업무관련 자격사 제도를 어떻게 변화시켜야 할 것인지 방향을 모색하여 그 구체적 대안을 제시한 후(제4장), 연구를 마무리하게 될 것이다(제5장).

## 제 2 절   연구의 요약

이 연구는 문헌적 연구를 기본으로 한다. 제2장에서는 먼저 우리나라 근대 변호사 제도의 연원에 관하여 살펴보고, 다음으로 변호사 인접 자격사 제도의 연원(淵源)과 현재의 양태에 관하여 살펴보는 순서를 취하였다. 변호사 제도의 현황에 대한 기술은 필요한 최소한으로 축약하였다. 그 이유는 변호사의 직역이나 자격제도에 관해서는 지금까지 거의 변화된 부분이 없기 때문이며, 이미 서울지방변호사회 법제연구총서05로 발간된 『변호사법개론』에서 이 부분을 다루었기 때문이다. 제2장의 연구에서, 앞에서 지적하였던 바와 같이 일부에서 주장하는 것처럼 근대적 법률업무관련 자격사 제도 중 과연 변호사 제도보다 먼저 도입되었다고 주장할 수 있을 만한 제도가 있는 것인지 여부를 검증하고자 한다. 검증에 있어서는 해당 자격사 제도의 연원(淵源)에 관하여 해당 자격사단체가 제시하고 있는 공식적인 입장을 먼저 소개한 후 그러한 입장이 타당한 것인지 여부를 검증하게 될 것이다. 정확한 검증을 위해서는 우리나라에서의 연원에 관한 고찰뿐만 아니라 우리에게 이러한 근대 자격사 제도를 이식한 일본의 근대 사법제도의 연혁(沿革)을 살펴보는 것이 필수적이며, 일본의 근대 사법제도의 모태가 되었던 영국, 프랑스, 미국 등 서구 국가의 법률업무관련 자격사 제도의 연혁 역시 필요한 범위 내에서 살펴볼 필요가 있다. 그 부분은 제3장에서 다루게 될 것인데, 제4장의 연구와 관련짓기 위한 편의상, 외국 법률업무관련 자격사 제도의 현황에 대해서도 함께 살펴보게 될 것이다. 연구의 제4장에서는 법률업무를 포괄적으로 또는 부분적으로 취급하는 자격사군(群) 사이에서 어느 자격사 제도가 먼저 도입되었는지 여부를 따지는 소모적 논쟁보다는 미래지향적 관점에서 우리 헌법의 기본 가치인 법치주의를 정착시키고 국민의 기본권을 신장시키기 위해 이들 자격사 제도가 나아가야 할 방향에 관해서 살펴보게 될 것이다.

## 제 3 절   연구의 범주

### 1. 개 관

　　법률 관련 업무를 취급할 수 있는 자격사라고 할 때, 가장 기본적인 자격사는 변호사라는 점에 관하여는 아무도 이론(異論)을 제기하지 않을 것이다. 그러므로 연구의 범주를 결정함에 있어서는 이러한 변호사의 직무 범위를 기준으로 하여 변호사의 직무 범위와 유사한 직무 범위를 갖고 있는 자격사를 '변호사 인접 자격사'로 보고, 변호사를 포함하는 경우에는 '법률업무관련 자격사'라고 통칭하여, 이들을 연구의 범주로 설정하는 입장을 취하고자 한다. 구체적인 범주 설정을 위해서는 '유사성(類似性)'의 정도에 관한 판단이 필요하다. 이에 지금까지 변호사 인접 법률업무 자격사의 범주로 논의되어 온 자격사의 직무 범위를 살펴보고 그에 따라 이 연구에서 대상으로 포섭하는 인접 자격사의 범주를 결정하고자 한다.

## 2. 법률업무의 개념

이 연구에서 연구의 범주를 결정하는 기준은 해당 자격사의 직무가 '법률업무'에 해당하는지 여부이다. 법률용어가 아닌 '법률업무'의 개념에 대해서는 논자마다 그 범위를 달리 설정할 수 있을 것이다. 이 연구에서는 변호사법의 규정을 참고로 하여 '법률업무'의 개념을 규정하고자 한다. 아래에서 설명하고 있는 것과 같이 변호사법 제3조와 제109조를 종합하면 변호사의 직무 범위는 소송을 포함한 '법률사건의 대리'와 상담·문서작성 등을 포함한 '법률사무'를 처리하는 것이라고 할 수 있다. '법률사건의 대리' 역시 '법률사무'의 범주에 포섭될 수 있으므로, 결국 변호사의 업무는 '법률사무'를 처리하는 것이라고 할 수 있다. 다만 변호사법이 '법률사건'과 '법률사무'라는 용어를 구별하여 사용하고 있으므로,[5] 용어의 혼동을 피하기 위하여 이 연구에서는 일반적으로 변호사가 아니면 취급할 수 없고 원칙적으로 변호사만이 취급할 수 있는 업무를 가리키는 용어로 '법률사무'라는 용어 대신 '법률업무'라는 용어를 사용하기로 한다.

## 3. 변호사(辯護士)의 직무 범위

이 연구는 다른 사람의 법률업무를 취급할 수 있는 자격사 제도를 대상으로 삼은 것이다. 이렇듯 다른 사람의 법률업무를 취급하는 자격사 중에서 가장 포괄적이고 일반적인 권한을 보유하고 있는 자격사는 누가 뭐라고 해도 변호사라고 할 수 있다. 그러므로 법률업무를 취급할 수 있는 자격사의 범주를 설정함에 있어서도 그 기준은 변호사의

---

5 법률사건과 법률사무의 구별에 관해서는 이 연구의 범위를 벗어나므로 상론하지 않는다. 이 부분은 본문의 앞에서 인용한 『변호사법개론』에서 상세히 기술하였다.

직무 범위가 되는 것이 당연하다. 변호사의 직무 범위를 기준으로 그 직무 범위와 부분적으로 일치하거나 유사한 범위 내에서 법률업무를 취급할 수 있는 자격사가 바로 '인접' 자격사의 범주에 해당하게 될 것이다.

변호사의 직무 범위에 관하여는 변호사법 제3조와 제109조를 통합적으로 살펴보아야 한다는 것이 일반론이다.[6] 변호사법 제3조는 변호사의 직무 범위에 관하여 "당사자와 그 밖의 관계인의 위임이나 국가·지방자치단체와 그 밖의 공공기관의 위촉 등에 의하여 소송에 관한 행위 및 행정처분의 청구에 관한 대리행위와 일반 법률사무를 하는 것"이라고 규정하고 있다. 한편 제109조에서는 변호사가 아닌 자가 수행하는 행위의 구체적 양태를 나열하면서 변호사가 아닌 자가 이러한 행위를 하는 경우에는 형사처벌의 대상이 된다고 규정하고 있다. 이를 종합하여 변호사의 직무 범위를 규정한다면 다음과 같다. 즉, 변호사의 직무 범위에는 ⅰ) 소송사건, 비송사건, 가사조정 또는 심판사건, ⅱ) 행정심판 또는 심사의 청구나 이의신청, 그밖에 행정기관에 대한 불복신청사건, ⅲ) 수사기관에서 취급 중인 수사사건, ⅳ) 법령에 따라 설치된 조사기관에서 취급 중인 조사사건, ⅴ) 그밖에 일반의 법률사건에 관한 감정·대리·중재·화해·청탁·법률상담 또는 법률관계 문서의 작성, ⅵ) 그밖에 일반의 법률사무의 취급 등이 포함되는 것이다. 위에서 열거한 업무 중 ⅰ)부터 ⅳ)까지의 업무가 구체적인 특정 법률사건을 전제로 하는 직무라면, ⅴ)와 ⅵ)의 업무는 모든 법률사무를 포괄하고 있다. 변호사법 제3조에서 말하는 일반 법률사무의 의미는 '널리 일상의 사무 중에서 법률상의 효과를 발생, 변경 또는 보전하는 사무'를 의미한다고 할 것이므로, 결국 변호사는 일상생활에서 법률상의 효과를 발생·변경·보전하는 일체의 사무를 처리할 수 있는 권한을

---

| 6 서울지방변호사회, 『변호사법개론』, 박영사, 2016, 20면 참조.

갖는다고 할 수 있다. 그런데 변호사의 직무 범위는 이렇듯 변호사법에 의해서만 규정되는 것이 아니다. 변호사는 다른 법률에서 변호사에게 자격을 인정하고 있는 직무도 수행할 수 있는데, 세무사와 변리사의 경우가 그러하다. 비록 법률에서 명문으로 규정하고 있는 것은 아니지만, 대(大)는 소(小)를 겸한다는 원칙에 따라 변호사는 당연히 법무사의 직무도 취급할 수 있다.[7]

변호사에게 위와 같은 세무사, 변리사, 법무사 영역에서 해당 분야 자격사와 동등하게 직무를 수행할 수 있는 지위를 인정하는 이유가 어디에 있는지에 관해서는 먼저 이들 자격사의 직무 범위를 살펴보면서 그 직무 범위와 변호사의 그것을 비교하여 볼 필요가 있다. 그러나 이렇듯 수평적 비교만으로는 어느 자격사가 연혁적으로 더 오래된, 법률업무관련 자격사의 본류(本流)에 해당하는지 여부를 판별하기가 곤란하다. 이를 위해서는 수평적인 비교와 아울러 수직적인 비교라고 할 수 있는 연원에 관한 연혁적인 연구가 필요하다. 연혁적 연구는 이 연구의 제2장에서 다루도록 하고, 이 장에서는 우리나라 자격사 중 법률관련 업무를 취급할 수 있는 권한이 인정되는 자격사에 관하여 각각의 법률이 규정하고 있는 직무 범위를 중심으로 살펴보는 수평적 비교를 해 보고자 한다.

## 4. 변호사 인접 자격사의 범주

### 가. 개 관

자격사 제도가 세밀하게 분화되는 추세에 따라 오늘날 법률관련 업무를 취급할 수 있는 자격사에는 여러 유형이 있겠으나, 이 연구에서는 그동안 변호사의 직무 영역과 충돌로 인하여 논란이 많았던 자격사를 중점적으로 살펴보고자 한다. 법무사, 변리사, 세무사, 공인노무

---

7 대한변협 2008. 9. 2. 법제 제2212호.

사, 손해사정사, 행정사가 바로 그러한 자격사이다. 대한변호사협회가
발간한 『변호사백서(2010)』에서는 관세사도 인접 자격사의 하나로 취
급하고 있다. 아래에서 이들 자격사의 직무 범위를 차례대로 살펴보고
이들의 직무 범위를 기준으로 이 연구의 대상이 되는 인접 자격사의
범주에 포함시킬 자격사를 결정하게 될 것이다. 공인중개사의 경우에
는 인접 자격사의 범주에서 제외하였다. 그 이유는 공인중개사의 업무
범위 중 법률사무적 성격의 업무에 관하여 변호사가 이를 수행할 수
있는지 여부를 둘러싸고 비록 고등법원의 판단은 있었지만 대법원의
종국적인 판단이 아직 내려지지 않은 채 일단 상황이 종료되었기 때문
에 앞으로의 전개를 좀 더 기다려볼 필요가 있다고 보았기 때문이다.
다만, 최근에 변호사 직군(職群)과 치열한 충돌을 벌이고 있는 점을 고
려하여 이 연구의 제2장 '우리나라 법률업무관련 자격사의 연혁과 현
황'에서는 '공인중개사'의 연혁과 현황에 대해서도 살펴보게 될 것이다.

　나. 법무사(法務士)의 직무 범위

　　법무사의 직무 범위에 관해서는 「법무사법」 제2조가 규정하고 있다.
구체적으로 보자면, ⅰ) 법원과 검찰청에 제출하는 서류의 작성, ⅱ)
법원과 검찰청의 업무에 관련된 서류의 작성, ⅲ) 등기나 그밖에 등록
신청에 필요한 서류의 작성, ⅳ) 등기·공탁사건(供託事件) 신청의 대리
(代理), ⅴ) 「민사집행법」에 따른 경매사건과 「국세징수법」이나 그 밖
의 법령에 따른 공매사건(公賣事件)에서의 재산취득에 관한 상담, 매수
신청 또는 입찰신청의 대리, ⅵ) ⅰ)부터 ⅲ)에 따른 업무 수행을 위하
여 작성된 서류의 제출 대행(代行)이 법무사의 직무 범위에 해당한다.

　　이와 같은 법무사의 직무 범위는 위에서 살펴본 변호사의 직무 범
위에 완전히 포함된다. 그러므로 변호사는 법무사 등록 등 별도의 절
차 등을 거치지 아니하더라도 당연히 법무사의 업무를 수행할 수 있
다. 이러한 논지는 얼핏 당연한 것으로 특별한 의의를 갖지 않는 것처

럼 보일 수 있다. 그러나 이 장의 '제1절 연구의 의의와 목적' 부분에
서 언급한 것처럼, 다른 사람의 법률문서를 작성해 줄 수 있는 권한이
마치 법무사의 전속적 권한인 것처럼 호도하는 입장을 취하는 이들과
관련해서는 매우 중요한 의의를 갖는다고 할 수 있다. 법률문서의 작
성 대행 역시 변호사의 당연한 직무 범위에 해당하는 것이기 때문이
다. 오히려 연혁적으로 살펴본다면 다른 사람의 법률문서를 대신해서
작성해 줄 수 있는 자격사 제도의 발전은 변호사 제도의 발전과 궤를
같이 하고 있다고 보는 것이 온당하다는 점을 알 수 있게 된다. 이 연
혁적 연구는 제2장 제2절에서 다루게 될 것이다.

### 다. 변리사(辨理士)의 직무 범위

변리사의 직무 범위에 관해서는 「변리사법」 제2조와 제8조가 규
정하고 있다. 변리사는 특허청 또는 법원에 대하여 특허, 실용신안, 디
자인 또는 상표에 관한 사항을 대리하고 그 사항에 관한 감정(鑑定)과
그 밖의 사무를 취급하며, 특허, 실용신안, 디자인 또는 상표에 관한
사항의 소송에 있어서 대리인이 될 수 있다는 내용이 그것이다. 「특허
법」에서는 특허거절결정에 대한 심판을 대리할 수 있는 지위도 인정하
고 있다. 변호사의 직무 범위에 관한 규정 체계와 비교한다면 대단히
단순한 형식을 취하고 있다고 할 수 있다. 이러한 단순한 문언으로 말
미암아 변리사의 직무 범위, 특히 소송의 대리와 관련하여 간혹 오해
를 하여 소송까지 진행된 경우가 있다. 그 자세한 경위는 제2장에서
자세하게 기술하게 될 것이므로, 여기에서는 변리사의 직무 범위를 '특
허청 또는 법원에 대하여 특허, 실용신안, 디자인 또는 상표에 관한 사
항을 대리하고 그 사항에 관한 감정(鑑定)과 그러한 업무에 부수하는
그 밖의 사무 및 특허, 실용신안, 디자인 또는 상표에 관한 사항의 심
결취소소송의 대리'라고 정리하는 것에 그치기로 한다.

'특허, 실용신안, 디자인 또는 상표에 관한 사항을 대리한다'는 취

지는 단순히 기술(技術)적인 측면에서만 대리하는 것이 아니라, 독창성
이나 신규성 등 법률적으로 지적재산권으로 보호할 만한 가치가 있는
지 여부를 전문적으로 판단하고 그러한 판단에 따라 법률적으로 이를
대리하는 것을 포함하는 취지이다. 소송의 대리가 법률업무임은 다언
을 요하지 않는다. 그러므로 변리사의 직무 범위 역시 변호사가 수행
할 수 있는 직무 범위에 사실상 거의 완전히 포함된다고 할 수 있다.
변리사법 제3조에서 제2호로 변호사 자격자에게 별도의 추가 요건 없
이 변리사의 자격을 인정하고 있는 이유는 바로 이러한 변리사 업무의
본질이 법률업무라는 당연한 취지를 반영한 때문이라고 할 것이다.

### 라. 세무사(稅務士)의 직무 범위

세무사의 직무 범위에 관해서는 「세무사법」 제2조가 규정하고 있
다. ⅰ) 과세전적부심사청구, 이의신청, 심사청구 및 심판청구를 포함
하여 조세에 관한 신고·신청·청구 등의 대리 및 「개발이익환수에 관
한 법률」에 따른 개발부담금에 대한 행정심판청구의 대리 업무, ⅱ)
세무조정계산서와 그 밖의 세무 관련 서류의 작성 업무, ⅲ) 조세에
관한 신고를 위한 장부 작성의 대행 업무, ⅳ) 조세에 관한 상담 또는
자문 업무, ⅴ) 세무관서의 조사 또는 처분 등과 관련된 납세자 의견
진술의 대리 업무, ⅵ) 「부동산 가격공시에 관한 법률」에 따른 개별공
시지가 및 단독주택가격·공동주택가격의 공시에 관한 이의신청의 대
리 업무, ⅶ) 해당 세무사가 작성한 조세에 관한 신고 서류의 확인 업
무, ⅷ) 「소득세법」에 따른 성실신고에 관한 확인 업무, ⅸ) 그밖에 이
상의 행위 또는 업무에 부수하는 업무가 그것이다.

이상과 같은 세무사의 직무 범위를 보면 ⅰ)의 과세전적부심사청
구, 이의신청, 심사청구 및 심판청구를 포함하여 조세에 관한 신고·신
청·청구 등의 대리 및 「개발이익환수에 관한 법률」에 따른 개발부담금
에 대한 행정심판청구의 대리 업무와 ⅳ)의 조세에 관한 상담 또는 자

문 업무, ⅴ)의 세무관서의 조사 또는 처분 등과 관련된 납세자 의견진
술의 대리 업무, ⅵ)의「부동산 가격공시에 관한 법률」에 따른 개별공
시지가 및 단독주택가격·공동주택가격의 공시에 관한 이의신청의 대
리 업무 등은 그 속성상 법률업무에 해당함이 명백하다고 할 수 있는
업무이다. 나아가 ⅱ)의 세무조정계산서와 그 밖의 세무 관련 서류의
작성 업무 역시 그 서류를 작성함에 있어서 세법 등 세제에 관한 법률
적 이해와 판단을 필요로 한다는 점에서는 상당부분 법률업무의 속성
을 갖는 업무에 해당한다고 할 수 있다. 즉 세무사의 업무 중 거의 대
부분이 법률업무로서의 성격을 가지는 업무인 것이다. 2017. 12. 26. 법
률 제15288호로 개정되기 전까지의「세무사법」역시「변리사법」과 마
찬가지로 제3조 제3호에서 별도의 추가 요건을 요구하지 아니하고 변호
사 자격자에게 세무사의 자격을 자동으로 부여하고 있었다.

### 마. 공인노무사(公認勞務士)의 직무 범위

공인노무사의 직무 범위는「공인노무사법」제2조가 규정하고 있
다. ⅰ) 이의신청·심사청구 및 심판청구를 포함하여 노동관계 법령에
따라 관계 기관에 대하여 행하는 신고·신청·보고·진술·청구 및 권리
구제 등의 대행 또는 대리 업무, ⅱ) 노동관계 법령에 따른 모든 서류
의 작성과 확인 업무, ⅲ) 노동관계 법령과 노무관리에 관한 상담·지
도 업무, ⅳ)「근로기준법」을 적용받는 사업이나 사업장에 대한 노무
관리진단 업무, ⅴ)「노동조합 및 노동관계조정법」제52조에서 정한
사적(私的) 조정이나 중재 업무가 그것이다.

변리사나 세무사 등 다른 자격사의 업무 범위와 마찬가지로 공인
노무사의 경우에도 법률업무의 속성을 갖는 업무가 포함되어 있다. 위
의 업무 중 ⅰ)의 이의신청·심사청구 및 심판청구를 포함하여 노동관
계 법령에 따라 관계 기관에 대하여 행하는 신고·신청·보고·진술·청
구 및 권리 구제 등의 대행 또는 대리 업무 및 ⅴ)의「노동조합 및 노

동관계조정법」 제52조에서 정한 사적(私的) 조정이나 중재 업무는 그 문언상 당연히 법률업무에 해당한다고 할 수 있다. ⅱ)의 노동관계 법령에 따른 모든 서류의 작성과 확인 업무와, ⅲ)의 노동관계 법령과 노무관리에 관한 상담·지도 업무 및 ⅳ)의 「근로기준법」을 적용받는 사업이나 사업장에 대한 노무관리진단 업무 중에도 법률업무의 속성을 갖는 내용이 포함될 수 있다.

### 바. 손해사정사(損害査定士)의 직무 범위

손해사정사의 직무 범위는 「보험업법」 제188조에서 규정하고 있다. ⅰ) 손해 발생 사실의 확인 업무, ⅱ) 보험약관 및 관계 법규 적용의 적정성 판단 업무, ⅲ) 손해액 및 보험금의 사정 업무, ⅳ) 위 ⅰ)부터 ⅲ)까지의 업무와 관련된 서류의 작성·제출의 대행 업무, ⅴ) 위 ⅰ)부터 ⅲ)까지의 업무수행과 관련된 보험회사에 대한 의견의 진술 업무가 그것이다. 이 중에서 ⅱ)의 보험약관 및 관계 법규 적용의 적정성 판단 업무가 법률업무에 해당함은 자명하다. 손해사정사의 나머지 다른 업무의 경우에도 '손해'인지 아닌지를 판단하는 과정이나 적정한 손해액 및 보험금을 산정하는 과정에는 당연히 법률적 판단이 개입되어야 하므로 법률업무의 속성을 포함하게 된다. 이러한 업무와 관련하여 서류를 작성하는 업무 또는 의견을 진술하는 업무 역시 법률업무의 속성이 포함되어 있다고 보아야 한다.

### 사. 행정사(行政士)의 직무 범위

행정사(行政士)의 직무 범위에 관해서는 「행정사법」 제2조가 규정하고 있다. ⅰ) 행정기관에 제출하는 서류의 작성 업무, ⅱ) 권리의무나 사실증명에 관한 서류의 작성 업무, ⅲ) 행정기관의 업무에 관련된 서류의 번역 업무, ⅳ) 위 ⅰ)부터 ⅲ)에 의하여 작성된 서류의 제출 대행 업무, ⅴ) 인가·허가 및 면허 등 행정기관에 제출하는 신고·신청·청구 등의 대리 업무, ⅵ) 행정관계법령 및 행정에 대한 상담 또는

자문 업무, vii) 법령으로 위탁받은 사무의 사실조사 및 확인 업무가
그것이다. 위에서 규정한 업무 중에서 ⅰ)에서 규정한 행정기관에 제
출하는 서류나 ⅱ)에서 규정한 권리의무나 사실증명에 관한 서류는 법
률문서임이 명백하므로, 이러한 서류를 작성하는 업무는 법률업무라고
할 것이다. ⅳ)에 따라 법률문서를 제출하는 행위 역시 법률업무로 보
는 것이 당연하다. 나머지 다른 업무 중 ⅴ)의 인가·허가 및 면허 등
행정기관에 제출하는 신고·신청·청구 등의 대리 업무와 ⅵ)의 행정관
계법령 및 행정에 대한 상담 또는 자문 업무 역시 법률업무임에 틀림
없다. 결국 행정사의 직무 범위에 속하는 거의 대부분의 업무 역시 법
률업무라고 할 수 있다. 그밖에 다른 업무도 그 업무의 내용에 따라서
는 법률업무의 성격이 포함될 수 있다.

### 아. 관세사(關稅士)의 직무 범위

관세사(關稅士)의 직무 범위에 관해서는 「관세사법」 제2조가 규정
하고 있다. ⅰ) 수출입물품에 대한 세번(稅番)·세율의 분류 업무, 과세
가격의 확인과 세액의 계산 업무, ⅱ) 「관세법」 제38조 제3항의 자율
심사 및 그에 따른 자율심사보고서의 작성 업무, ⅲ) 「관세법」이나 그
밖에 관세에 관한 법률에 따른 물품의 수출·수입·반출·반입 또는 반
송의 신고 등과 이와 관련되는 절차의 이행 업무, ⅳ) 「관세법」 제226
조에 따라 수출입하려는 물품의 허가·승인·표시나 그 밖의 조건을 갖
추었음을 증명하기 위하여 하는 증명 또는 확인의 신청 업무, ⅴ) 「관
세법」에 따른 이의신청, 심사청구 및 심판청구의 대리, ⅵ) 관세에 관
한 상담 또는 자문에 대한 조언 업무, ⅶ) 「관세법」 제241조 및 제244
조에 따른 수출입신고와 관련된 상담 또는 자문에 대한 조언 업무,
ⅷ) 「관세법」 및 「수출용원재료에 대한 관세 등 환급에 관한 특례법」
에 따른 환급청구의 대리 업무, ⅸ) 세관의 조사 또는 처분 등과 관련
된 화주(貨主)를 위한 의견진술의 대리 업무, ⅹ) 위 ⅲ), ⅳ) 및 ⅴ)에

정한 업무 외에 「관세법」에 따른 신고·보고 또는 신청 등 및 이와 관
련되는 절차의 이행 업무가 그것이다. 위에서 열거한 업무 중에서 ⅴ)
의 「관세법」에 따른 이의신청, 심사청구 및 심판청구의 대리 업무와
ⅸ)의 세관의 조사 또는 처분 등과 관련된 화주(貨主)를 위한 의견진술
의 대리 업무 및 ⅹ)의 「관세법」에 따른 신고·보고 또는 신청 등 및
이와 관련되는 절차의 이행 업무가 법률업무에 해당함은 명백하다. 나
머지 업무들의 경우에도 그 업무의 내용 중에는 법률업무의 성격을 갖
는 업무가 포함될 수 있음은 물론이다. 다만 세무사의 경우와 비교하
여 관세사의 업무는 상대적으로 법률업무의 성격이 강하지 않다고 볼
수 있다.

## 5. 연구의 범주

   이상에서 살펴본 바와 같이 변호사는 일반적·포괄적으로 법률사
건을 포함한 법률업무 전반을 모두 취급할 수 있는 권한이 있는 반면
에, 변호사 인접 자격사라고 할 수 있는 법무사, 변리사, 세무사, 공인
노무사, 손해사정사, 행정사, 관세사 등은 각각 특정한 분야에 국한하
여 제한적으로 법률업무를 처리할 수 있는 권한이 부여되고 있을 뿐이
다. 이 연구에서는 이러한 입장을 좇아 변호사의 직무 범위에 속하는
업무 중 일부 또는 그와 유사한 직무를 수행하는 자격사 — 이 연구에
서는 이들 자격사군(群)을 '변호사 인접 자격사'라고 통칭한다 — 의 범
주에 법무사, 변리사, 세무사, 행정사, 공인노무사만을 포함시킨다. 관
세사와 손해사정사 등 다른 자격사의 경우에도 제한적으로 법률사무
를 취급할 수 있는 권한이 부여되어 있다는 점에서 위의 법무사, 변리
사, 세무사, 행정사, 공인노무사와 달리 취급할 필요성은 그다지 크지
않지만, 연구의 대상을 지나치게 확산시키는 것이 연구의 초점을 흐리
게 만들 우려가 있다고 보았기 때문이다. 한편 관세사의 업무 범위는

세무사의 업무 범위와 유사하므로 관세사의 경우에는 세무사에 관하여 살펴보는 것 이상을 살펴볼 필요가 없다는 이유에서도 연구 대상에서 생략하였다. 세무사에 비하여 법률업무 취급 범위가 좁다는 점도 그와 같은 판단에 영향을 미쳤다. 다만, 필요한 부분에서는 연구대상에서 제외시킨 위 해당 자격사에 관하여도 제한적으로 언급할 수 있을 것이다.

포괄적·일반적으로 법률사무를 취급할 수 있는 변호사의 직무 범위는 종종 오해의 대상이 된다. 그러한 오해의 하나는 변호사에게만 특별한 지위와 권한을 부여하는 것은 부당하다는 오해이고, 다른 하나는 변호사는 일반적인 법률사무에 대해서만 전문성을 보유할 뿐 특허, 세무 등 특별히 전문적인 법률업무와 관련해서는 전문성이 부족하므로 이와 같이 특별히 전문적인 법률업무는 해당 분야의 자격사에게 소송대리권한까지 부여하여야 한다는 오해이다. 그러나 변호사에게 세무사나 변리사의 업무를 당연히 수행할 수 있는 지위를 인정하는 이유는 변호사에게 특권을 부여하고자 함에 있는 것이 아니라, 변리사의 업무나 세무사의 업무 중 기술(技術)적인 사항에 관한 사실적 업무의 일부분을 제외한 나머지 사무는 본질적으로 법률업무의 속성을 갖고 있기 때문이다. 그러므로 변호사는 변호사의 자격에 기하여 세무업무 중 법률업무, 또는 특허업무 중 법률업무를 수행하는 것에 관하여 아무런 제한을 받지 아니한다. 다만 변호사의 자격에 기하지 아니하고, 이와 별개인 세무사 혹은 변리사의 자격에 기하여 ― 변호사의 자격에 기하여 이들 자격을 인정받는 경우를 포함하여 ― 이러한 업무를 수행하고자 하는 경우에 각각 「세무사법」 또는 「변리사법」에서 요구하는 등록 등 소정의 절차를 거쳐야 할 뿐이다. 또 분쟁의 해결에 있어서 필요한 전문성은 해당 분야에 대한 특수한 전문지식이 아니라 분쟁의 해결을 위해 공평하고 합리적인 절차를 준수하면서 당사자의 권리를 옹호하고 방어할 수 있는 전문성이라고 할 것이다. 특정한 분야의 특수한 전문지식에 기반을 두는 전문성은 상식에 입각한 보편성을 결여하고 있다는 점에서, 사회 일반이 공감하고 수긍할 수 있는 상식적인 해결방안을 도모하여야 할 법률사건의 처리에는 적절하지 않은 측면이 매우 큰 것도 사실이다. 이러한 이유에서 변호사에게 일반적이고 포괄적으로 법률사건과 법률사무를 처리할 수 있는 권한을 부여하는 현행 변호사법이나 관련 법률의 태도는 계속 유지되어야 할 것이다.

　그러나 자격사 제도가 다양하게 분화하고 각 자격사들이 단체를 형성하면서 그 세(勢)가 증가함에 따라, 변호사가 아니면 수행할 수 없도록 해야 하는 법률업무 처리의 직역이 계속적으로 침탈되는 상황이 벌어지고 있는 양상은, 법치주의의 안정화를 저해하는 요인이 된다는 점에서 대단히 우려스러운 상황이다. 이 문제에 관한 논의에서 지금까지는 주로 변호사 직역과 해당 직역 사이의 갈등 양상만이 부각되었으나, 앞으로는 이러한 갈등을 해소하고 국민의 사법접근권을 충실하게 보장한다는 정책적 목표를 세워 보다 전향적인 방향을 모색할 필요도 있다고 생각한다. 이 부분에 관해서는 이 연구의 제4장에서 다루게 될 것이다.

# 한국 법률업무관련 자격사 제도의 연혁과 현황

## 제1절 총 론

제1장에서는 이 연구의 대상이 되는 법률업무관련 자격사 직군(職群)을 변호사와 변호사 인접 자격사로 나누고, 변호사 인접 자격사 직군(職群)의 범주에 포섭할 대상을 파악하기 위하여 법무사, 변리사, 세무사, 공인노무사, 손해사정사, 행정사, 관세사의 직무 범위를 살펴보았다. 그 결과에 따라 법무사, 변리사, 세무사, 행정사, 공인노무사만을 이 연구의 대상인 변호사 인접 자격사 직군(職群)에 포함시키고 나머지 자격사 직군(職群)은 제외시키되, 필요한 경우에는 개별적인 부분에서 언급하는 정도에 그치기로 하였다.

이 장에서는 위와 같은 입장에 따라 변호사 및 변호사 인접 자격사 직군(職群)의 연혁과 현황에 관하여 살펴보고자 한다. 다만 위에서 필요한 경우에는 연구의 범주에 포함되지 아니한 변호사 인접 자격사 군에 대해서도 살펴보기로 한 방침에 따라, 이 장에서는 손해사정사,

공인중개사의 연혁과 현황에 관해서도 살펴보게 될 것이다. 이들 자격사 직군(職群)의 연혁과 현황을 살펴보는 이유는 이들 자격사 직군(職群)과 변호사 직역 사이에 종종 갈등이 빚어지고 있고 그 양상이 앞에서 연구 범주에 포함시킨 변호사 인접 자격사 직군(職群)과 변호사 직역의 갈등 양상과 별반 다르지 않다는 이유 때문이다. 이와 같은 변호사 인접 자격사 직군(職群)과 변호사 직역 사이의 갈등 양상을 정확히 파악하여야, 이 연구의 최종 목표인 법률업무관련 자격사 제도의 발전 방향을 모색하는 데에 나아갈 수 있을 것이다.

## 제 2 절   한국 변호사 제도의 연혁과 현황[1]

### 1. 광무변호사법(光武辯護士法) 시기

광무변호사법(光武辯護士法) 시기란 갑오경장(甲午更張)이 시작된 1894년부터 '융희변호사법(隆熙辯護士法)'이 제정된 1907년 이전까지의 기간을 가리킨다. 이 시기의 말미인 1905년에 「변호사법(辯護士法)」이 제정되었기 때문이다. 이 변호사법을 당시 연호를 따서 '광무변호사법(光武辯護士法)'이라고 부른다. 비록 '광무변호사법'은 1905년에 제정되었으나, 그 태동은 1894년의 갑오경장에서부터 시작되었고, 뒤에서 살펴보듯이 1895년에는 근대적 변호사 제도의 도입과 관련한 중요한 제도가 법으로 만들어졌다. 이러한 점에서 한국 변호사 제도의 연원(淵源)에

---

1 이 절에서 인용하는 개화기 법령의 내용은 한국역사정보통합시스템(http://db. history.go.kr/item/level.do?sort=levelId&dir=ASC&start=1&limit=20&page= 1&pre_page=1&setId=−1&prevPage=0&prevLimit=&itemId=mh&types= &synonym=off&chinessChar=on&brokerPagingInfo=&levelId=mh_006_0 020&position=−1(2017. 10. 15. 최종방문)에 게재된 내용을 기초로 하였다.

관한 연구에 있어서 이 기간을 하나의 시기로 평가할 수 있다고 보아 광무변호사법 시기라고 이름붙인 것이다.

조선의 임금이었던 고종은 1894년에 황제를 칭하면서 연호를 '광무'로 바꾸고 국호를 '대한제국'으로 개칭하는 등 일련의 개혁정책을 실시하게 되는데, 이를 '갑오경장'이라고 한다. 비록 갑오경장 시기에 근대화를 표방하며 도입하고자 하였던 여러 제도들이 우리의 자주적 (自主的) 노력에 의한 것이라고 평가하기는 어렵다고 하더라도, 갑오경장은 여러 면에서 근대적 제도를 우리나라에 도입하는 계기를 마련하게 되었는데, 사법제도 역시 예외가 아니다. 1895년 초[2]에 근대적 의미에서 최초의 헌법이라고 할 수 있는 「홍범14조(洪範十四條)」가 반포된 후, 이어서 같은 해 3월에는 법률 제1호로 「재판소구성법(裁判所構成法)」이 제정되었다. 이 법에서는 지방재판소, 개항시장재판소, 순회재판소, 고등재판소, 특별법원의 다섯 법원을 설치하도록 예정하고 있었으나(제1조), 실제로는 고등재판소와 한성재판소 두 곳만이 설치되었다. 이 시기에 법부령 제3호로 「민형사소송(民刑事訴訟)에 관한 규정(規程)」도 제정되었는데, 이 규정(規程) 중에는 "재판소의 허가를 받아 소송을 대인(代人)에게 위임할 수 있다"는 조항과 "재판소의 허가를 받아 補佐人(보좌인)을 동반할 수 있다"라는 조항이 들어 있었다.[3] 뒤에서 살펴보듯이, 여기서 말하는 '대인(代人)'이 근대적 의미의 변호사를 지칭하는 용어로서, 당시 일본에서 사용하던 '대서인(代書人)' 또는 '대언인(代言人)'의 우리식 표현이라고 할 수 있다. 그러나 실제로 이 '대인' 제

---

2 문헌 중에는 홍범 14조의 반포시기를 1894년 12월 말이라고 기술한 경우도 있으나 — 예를 들어 최호진, "구한말부터 일제시대까지 사법적 시스템 — 갑오경장에서 해방전(前) 법제사를 중심으로 — ", 「한국행정사학지」(2005), 韓國行政史學會, 201면이 그런 경우이다 — , 이는 음력에 따른 기술이고, 이 연구에서는 양력에 따라 1895년 1월을 반포시기로 기술한다.
3 국회도서관, 『한말 근대법령자료집』(1971), 367~378면 참조.

도가 시행된 자료는 확인되지 않고 있다.[4] 물론 이 부분에 관해서도
추가적인 검토가 필요하다. 이에 관한 상세는 아래에서 다시 살펴보게
될 것이다. 한편, 1897년에는 「대서소세칙(代書所細則)」이라는 법부훈
령이 반포되어 민·형사상 소장을 대필하는 '대서인(代書人)' 제도가 시
행되었다. 이후 앞에서 기술한 바와 같이 1905년 「변호사법(辯護士法)」
과 「변호사시험규칙(辯護士試驗規則)」, 「변호사명부기록규칙(辯護士名簿
記錄規則)」이 시행되면서 근대적 변호사 제도가 도입되게 되었는데, 이
「변호사법」을 당시 황제이던 고종의 연호를 따라 「광무변호사법(光武
辯護士法)」이라고 부르는 것이다. 이 「변호사법」은 1893년(명치 26년)에
제정된 일본의 「弁護士法」[5]을 모델로 한 것이고, 이 일본 「弁護士法」
은 독일제국변호사법(獨逸帝國辯護士法)을 모델로 한 것이었다.[6]

그런데 여기서 눈여겨볼 부분이 있다. 정식으로 근대적 변호사법
이 마련된 것은 1905년이라고 하지만, 그보다 10년 전인 1895년에 제
정된 「재판소구성법」에 따라 같은 해 4. 29. 법부령 제3호로 공포된
「민형사소송에 관한 규정」에서 이미 다른 사람의 소송을 대신하거나
조력할 수 있는 '대인'과 '보좌인'에 관하여 규정(規定)하고 있었다는 점
이다. 비록 재판소의 허가를 받아야 한다는 전제가 요구되기는 하였지
만 다른 사람의 소송을 수임하여 대행할 수 있는 '대인'이란 존재는,
바로 오늘날의 변호사와 같은 역할을 수행하는 지위에 있었다고 볼 수
있을 것이다. 비록 이 '대인' 제도가 실제로 시행되었다는 공식적인 기
록은 나타나지 않는다고 하지만, 적어도 1895년에 이미 우리 재판절차

---

4 최호진, 전게 논문, 218면 및 이상혁·차형근, "한국 변호사 100년의 발자취",
  「저스티스」 제27권 제2호(1994. 12), 한국법학원, 65면.
5 1893년(명치 26년)에 제정된 일본 「弁護士法」은 1933년(소화 8년)에 제정되
  어 1936년(소화 11년)부터 시행된 弁護士法(旧弁護士法)과 구별하여 旧々弁
  護士法이라고 한다. 高中正彦, 『弁護士法概說』(제4판), 三省堂, 2012, 5면.
6 전게 『辯護士法概說』, 같은 면.

에서는 변호사의 존재를 예정하고 있었다는 것이다. 문제는 1895년부터 1905년 광무변호사법 시행 시점 사이의 기간에는 과연 다른 사람의 소송을 대신해서 수행하는 것이 허용되지 않았는지 여부이다.

우리나라에서 공식적으로 근대적 변호사 제도가 도입된 것은 1905년의 「광무변호사법」부터라는 것이 일반적으로 지금까지 통용되어 온 평가이다. 그러나 과연 이러한 입장이 타당한 것인지는 보다 세밀한 검토가 필요하다. 1905년부터 거꾸로 거슬러 올라가게 되면, 1897년 9월에 공포된 「대서소세칙(代書所細則)」과, 그보다 2년 전인 1895년에 공포·시행된 위 「민형사소송에 관한 규정」이 존재한다. 여기서 「대서소세칙」에 규정하고 있던 '대서인(代書人)'의 지위와, 「민형사소송에 관한 규정」에 규정하고 있던 '대인(代人)'의 지위를 눈여겨볼 필요가 있다. 「대서소세칙」에 따른 '대서인'의 지위에 관하여 보자면, 법무사단체에서는 이 '대서인'을 법무사의 전신으로 이해하고 있으나, 실제 대서인의 역할이나 연혁을 고려할 때, '대서인'을 법무사의 전신으로 볼 수 없다는 점은 뒤에서 자세하게 살펴보게 될 것이다. 한국의 변호사에 대하여 설명하는 내용은 아니지만, 1898년 6월 7일자 「독립신문」을 보면 '대언인(代言人)'이라는 표현도 나온다.[7] 이 기사의 '대언인'에 관한 언급은 우리나라의 제도가 아닌 일본의 제도에 관한 언급으로서 당시에 이미 일본의 사법제도에 관한 상당한 정보가 우리나라에 전해지고 있었음을 짐작게 한다. 우리나라의 법제나 언론매체가 당시 일본의 법제와 유사하게 '대서인'과 '대언인'이라는 표현을 사용하였다는 점은 '대서인'과 '대언인'이 서로 구별되는 존재였다는 추측을 가능하게 한다. 아마도 법무사단체로서는 '대서인' 제도가 '대언인' 제도

---

7 "딕언인은 직판정을 렬기 전에 위임셔(委任書)를 몬져 들인 후에 허락ᄒᆞᄂᆞᆫ 격례가 ᄌᆞ직ᄒᆞᆫ즉 이 전례를 짜라 몬져 쳥ᄒᆞᄂᆞᆫ 것은 가ᄒᆞ거니와 분변ᄒᆞᄂᆞᆫ ᄆᆞ당에 리치가 궁ᄒᆞ고 말이 굴ᄒᆞ야 딕언인을 억지로 쳥홈은 다ᄆᆞᆫ 전례ᄆᆞᆫ 업슬 뿐이 아니라 압례가 어디 잇ᄂᆞᆫ지 알 슈 업스며…"

보다 앞서서 도입되었고 — 물론 우리나라에서는 '대언인' 제도가 도입된 바는 없고 1905년에 바로 변호사 제도가 도입되었을 뿐이다 — , '대언인'과 '대서인'의 직무가 구별되므로 '대언인 = 변호사', '대서인 = 법무사'라는 등식이 성립한다고 보고 있는 것으로 여겨진다.

그런데 1895년 무렵 일본의 사법제도에서 '대서인'과 '대언인'의 지위를 오늘날의 '사법서사'와 '변호사'의 지위로 파악하는 것은 적절한 관점이 아니다. 뒤에서 자세하게 살펴보게 되겠지만, 이들은 아직 국가에 의해 면허가 부여되는 자격사가 아니었기 때문이다. 국가에 의한 면허 부여의 관점에서 살펴본다면, 일본의 경우에도 1876년에 근대적 변호사 제도가, 1919년에 근대적 사법서사 제도가 비로소 시행되기 시작했다고 보는 것이 옳다. '대서인'과 '대언인'이라는 표현만으로는 아직 사법서사와 변호사의 역할을 구별하여 사용한 표현이라고 볼 수 없는 것이다. 우리의 「대서소세칙」에 따른 대서인 역시 마찬가지 이유에서 법무사의 전신이라고 볼 수는 없다.

'대서인'과 '대언인'을 법무사와 변호사의 전신으로 파악하는 관점이 부적절한 또 다른 이유는 변호사의 직무 범위에는 소송의 대리업무뿐만 아니라 법률문서의 작성대행 업무도 당연히 포함되어 있다는 점 때문이다. 만일 변호사는 소송의 대리만을 담당하고 다른 사람의 법률문서를 대신 작성할 수 없는 반면에, 법무사는 소송을 대리할 수는 없지만 다른 사람의 법률문서를 대신 작성할 수 있는 권한을 전속적으로 보유한다고 가정한다면, '대서인'과 '대언인'을 각각 법무사와 변호사의 전신으로 파악하는 관점이 설득력을 가질 수도 있을 것이다. 그러나 이러한 가정적 전제가 타당하지 않음은 더 이상의 부언을 필요로 하지 않는다. 법률문서 작성의 대행 업무는 본질적으로 변호사의 고유 업무에 속하고, 변호사의 고유 업무 중 일부를 법무사도 대신 수행할 수 있도록 예외를 허용한 것이다. 일본의 경우에도 국가적으로 관리하는 사법서사 제도의 출발은 법률문서 작성의 대행이 아니라 등기업무의 취급에서 시작되었음을 알 수 있듯이, 다른 사람의 법률문서를 작성하는 업무는 본래 법무사의 업무 영역이 아닌 변호사의 업무 영역에 속하는 것이다.

아울러 비록 실제로 제도를 시행한 사실이 확인되지 않는다 하더라도 국가 면허제도로 변호사 제도를 도입한 시점이 바로 변호사 제도를 도입한 시점이라고 보는 것이 옳다는 관점에서는, 1905년 「광무변호사법」 시행보다 앞서 재판소의 허가에 의하여 다른 사람의 소송을 대행할 수 있는 권한을 부여받는 '대인' 제도를 도입한 1895년의 「민형사소송에 관한 규정」이 우리나라에서 근대적 변호사 제도 — 여기서 '근대적' 제도라고 함은 다른 사람의 법률사건이나 법률사무를 취급할 수 있는 면허를 국가에서 부여하고 관리하게 되었음을 의미한다 — 를 도입한 최초의 입법이라고 할 수 있을 것이다.

한편, 연혁적인 고찰을 해 보더라도 조선시대의 사법제도 속에서 변호사와 유사한 역할을 담당하던 제도 — 뒤에서 보는 이른바 외지부(外知部) 또는 쟁송위업자(爭訟爲業者) — 까지 고려한다면, 우리나라 변호사의 역사는 1905년보다 몇 백 년은 더 거슬러 올라간다고 볼 수 있게 된다. 이 시기의 제도를 편의상 '연혁적(沿革的) 변호사'라고 부르고자 한다. 물론 이렇게 거슬러 올라가는 '연혁적 변호사'의 모습이 근대적 의미에서 변호사의 모습이라고 부르기는 어려울 것이다. 그러나 적어도 '대서인'이라는 문자적 표현에 집착하여 다른 사람의 법률문서를 대신 작성해 주는 일을 하는 법무사 제도가 1895년의 「대서인규칙」에서부터 시작되었다고 강변하는 관점을 그대로 따른다면, 이러한 '연혁적 변호사' 역시 우리나라 변호사 제도의 효시라고 충분히 강변할 수 있을 것이다.

이하에서는 '연혁적 변호사'를 포함한 「광무변호사법」 이전의 변호사의 모습에 관하여 살펴보기 위하여, 먼저 대언인(代言人), 대서인(代書人), 그리고 1895년의 「민형사소송에 관한 규정」에 등장하는 '대인'이 어떤 역할을 수행하던 사람들이었는지 살펴보고, 다음으로 조선시대의 사법제도 속에서 변호사와 유사한 역할을 담당하고 있던 이른바 '연혁적 변호사'의 모습에 관해서도 살펴보고자 한다.

## 2. 대언인(代言人)·대서인(代書人)·대인(代人)

'대언인(代言人)'과 '대서인(代書人)'이라는 표현은 광무개혁 당시 우리나라에 커다란 영향력을 미치고 있던 일본의 사법제도 속에서 찾아볼 수 있는 표현이다. 자세한 내용은 제3장에서 살펴보게 될 것이므로 여기서는 필요한 범위에서 간략하게만 살펴보도록 한다. 일본에서 사법서사 제도의 연원에 관해서는, 1872(명치 5년). 8. 3.의 「사법직무정제(司法職務定制)」 제10장에서 증서인(證書人), 대서인(代書人), 대언인(代言人) 등 법률사무를 취급할 수 있는 세 가지 직업군(群)에 관하여 규정하고 있던 것에서 찾고 있는 입장이 있다. 그러나 이러한 입장은 적절한 입장이 아니라고 본다. 그 이유로는 먼저 일본의 谷正之의 주장을 경청할 필요가 있다. 谷正之의 주장은 국가면허제도가 도입된 이후라야 비로소 근대적 의미에서 법률사무를 취급할 수 있는 자격사라고 할 수 있을 것인데, 위 「사법직무정제」 체제에 따른 '대서인'은 아직 그와 같이 국가면허제도에 의하여 관리되고 있는 단계에 이르지 못하였기 때문에 근대적 의미의 법률업무관련 자격사라고 볼 수 없다는 것이다. 谷正之에 따르면, 1876(명치 9년). 2. 22.에 「대언인규칙(代言人規則)」이 제정·공포되면서 면허대여인제가 시행되게 됨에 따라 비로소 현대적인 의미에서 변호사 제도가 일본의 사법제도에 편입되게 되었다고 보게 된다.

이러한 견해는 충분히 타당한 견해라고 할 수 있을 것이나, 이 연구

에서는 한 걸음 더 나아가고자 한다. 즉, 근본적으로 변호사는 법률문서
의 작성과 법률사건의 대리가 일반적으로 허용되는 자격사인 반면, 사
법서사의 경우에는 제한된 범위 내에서 법률문서의 작성 권한 — 물론
2000년대 이후에는 일본의 사법서사도 간이재판소의 소송을 대리할
수 있는 권한을 부여받았으나 연혁적으로 사법서사는 법률문서의 작
성 권한을 갖는 자로 출발하였다 — 만을 갖는 자격사로서, 위「사법직
무정제」 체제에 따른 '대서인'을 사법서사의 전신으로 파악하는 것이
정당하지 않으며, 오히려 변호사의 한 유형으로 파악할 수도 있다고
보는 것이다. 이 연구의 이와 같은 관점은「사법직무정제」 체제 하에
서의 '대언인'이나 '대서인'을 '변호사'나 '사법서사'의 전신으로 파악하
는 관점보다는, 그 이후에 시행된「대언인규칙」과「사법대서인법」 체
제에 따른 '대언인'과 '사법대서인'을 변호사나 사법서사의 전신으로 파
악하는 관점이 타당하다는 것이다.

　'대인(代人)'이라는 표현은 일본의 사법체제에 나오지 않고 위에서
소개한 것처럼 우리나라「광무변호사법」 시기에 제정된「민형사소송
에 관한 규정」에 처음 등장한다.「민형사소송에 관한 규정」은 제1장
민사, 제2장 형사로 나뉘어 전체 44개 조문으로 이루어져 있는데, 소
송에 관한 절차 외에 소송서류의 양식도 예시하고 있는 우리나라 최초
의 근대적 소송법이라고 할 수 있다. 이 규정 제3조에서는 자기가 소
송을 할 수 없는 당사자는 재판소의 허가를 얻은 후 소송을 '대인(代
人)'에게 위임할 수 있고, 이 경우에는 위임장을 작성해서 '대인(代人)'
에게 교부할 수 있다고 규정하고, 제6조에서는 '대인(代人)'에게 든 소
송비용은 패소자가 부담한다고 규정하고 있다. 그러나 '대인(代人)'의
자격에 관하여는 아무런 규정도 두고 있지 아니하다. '대인(代人)'에 관
한 규정은 제1장 민사편의 제2관 시심재판소(始審裁判所) 부분에 들어
있고, 제2관 상소재판소(上訴裁判所) 부분에는 아무런 규정이 없어서 상

소심에서도 '대인(代人)'에게 소송을 위임하는 것이 가능하였는지는 명확하지 않다.

## 3. 조선 시대의 연혁적 변호사

비록 '변호사'라는 명칭을 사용하거나 국가에서 공식적으로 선발하고 관리하는 제도는 아니었다고 하더라도, 조선시대 법제에도 변호사의 역할을 담당하던 존재가 있었다. 이른바 '외지부(外知部)'라고 불린 존재가 바로 그것이다. '외지부'란 바깥에 있는 지부(知部)라는 의미인데, 이 '지부'라는 명칭은 조선 시대에 노비 문서와 노비 관련 소송에 관한 사무를 관장하던 관부인 '장예원(掌隸院)'을 '도관지부(都官知部)'라고 부른 것에서 유래한다.[8] 장예원에 속한 관원이 아닌 일반인의 신분으로 다른 사람의 소송을 도와주거나 대신 수행하는 등의 역할을 수행하는 이들을 가리켜 장예원 밖에 있는 지부 즉 '외지부'라고 부르게 된 데에서 유래한 것이다. 성종실록 9년 8월 15일(갑진)자에 보면 이런 내용이 나온다. "無賴之徒長立訟庭, 或取雇代訟, 或導人起訟, 舞文弄法, 變亂是非, 俗號外知部。 爭訟之煩, 實由此輩, 所宜痛懲, 以絶奸僞。" 이를 풀이하면, "무뢰배가 송정(訟庭) ― 법정을 뜻한다 ― 에 와 오래 버티고 있으면서 혹은 품을 받고 대신 송사(訟事)를 하기도 하고 혹은 사람을 부추겨 송사를 일으키게 하여 글재주를 부려 법을 우롱하며 옳고 그름을 뒤바꾸고 어지럽게 하니, 시속(時俗)에서 이들을 외지부(外知部)라 한다. 쟁송(爭訟)이 빈번해지는 것이 실로 이 무리 때문이니 마땅히 엄하게 징계하여 간교하고 거짓된 짓을 못하게 하라"라는 내용이다.[9] '품을 받고 대신 송사를 한다'는 것은 유상(有償)으로 다른

---

8 세종대왕기념사업회, 『한국고전용어사전』(2001) 참조.
9 성종실록의 내용은 한국고전번역원 홈페이지의 설명을 정리한 것이다(http://www.itkc.or.kr/bbs/boardView.do?id=75&bIdx=31916&page=1&menuId=125&bc=6)(2017. 10. 15. 최종방문).

사람의 소송을 대리한다는 것이므로, 오늘날 변호사만이 할 수 있는 업무를 외지부가 수행하였다는 의미가 된다. 이렇듯 외지부의 역할은 오늘날 변호사의 역할과 매우 유사하다. 그러나 외지부에 대하여 '글재주를 부려 법을 우롱하며 옳고 그름을 뒤바꾸고 어지럽게' 하는 자들로서 '쟁송(爭訟)이 빈번해지는 것이 실로 이 무리 때문'이니 '마땅히 엄하게 징계하여 간교하고 거짓된 짓을 못하게' 하라고 되어 있음에서 알 수 있듯이, 조선시대의 외지부에 대한 평가는 대단히 부정적이다. 영조 시대에 편찬된 「속대전(續大典)」 형전(刑典) 청리(聽理)에는 "송사를 판결하는 아문에 오래 버티고 있으며 사람들을 부추겨 다투어 소송하게 하는 것을 업으로 삼는 자 — 쟁송위업자(爭訟爲業者) — 는 장(杖) 100대를 치고 3,000리 밖으로 유배한다"라고 되어 있기도 하다. 외지부에 대한 이렇듯 부정적인 평가의 배경에는 '쟁송'에 대한 조선시대의 관념이 투영되어 있기 때문이다. 위에서 인용한 성종실록에도 나와 있지만, 고려 말기의 혼란스러운 사회상황에 대한 극복의 방안으로 조선이라는 새로운 시대를 연 사대부들은 '쟁송이 빈번해지는 것'에 대해 매우 부정적인 입장을 취하고 있었던 것으로 보인다. 소송에 관한 조선 시대의 입장이 이처럼 부정적으로 형성되게 된 원인을 좀 더 자세히 살펴보면 다음과 같다.

　조선 시대의 쟁송에 대한 기본적 관념이 이렇듯 부정적인 입장을 취하게 된 데에는 우선 조선의 건국이념으로 자리 잡은 유교의 영향이 매우 컸던 때문으로 보인다. 논어를 보면 공자가 "聽公, 吾猶人也, 必也, 使無訟乎"라고 말한 부분이 있다. 이를 풀이하자면 "나도 남들만큼 소송의 심리를 할 수 있지만, 기어코 소송이 없도록 하겠다"라는 의미이다. 이렇듯 유교에서는 소송이 없는 이른바 '무송(無訟)'의 상태를 이상적인 사회로 여겼다. 이러한 유교적 이념을 건국이념으로 받아들인 조선의 사대부 계층에서는 다른 사람의 쟁송에 조력하는 것을 업으로 삼고 있는 '외지부'로 인하여 쟁송이 증가하게 된다면 유교적 이상 사회의 실현이 저해될 것이므로, '외지부'에 대하여 부정적인 입장을 취하는 것이 당연한 태도라고 할 수 있는 것이다.

그러나 유교적 이념 외에 현실적인 이유에서도 조선 시대는 쟁송에 대한 부정적 입장을 취할 수밖에 없는 사회구조를 기반으로 출발하였다. 즉, 토지를 국가와 일부 귀족이 소유하면서 노비를 통하여 사회경제를 영위하는 사회구조 하에서 토지와 노비를 둘러싼 분쟁이 빈발하는 것은 곧 사회체제의 붕괴로 이어질 수 있는 위험요소가 되기 때문에, 쟁송에 대해서는 부정적인 입장을 취할 수밖에 없었을 것이다. 조선의 건국 배경이 되었던 고려 말기의 혼란스러운 사회 상황 중에는 재산 관계 쟁송이라고 할 수 있는 토지 문제를 둘러싼 분쟁과, 신분 관계 쟁송이라고 할 수 있는 노비 문제를 둘러싼 복잡한 분쟁의 빈발이 한 자리를 차지하고 있다. 고려 말기에 이렇듯 토지와 노비 문제가 빈번하게 사회문제로 대두되게 된 것은 고려 후기 원나라의 내정 간섭과 홍건적, 왜구에 의한 대량 인명 살상과 납치 등으로 호적과 전정이 문란해졌기 때문이다. 호적과 전정의 문란은 이를 전담하여 처리하기 위한 '전민변정도감(田民辨整都監)'의 설치를 가져오게 된다. 전민변정도감이 설치되기 전까지는 형부(刑部)에 부속한 '도관(都官)'이 토지소송과 노비소송을 담당하였는데, 도관의 업무를 독립시켜 관장하는 부서로 '전민변정도감'을 설치하게 된 것은 그만큼 도관의 업무가 많아지고 중요한 사회문제가 되었음을 뜻하는 것이다. '전민변정도감'은 원종 10년(1269년)에 처음 설치되었고, 이후 충렬왕 14년(1288)과 27년(1301), 공민왕 1년(1352), 우왕 7년(1381) 등 그 필요성이 증대될 때마다 수시로 설치되기를 반복하였다. 고려 왕조가 막을 내리고 조선이 개국되었지만, 고려 말기에는 물론 조선 초기에도 토지제도와 노비제도의 안정화는 매우 중요한 사회문제로 정책의 우선순위를 차지하였을 것으로

보인다. 그럼에도 불구하고 토지제도와 신분제도의 혼란으로 인한 쟁
송의 창궐은 조선 건국 초기에도 그대로 이어졌던 것으로 보인다. 조
선왕조실록을 보면 정종 2년 4월 문하부(門下府)에서 도감(都監)을 설치
하여 666건의 쟁송을 빨리 처리해야 한다는 건의를 하였다고 하며, 태
종 13년에는 도감의 인원만으로는 쟁송을 처리하기에 벅차서 2,100여
건의 송사를 각 사(司)로 내려보내 심리하도록 하였다는 기록이 나온
다. 그러나 이듬해인 태종 14년에는 노비변정도감에 접수된 쟁송이
12,797건에 이른다고 나와 있어, 이러한 노력이 무위에 그쳤음을 알
수 있다. 이렇듯 늘어만 가는 쟁송 사태에 직면한 조선 초기 정책결정
자들은 토지제도와 노비제도를 신속하게 안정시키기 위해서 크게 두
가지 방안을 시행하였다. 하나는 「노비중분법(奴婢中分法)」과 같이 분
쟁의 구체적인 사정을 고려하지 않은 채 분쟁의 실체에 관한 일률적인
해결방안을 강제하는 법의 시행이고, 다른 하나는 쟁송의 제기를 직접
적으로 억제하는 이른바 '단송(斷訟) 정책'의 시행이다. 「노비중분법」이
란 노비 분쟁이 발생하는 경우 노비를 반으로 나누어(中分) 원고와 피
고에게 나누어 주는 법으로서, 이러한 법은 아예 노비를 둘러싼 분쟁
이 발생하지 않도록 하겠다는 입법목적을 갖고 있었다. 또 다른 쟁송
억제 방안인 '단송 정책'은 일정한 시기나 특정한 사건의 접수를 아예
거부함으로써 소송의 제기를 원천적으로 차단하는 정책을 가리킨다.
성종 16년에 반포된 「경국대전(經國大典)」의 형전(刑典)을 보면 특정 사
안에 관련된 노비소송 중 일정 시기 이전에 발생한 사건은 소장의 수
리를 금지한다는 내용이 나온다. 호전 전택 조에도 5년이 지난 사건은
원칙적으로 수리를 금지한다는 내용이 나오고 있다.[10] 그러나 노비중

---

10 5년이 지난 사건이라 하더라도 토지를 훔쳐서 판 경우, 소송이 5년 이상 지속
된 경우, 부모의 유산을 독차지한 경우, 세입자가 집을 차지한 경우, 빌려서
경작하던 농지를 차지한 경우에는 예외적으로 소송을 제기하는 것이 허용되
었다.

분법에 따르더라도 이미 절반 이상의 노비를 확보한 입장에서는 나머지 노비 분배가 균분하지 않다고 주장하여 쟁송을 벌이는 경우 잘되면 노비를 더 받고 잘못되더라도 손해 볼 것이 없는 결과가 되기 때문에, 노비중분법은 쟁송의 억제에 별반 도움이 되지 못하여 얼마 지나지 않아 폐지되고 말았다. 한편 단송 정책 역시 뾰족한 효과를 거두지 못한 것으로 보인다. 실체적 정의를 도외시한 채 이처럼 인위적으로 소송만을 억제하는 단송정책 역시 쟁송을 막기에는 역부족이어서 쟁송사건은 점차 늘어만 가게 되었기 때문이다. 중종 13년에 이르면, 경국대전에서 허용하던 예외 중 토지를 훔쳐서 판 경우와 소송이 5년 이상 지속된 경우의 두 가지 경우를 제외한 나머지 경우에는 30년이 지나면 제소를 할 수 없도록 하여 단송의 범위를 강화하는 법이 시행되기에 이르렀다. 그럼에도 불구하고 결국 조선시대 사법정책의 목표 역시 유교적 관점인 무송(無訟)의 이념으로부터 재판의 절차를 규율하는 청송(聽訟)의 정비 쪽으로 옮겨가게 된다. 이러한 추세를 반영한 입법으로는 세 번의 소송을 벌여 한 쪽이 두 번 이상 승소하게 되면 다시는 소송을 할 수 없게 하는 '삼도득신법(三度得伸法)', 피고가 법정에 출석해야 하는 날을 지정하여 소송의 지연을 방지하도록 도모한 '친착법(親着法)', 법관이 담당하고 있는 사건의 원고나 피고 중 법관과 사제 관계에 있거나 개인적으로 원한 관계에 있는 경우에는 해당 사건을 다른 관아로 이첩하도록 하는 '상피법(相避法)' 등이 있다. 이러한 절차적 규범의 정비 외에, 오판을 저지르거나 법을 어겨 청리(聽理) — 재판절차를 뜻하는 조선시대의 법률용어 —를 진행한 관원을 처벌하는 법이 시행되었을 뿐만 아니라, 청리 관원에게 접근하는 고소인을 처벌하는 법도 시행되었다. 단송을 하는 것에 그치지 않고 소송을 제기하는 행위 자체를 처벌하거나 소송을 접수한 관헌을 처벌하는 법이 시행되기도 하였다. 반복해서 소송을 제기하는 사람을 '비리호송(非理好訟)'이라

고 하여 사형(死刑)의 바로 아래 등급인 '전가사변(全家徙邊)'으로 처벌
했고 이러한 소송을 접수하여 재판을 한 관원 역시 '지비오결죄(知非誤
決罪)'라 하여 장(杖) 100대로 처벌하고 다시는 관직에 나아가지 못하도
록 하는 처벌을 내렸다. 재판 절차를 정비하는 법이 시행되는 한편으
로 이처럼 소송을 제기하는 것을 억제하기 위한 입법정책이 계속적으
로 시행되고 있었던 점에서, 빈발하는 쟁송에도 불구하고 쟁송을 부정
적인 것으로 여기던 지배계층의 관념에는 별다른 변화가 없었다고 볼
수 있다.

   마지막으로 조선시대 쟁송에 대한 부정적 관념은 조선의 법제에
지대한 영향을 미친 중국의 법제에서 영향 받은 바도 상당했을 것으로
생각된다. 명나라의 기본법인 「대명률(大明律)」을 보면 형률(刑律) 교사
사송(敎唆詞訟)에 "다른 사람을 부추겨 소송하거나 다른 사람을 위해
소송문서를 작성하여 죄를 더하거나 줄여 다른 사람을 무고(誣告)하면
범인과 같은 죄를 준다"라는 내용이 나오고 있다. 재물을 받고 다른
사람의 소송을 대행하는 경우에는 뇌물수수죄와 마찬가지로 장죄(贓
罪)로 처단하되 다만 그러한 소송 대행이 판결에 영향을 미치지 않았
으면 처벌하지 않는다는 내용도 있고, 소송 과정에서 남을 무고하였으
면 무고죄를 적용한다는 내용도 나온다. 「대명률」의 이 부분은 조선시
대의 '외지부'와 유사한 존재를 언급하고 있는 부분인데, 쟁송을 부추
기는 행위를 부정적으로 평가하였다는 점은 「대명률」의 입장이 쟁송
자체를 긍정적인 관점으로 바라보지 않았다는 점을 시사해 준다고 할
수 있다.

   이와 같이 쟁송을 부정적인 시각으로 바라보는 관점에서는 쟁송
을 부추기는 '외지부'의 존재가 결코 달가울 리 없었을 것이다. 이에
따라 위 성종실록에서는 이들 '외지부'를 '마땅히 엄하게 징계'하여야
할 대상으로 언급하고 있는 것이다. 같은 해에 사헌부(司憲府)의 건의

를 받아들여 이들 '외지부'들을 함경도 변방으로 내쫓아버렸고, 외지부 대신에 자제(子弟)나 사위, 조카와 같은 친인척이 송사를 대신하는 것은 허용하였다는 기록도 찾아볼 수 있다.[11] 그러나 성종 시대의 이러한 부정적 평가에도 불구하고 '외지부'의 존재는 위축되지 않았던 것으로 보인다. 후대인 연산군 시대의 실록에 다시 '외지부' 16인을 변방으로 내치라는 명령이 나오고, '외지부'를 고발하는 사람에게는 1인당 면포 50필로 포상하고 알고도 고발하지 않은 자는 장(杖) 100대에 유 3,000리로 처벌하겠다고 결정한 내용도 나오기 때문이다. 한편, 영조 시대에 편찬된 「속대전」에서도 외지부라는 용어는 등장하지 않지만, 외지부가 하던 역할을 하는 자들을 '쟁송위업자(爭訟爲業者)' — 사람들을 부추겨 다투어 소송하게 하는 것을 업으로 삼는 자 — 라고 표현하면서 사회문제시하는 내용이 나오고 있다는 점에서, 조선 후기에도 다른 사람의 소송을 대신하거나 조력하는 '외지부'의 존재는 계속 이어져 내려왔다고 볼 수 있다. 헌종 3년(1837년)에 편찬된 『율례요람(律例要覽)』에는 "제 몸이 향촌의 어리석은 백성으로서 법률의 근본 취지를 모르고 아무개가 여러 번 패한 소송을 갖가지로 종용하고 좌우로 부추겨 의송을 써 주었다가 간악한 실상이 탄로났습니다…"라는 기록이 나온다.[12] '갖가지로 종용하고 좌우로 부추겨 의송을 써 주었다'는 부분은 바로 다른 사람의 소송에 관여하여 조력하고 소장을 대신 작성해 주었다는 의미로 '외지부' 혹은 '쟁송위업자'의 존재를 가리키는 표현이라고 할 수 있다.

　　'외지부'의 역할에 대한 부정적인 인식은 이들 '외지부' 중 일부가

---

11 『대전회통(大典會通)』 형전(刑典) 수금(囚禁) 편(http://www.itkc.or.kr/bbs/boardView.do?id=75&bIdx=31916&page=1&menuId=125&bc=6)(2017. 10. 15. 최종방문).

12 한상권, "조선시대 소송과 외지부(外知部) — 1560년 「경주부결송입안(慶州府決訟立案)」 분석", 「역사와 현실」 제69호(2008. 9.), 289면 참조.

관인(官印)을 도용하는 등 불법적인 방법으로 증거를 조작하거나 증거를 인멸하여 고의적으로 쟁송을 지연시키는 등 일탈행위를 했다는 점에서도 기인하지만, 근본적으로는 앞에서 설명했던 바와 같이 쟁송 자체를 부정적인 관점으로 바라보았던 조선시대 정책집행자들의 인식에서 비롯된 것이라고 보아야 한다. 그러나 백성들이 권리를 찾는 데 도움을 주고 법을 형벌의 의미로서만이 아니라 나에게 이익이 될 수 있고 나의 권리를 찾기 위한 수단으로 인식하게 하는 데 일정한 역할을 했다는 점에서 오늘날의 관점으로는 '외지부'의 역할을 긍정적으로 평가할 수도 있을 것이다.[13] 부정적인 평가의 대상이 되든지 긍정적인 평가의 대상이 되든지 조선시대의 사법제도 속에서 오늘날 변호사의 역할을 담당하던 존재인 '외지부'는 연혁적인 관점에서 변호사라고 불러도 손색이 없다고 할 것이다.

## 4. '근대적' 의미의 법률업무관련 자격사

모든 법률사무와 법률사건을 포괄적으로 취급할 수 있는 변호사의 본질을 도외시하고, 등기업무의 대행을 주된 업무로 하여 시작된 사법서사[법무사의 전신(前身)]의 연원을 무시한 채, 법률문서를 작성할 수 있는 지위가 부여되었던 '대서인'을 한국 법무사의 전신이라고 파악하려는 억지논리에 대응하는 한계 내에서는, '외지부'를 연혁적인 '변호사'라고 파악하는 것이 전혀 문제되지 않을 것이다. 그러나 법제사(法制史)적인 연혁 연구의 관점을 벗어나서, 일반론으로 조선 시대에 활동하였던 '외지부'를 한국 변호사의 연원(淵源)이라고 보는 태도는 그다지 적절한 입장이라고 할 수는 없다. '외지부'가 되기 위해서 특별한 자격을 필요로 하지도 않았으며, '외지부'를 양성하고 훈련하기 위한 특별한 기관이나 제도도 존재하지 않았기 때문이다.

---

13 한국고문서학회, 『조선의 일상, 법정에 서다』, 역사비평사, 2014, 112면 참조.

　　우리나라에서 법률업무를 취급할 수 있는 근대적 의미의 자격사
가 언제 도입되었는가를 살펴보기 위해서는 먼저 '근대적' 의미라는 용
어가 함의하는 내용을 명확하게 확정할 필요가 있다. 이에 관하여 통
일적인 기준이 정립되어 있는 것은 아니겠으나, 이 연구에서는 다음
세 가지 요소를 갖추어야 비로소 '근대적'인 자격사 제도에 해당하는
것으로 보아야 한다는 입장을 취하고자 한다. 그 요소란, ① 법률업무
취급에 대한 국가의 관여, ② 국가면허 제도의 도입, ③ 선발과 양성
을 위한 체계적인 훈련시스템의 도입이다. 여기서 '② 국가면허 제도
의 도입'이라는 요소는 넓게 본다면 '① 법률업무 취급에 대한 국가의
관여'라는 요소에 포섭시킬 수도 있는 요소라고 할 수 있다. 그러나 엄
격하게 세분하자면 국가에서 자격을 부여하는 것과, 그 자격을 취득하
더라도 실제로 법률업무를 취급하기 위해 국가의 추가적 관여 ─ 자격
의 등록, 개업신고, 법원의 허가 등 ─ 를 필요로 하는 것은 다소 그 성
격을 달리하는 부분이라고 볼 수도 있기에 이를 분리해서 열거한 것이
다. 어떤 법률업무관련 자격사가 이 세 가지 요소를 모두 충족한다면
"완전히" 근대적인 제도라고 평가할 수 있을 것이지만, 최소한 법률업
무 취급에 대한 '국가의 관여'라는 요소만은 존재하여야 비로소 '근대
적'인 제도의 성격을 갖고 있다고 평가할 수 있을 것이다. 법률관련 업
무에 국가의 관여를 필요로 한다는 것은, 일반인 누구나 특별한 자격
을 필요로 하지 않고 다른 사람의 법률관련 업무를 대신 처리해 줄 수
있는 것이 아니라, 국가에서 특별한 자격요건을 정하고 그 자격요건에
부합하는 사람에 대해서만 다른 사람의 법률관련 업무를 취급할 수 있
도록 제한한다는 것을 의미한다. 국가면허 역시 넓게 본다면 이러한
국가 관여의 한 형태라고 할 수 있다.

　　이러한 관점에서 이 연구에서는 「광무변호사법」 시대의 제도 중
'대인(代人)' 제도에 주목하고자 한다. '대인(代人)'이란 재판소의 허가를

받아 다른 사람의 소송을 대신해서 수행할 수 있는 존재로서, 앞에서
도 밝힌 것처럼 '대인(代人)' 제도는 「광무변호사법」 시기가 막 시작된
1895년에 반포된 「민형사소송에 관한 규정」에서 처음 등장한다. 그러
나 위에서 살펴본 것과 같이 조선 시대에도 이미 다른 사람의 소송을
대신해 주는 외지부와 같은 존재가 있었던 점을 고려한다면, 위 '대인
(代人)' 제도는 그때까지 존재하지 않았던 새로운 제도를 창설한 것이
아니라 기존에 존재하던 직역을 제도권으로 편입시키면서 여기에 국
가(재판소)의 '허가'라는 공적 요건을 추가하여 근대적 요소와의 조화를
도모한 것이라고 보지 못할 바 아니다.

'대인(代人)' 제도를 근대적 의미에서 변호사 제도의 효시라고 파악
하는 입장에서 최대의 난관은, '대인(代人)' 제도가 실제로 시행된 바
없다는 점이 될 것이다. 그러나 이러한 문제점에 대해서는 다음과 같
은 반론이 가능하다. 앞에서도 살펴본 바와 같이 최호진 교수나 이상
혁·차형근 변호사가 '대인(代人)' 제도가 실제로 시행된 바 없다는 입
장을 표명하고 있다. 그러나 최호진 교수의 전게 논문은 이상혁·차형
근변호사의 전게 논문 내용을 인용하여 그와 같이 주장하고 있을 뿐이
고, 이상혁·차형근 변호사의 전게 논문에서는 "실제로 대인 제도는 이
후의 민비시해사건,[14] 아관파천 등 어수선한 국내정황의 탓으로 시행
되지는 못하였다"라고만 기술하고 있을 뿐, 그러한 판단의 구체적 논
거는 전혀 언급하고 있지 않다. 일반적으로 접근 가능한 자료에서는
'대인(代人)' 제도가 실제로 시행되었는지 여부가 확인되지 않는 것은
사실이다. 그러나 확인되지 않는다고 해서 시행되지 않았다고 단정하
는 것은 성급한 결론이다. 최소한 1895년 「민형사소송에 관한 규정」은
1896년 4월 25일자 법부령 제2호로 태형의 집행에 관한 개정이 이루

---

14 참고로 '민비시해사건' 역시 일제(日帝)식 표현이므로 '명성황후 시해사건'이
라고 표기함이 바람직하나, 원문의 표현을 그대로 전재한 것임을 밝혀둔다.

어진 외에는 1912년 3월 18일 조선총독부령 제7호와 제11호로 각 제정되어 각 4월 1일부터 시행된 조선민사령과 조선형사령이 시행되기까지 폐지되지 않고 계속 존속하였던 것으로 보인다. 따라서 '대인(代人)' 제도 역시 시행된 사실이 확인되지 않을 뿐, 계속 존재하였다고 보아야 한다. 계속 존재하다가 1905년에 「광무변호사법」이 제정됨에 따라 '대인(代人)' 제도에서 '변호사' 제도로 발전적 변화가 이루어진 것이다. 그렇다면 '대인(代人)' 제도가 전혀 시행되지 않았다고 평가하는 것은 매우 성급한 결론이어서 그다지 적절하지 않다고 볼 수 있다.

다른 한편으로, '대인(代人)' 제도는 일반적 자격이나 직업으로 '대인(代人)' 제도를 마련한 것이 아니라, 개별적인 소송에 있어서 재판소의 허가를 얻어 다른 사람의 소송을 대리해서 수행할 수 있는 제도를 마련한 것이다. 이는 결국 '대인(代人)' 제도는 개별 사건에서 '대인(代人)'이 소송대리 허가를 신청한 경우에 비로소 시행되는 것을 예정하고 있다는 의미이다. 개별 사건에서 '대인(代人)'의 소송대리 허가신청이 있었는지 여부도 확인할 수 없을 뿐만 아니라, 설사 소송대리 허가신청이 없었다고 하더라도 그러한 사정만으로 곧바로 '대인(代人)' 제도는 시행되지 않았다고 평가할 수는 없다고 할 것이다. 제도를 시행하였으나 이용자가 없었다고 하더라도 '시행'이라는 역사적 사실이 그에 좌우되는 것은 아니기 때문이다.

마지막으로 실제로 시행되었는지 여부를 불문하고 일단 국가에서 공식적으로 다른 사람의 소송을 대리할 수 있는 존재를 허용하는 법을 시행하게 되었다면, 그 제도는 이미 도입된 것으로 보는 것이 상당하다고 할 수 있다. 어떠한 제도도 법으로 제도화되는 것과 실제로 그 제도에 따른 자격사가 배출되는 시점 사이에는 시차가 존재할 수밖에 없다는 점에서, 국가에서 제정·공포한 법에서 특정한 제도를 명문으로 규정하고 있다면, 그 시점에 해당 제도는 공식적으로 도입된 것이라고 파악하는 것이 옳다.

이러한 관점을 취한다면 1895년 법부훈령 3호「민형사소송에 관한 규정」에 도입된 '대인(代人)' 제도야말로 우리나라 최초의 '근대적' 의미의 변호사 제도에 해당하는 것이라고 할 수 있게 되는 것이다. 앞에서 인용하였던 대한법무사회의『법무사백년사』에도 이러한 입장을 지지하는 관점으로 기술된 부분이 있다. 즉, 위『법무사백년사』265면에는 "민형사소송규정에 도입된 대인 제도는 지금의 변호사 제도의 전신이랄 수 있는 것으로서, 대인은 소송인이 스스로 소송을 진행할 수 없는 경우에 소송인의 위임에 의하여 소송을 위탁받아 진행했던 사람으로서, 대인 위임은 재판소의 허가를 받아야 했고, 또한 반드시 위임장을 교부받아야 했으며, 위임장 형식도 규정하고 있었다. 이와 같이 대인 제도가 도입됨에 따라 우리나라에서 법정변호사 제도가 창설되었다고 할 수 있으며, …"라고 기술되어 있는데, 이러한 기술이야말로 이 연구에서 제시한 위의 관점과 같은 관점을 취한 것이라고 할 수 있다.

## 5. '대서인'의 성격

한편,「대서소세칙」에 따라 시행된 '대서인' 제도 역시 그 취급하는 업무가 법률문서의 작성을 대행해 주는 것이라고 하여 이를 법무사의 업무 영역이라고 보는 것은 어불성설(語不成說)이다.「대서소세칙」은 전체 13개조로 이루어진 법령인데, 제1조에서 그 입법 목적을 밝히고 있다. 즉, 민형사상 소송에 관한 규칙이 시행되고 있음에도 백성들이 그 규칙을 제대로 알지 못하여 격식에 위배된 소송을 제기하는 경우가 많으므로 대서소를 개설하여 소송당사자를 조력하고자 함이「대서소세칙」의 입법목적이라는 것이다. 대서소에는 '代書所'라고 명기한 간판을 걸어야 하고(제2조), 장부를 비치하여야 하며(제3조), 작성한 문서의 분량에 따라 대서비를 받으며(제4조), 위임을 받으면 즉시 소송서류를 작성하여 기간을 도과하지 말도록 하여야 하고(제8조), 대서한 소장이 격식에 위배되어 기각된 경우에는 대서비를 반환한다(제11조)는 규정도 있다. 그러나 '대서인'의 자격이나 '대서인'이 되기 위하여 특별한 자격을 필요로 한다든지, '대서소'를 개설하기 위하여 특별한 허가를 필요로 하는지에 관하여는 아무런 규정도 두고 있지 아니하다. 결국「대서소세칙」을 통해 파악할 수 있는 '대서인'의 지위는 유상(有償)으로 소송서류를 작성하여 주는 행위를 업(業)으로 영위하는 자이나, 그 자격이나 '대서소' 개설에 관하여 특별한 요건이 요구되지는 않는 지위에 있었다고 볼 수밖에 없다.

위에서 파악한 바와 같이 '대서인'은 소송에 관한 서류의 작성을 대행할 수 있는 지위에 있었는데, 이러한 지위에 있었다는 사정만으로 곧바로 '대서인'을 법무사의 전신으로 파악하는 것은 대단히 무리한 주장이다. 소송서류를 포함하여 법률문서를 작성할 수 있는 권한을 갖는 지위로는 법무사가 유일한 자격사가 아니며, 위「대서소세칙」시행 당시에는 아직 변호사와 법무사의 업무가 분화되어 있지 않았기 때문이다. 변호사는 법무사보다 훨씬 더 광범위한 법률문서의 작성 권한을 보유하고 있다. 이 장의 제3절에서 자세히 살펴보게 되겠지만, 변호사는 포괄적으로 법률문서의 작성 대행과 법률사건의 대리수행 권한을 갖는 반면, 법무사는 법률사무 중 제한적인 범위 내에서 등기사무나 법률문서의 작성 대행 권한을 가질 뿐이다. 우리나라에서는 과거든 현재든 변호사는 소송만을 대리하고 법률문서 작성을 대행해 줄 수는 없도록 하면서 법률문서 작성의 대행 권한을 법무사에게만 전속시키는 제도를 시행한 전례가 없다. 이는 외국의 경우도 마찬가지이다. 어느 나라의 법률업무관련 자격사 제도의 발전 과정을 살펴보더라도 변호사 제도를 기반으로 발전이 이루어지면서, 변호사의 직무 범위가 전문화됨에 따라 일반적이고 간단한 법률사무를 대행할 수 있는 인접 자격

사 제도가 분화되게 된 것이 역사적 흐름이라고 할 수 있다. 결국 위
'대서인'이 다른 사람의 법률사무를 대행해 주는 권한을 부여받았다면
그 속성은 변호사와 법무사 모두에 공통된 속성으로 파악하는 것이 옳
지 법무사에 전속된 속성으로 파악하는 것은 옳지 않은 것이다.

　이상에서 살펴본 바와 같이「광무변호사법」시대의 '대서인'은 법
무사의 전신이라고 볼 수 없다. 그 이유를 정리하자면 이와 같다. ①
'대서인'은 국가면허 제도를 기반으로 하지 않는 일반인의 지위에서 타
인의 소송에 조력하는 존재라는 점, ②「광무변호사법」시대의 사법체
제에서는 아직 단지 법률문서만을 작성 대행하는 지위와 소송까지 대
행하는 지위가 명확하게 구별되어 시행되지 않고 있었다는 점, ③ 변
호사가 수행할 수 있는 업무에는 소송대리 업무뿐만 아니라 법률문서
작성 업무도 당연히 포함되므로 '대서인' 제도 역시 변호사 제도 도입
의 일환으로 보지 못할 바 아니라는 점 등을 종합적으로 고려한다면,
1895년에「대서소세칙」에 따라 채택된 '대서인'을 법무사의 전신이라
고 보는 입장은 참으로 터무니없는 발상이라고 하지 않을 수 없는 것
이다. 이렇듯 터무니없는 주장을 유지한다면,「대서소세칙」보다 앞서
시행된「민형사소송에 관한 규정」에 명문으로 도입되어 있는 '대인(代
人)' 제도는 물론 그보다 몇 백 년을 더 거슬러 올라가는 '외지부'나 '쟁
송위업자(爭訟爲業者)'의 존재 역시 변호사 제도의 전신이라고 할 수 있
다. 즉, 우리나라에서는 조선 시대부터 변호사 제도가 도입되어 있었
다는 주장은 대서인을 법무사의 전신이라고 우기는 주장보다 훨씬 더
타당성을 갖게 될 것이다. 이러한 억지논리에 집착하지 않는다면, 변
호사의 업무 범위에는 다른 사람의 법률사건을 대신 처리하는 권한뿐
만 아니라 다른 사람의 법률문서를 대신 작성해 줄 수 있는 권한이 당
연히 포함되어 있다는 점을 고려할 때, '대서인' 역시 연혁적으로는 오
히려 변호사 제도의 한 형태라고 파악할 수도 있을 것이다.

그러나 이 연구에서 그와 같은 주장을 고집할 생각은 조금도 없다. '대서인' 제도가 그 취급하는 업무의 속성으로 파악한다면 변호사의 연혁적 형태라고 볼 수 있다고 하더라도, 이 정도만으로는 진정한 의미에서 '근대적'인 자격사 제도가 도입된 것이라고 보기 어렵기 때문이다. 진정으로 '근대적' 의미에서 다른 사람의 법률사무를 대신 취급할 수 있는 자격사라고 하려면, 적어도 그와 같은 업무를 수행하기 위해서는 국가의 관여가 최소한의 필요요건이라고 보아야 한다. 이러한 관점에서 이 연구는 1905년의 「광무변호사법」에 따른 변호사나, 1897년의 「대서소세칙」에 따른 '대서인'보다 앞선 1895년 「민형사소송에 관한 규정」에서 도입한 '代人' 제도에 주목하는 것이다. 재판소의 허가를 받아 다른 사람의 소송을 대신 수행할 수 있다는 '代人'의 지위는 근대적 의미의 변호사 제도를 도입한 것이라고 보아도 전혀 손색이 없는 지위이기 때문이다.

## 6. 근대적 변호사 제도의 연혁

지금까지의 내용을 정리하자면 이와 같다. 다른 사람의 법률사건이나 법률사무를 대신 처리해 준다는 의미에서의 변호사 제도는 이미 조선시대의 '외지부'에서 그 연원을 찾을 수 있다. 이러한 '외지부'나 '쟁송위업자(爭訟爲業者)'의 존재에 관한 역사적 기록에 비추어 1905년 「광무변호사법」에 따라 시행된 변호사 제도 이전에도 우리나라에 변호사와 같은 역할을 하는 존재가 이미 있었다는 점은 분명하다. 그러나 이러한 존재의 본질적 한계는, 그들이 다른 사람의 법률사건이나 법률사무를 대신 처리함에 있어서 국가의 관여를 필요로 하지 않았다는 점이다. 아무나 특별한 자격이 없더라도 자신의 의지(意志)와 그에게 사건을 위임하는 의뢰인이 있기만 하면 법률사건이나 법률사무를 취급할 수 있는 경우라면 이는 진정한 의미에서 '근대적'인 자격사 제도가 도입된 것이라고 볼 수 없다.

이러한 관점에서 진정한 근대적 법률업무관련 자격사의 효시는 1895년 「민형사소송에 관한 규정」에서 도입한 '대인(代人)' 제도라고 할 수 있다. '대인(代人)' 제도가 실제로 시행된 바 없다는 역사적 한계는 제도의 도입이라는 관점에서는 별로 중요한 고려사항이 아니다. 이러한 '대인(代人)' 제도가 1897년 '대서인'으로, 그리고 1905년 '변호사'로 각각 그 형태를 달리하며 오늘날의 변호사의 모습에 가깝게 발전되어 온 것이 우리나라 근대적 변호사 제도의 발전 형태라고 보아야 하는 것이다.

이와 같이 조선시대로 거슬러 올라가는 '연혁적 변호사'의 연원(淵源)으로는 '외지부'를 들 수 있고, '근대적' 의미의 변호사의 연원으로는 1895년의 '대인(代人)' 제도를 들 수 있으나, 그러한 변호사 제도의 연원은 1910년 한일병합과 함께 1945년 일제 강점기 동안 일본 제도의 의용(依用) 시기를 겪으면서 자생적인 변호사 제도의 발전 단계를 상실한 채 1945년의 해방을 맞이하게 된다. 1945년 해방을 맞이한 후에는 미군정청의 법무국지령에 의해 변호사자격이 부여되었고, 대한민국 정부의 이름으로 독자적인 변호사법이 최초로 제정되어 시행되게 된 것은 1949. 11. 7. 법률 제64호이다.

## 7. 현황과 문제점

변호사법은 위 제정 이후 2017. 10.까지 타법의 개정으로 수반 개정된 경우를 제외하고 30 차례의 개정을 거치면서 현재에 이르고 있다.[15] 그러나 변호사의 직무 범위나 국가시험에 의한 선발방식 등 변호사 제도의 골격은 그대로 유지되고 있다. 변호사 직역이 현재 당면하고 있는 문제점은 변호사 직역 내부의 문제가 아니라 변호사 인접

---

15 이에 관한 상세는 전게 『변호사법개론』, 4~11면 참조.

자격사 직군(職群)의 직무 범위가 점점 확대되면서 상대적으로 변호사의 직역이 위축되는 문제점 및 인접 자격사 직군(職群)과의 사이에서 직역을 둘러싼 갈등이 빚어지고 있는 문제점이다. 이는 아래에서 인접 자격사 직군(職群)의 연혁과 현황을 살펴봄으로써 더욱 분명해지게 될 것이다.

# 제 3 절   법무사 제도의 연혁과 현황

## 1. 개화기(開化期)와 일제 강점기

### 가. 대서업취체규칙(代書業取締規則) 시기

대한법무사협회는 1897년 9월에 대한제국 법제 훈령인 「대서소세칙(代書所細則)」이 공포됨으로써 대서인제(代書人制)가 창설된 것이 한국의 법무사 제도의 기원라고 설명하고 있으나, 위 「대서소세칙」에 규정한 대서인은 소송에 관한 서류의 작성을 대행할 수 있는 지위에 있었을 뿐이고 「광무변호사법」 시기의 사법체제 하에서는 아직 단지 법률문서만을 작성 대행하는 지위와 소송까지 대행하는 지위가 명확하게 구별되어 시행되지 않고 있었는바, 법률문서를 작성할 포괄적·일반적인 권한은 변호사에게 있고 법무사는 제한적인 범위 내에서만 법률문서를 작성할 권한을 보유할 뿐이고, 대서인은 국가면허 제도를 기반으로 하지 않는 존재라는 이유에서, 대서인이 소송에 관한 서류의 작성을 대행할 수 있는 지위에 있었다는 사정만으로 곧바로 '대서인'을 법무사의 전신으로 파악하는 것은 무리한 주장이라는 점은 이 장의 제2절에서 이미 살펴본 바와 같다.

위 「대서소세칙」을 제외한다면 국가의 허가를 받아 보수를 받으면서 다른 사람의 위탁을 받아 법률문서만을 작성하는 자격사에 관하여 규율하게 된 것은 1910. 9. 26.자 경기도 경무부령(警務府令) 제1호 「대서업취체규칙(代書業取締規則)」이 최초의 것으로 보인다. 대한법무사협회의 위 『법무사백년사』에서는 1915. 7. 22. 경무총감부령(警務總監府令) 제5호로 공포된 「대서업취체규칙」을 최초의 대서업취체규칙인 것처럼 기술하고 있다.[16] 그러나 조선총독부 관보에 의하면 그보다 앞선 1910. 10. 3.자에 이미 위와 같이 경기도 경무부령으로 「대서업취체규칙」이 공포된 사실을 확인할 수 있다.[17] 위 두 가지 「대서업취체규칙」의 내용은 대동소이하다. 다만 위 『법무사백년사』 해당 부분은 1906년에 해당하는 명치 39년을 1909년이라고 기술하는 등 정확성이 다소 떨어지는 문제점이 있다. 다른 특별한 사유가 없다면 1910년의 경기도 경무부령에 따른 대서업취체규칙을 최초의 근대적 사법서사 제도를 도입한 법령이라고 보아도 무방할 것이다.

위 대서업취체규칙에서는 다른 사람의 위탁을 받아 문서를 작성하는 업을 대서업이라고 정의하고(제1조), 대서업을 영위하려는 자는 본적, 주소, 성명, 연령, 사무소 소재지, 대서료 등을 기재한 출원을 사무소 소재지를 관할하는 경찰관서에 제출하여 허가를 받아야 한다고 하고(제2조), 민·형사소송이나 비송사건의 권유, 감정, 소개 또는 다른 사람의 분쟁에 관여하는 행위 등은 할 수 없으며(제3조 제1호), 허가받은 대서료 외에 다른 명목으로 돈을 받을 수 없도록 하고(제3조 제3호), 허위 또는 위탁의 취지에 반하는 문서를 작성할 수 없도록 하는(제3조 제5호) 등의 의무를 규정하였다. 그러나 재판소(裁判所) 구내대서(構內代書)의 허가를 받은 경우에는 재판소에서 승인한 사항을 취급하는 경우에 한하여 예외가 허용되었다(제3조 단서). 대서업자가 할 수 없는 금지

---

16  전게 『법무사백년사』, 1101면 참조.
17  http://viewer.nl.go.kr:8080/viewer/viewer.jsp(2017. 10. 15. 최종방문).

행위의 내용을 보면 대체로 변호사가 아니면 할 수 없는 행위에 해당한다고 할 수 있다. 이러한 점에 비추어 본다면, 위「대서업취체규칙」하에서의 '대서업자'에 이르러 비로소 변호사와 구별되는 별도의 자격사 제도가 시행되었다고 볼 수 있다. 즉 대서업자 제도에 이르러 비로소 근대적 의미의 법무사 제도가 시행되게 된 것이라고 할 수 있을 것이다.

### 나. 조선사법대서인령(朝鮮司法代書人令) 시기

위「대서업취체규칙」은 1924. 12. 24. 조선총독부령 제5호로「조선사법대서인령(朝鮮司法代書人令)」이 제정되어 1925. 5. 1.부터 시행되기까지 유지되었다.[18]「조선사법대서인령」은 '사법대서인'에 관하여 일본의「사법대서인법(司法代書人法)」에 의하도록 하되「사법대서인법」의 내용 중 사법대신은 조선총독으로, 지방재판소는 지방법원으로, 지방재판소장은 지방법원장으로, 구(區)재판소 판사는 지방법원지청 판사로 한다는 내용으로 되어 있다. 한마디로 일본「사법대서인법」을 조선에 의용(依用)하기 위한 법령이라고 할 수 있는 것이다. 일본「사법대서인법」의 내용을 보면, 사법대서인에 대한 관리감독 권한을 지방재판소가 행사하고(제3조 제1항), 사법대서인 사무소의 개설에 있어서 지방재판소장의 인가주의를 채택하였다(제6조)는 점이 특징이라고 할 수 있다.

### 다. 조선사법서사령(朝鮮司法書士令) 시기

「조선사법대서인령」은 1935. 4. 27. 조선총독부령 제7호로 일부 개정되어 「조선사법서사령(朝鮮司法書士令)」이라는 명칭으로 1935. 5. 1.부터 시행되었다. 이는 일본의「사법대서인법」이「사법서사법(司法書士法)」으로 개칭된 데에 따른 것이다. 이 시기부터 비로소 '사법대서인'이 아니라 '사법서사(司法書士)'라는 명칭이 등장하게 되는 것이다. 명

---

18『조선사법대서인령』의 내용은 국가법령정보센터(http://law.go.kr/lsInfoP.do?l siSeq=67359&viewCls=lsRvsDocInfoR#0000 참조)(2017. 10. 15. 최종방문).

칭만 변경되었을 뿐 그 업무 범위나 감독기관, 인가주의 등에는 아무런 변화가 없었다. 이 사법서사 시기는 1945년 일제가 패망하기까지 계속 이어졌다.

## 2. 미군정 과도기

8·15 해방 이후 우리 법제는 美軍政의 영향 하에 놓이게 되었다. 1945년부터 1948년까지는 일본의 「사법서사법」이 그대로 통용되었으나, 1948. 5. 18. 미군정법령 제195호로 「사법서사법」이 제정·시행되게 되었다.[19] 이 미군정「사법서사법」은 1948. 5. 4.자로 법령 제192호 「법원조직법」이 제정되면서 사법서사에 대한 소관사무가 사법부장에게 속하게 되었기 때문에 이를 반영하기 위한 것이었을 뿐 종전의 내용에서 별반 달라진 것은 없다.

## 3. 대한민국 「사법서사법」 시기

### 가. 제정 「사법서사법」

미군정 하의 과도기적 법제에서 벗어나 대한민국 국회에 의해 비로소 「사법서사법」이 "제정"된 것은 1954년에 이르러서이다. 1954. 4. 3. 법률 제317호로 제정된 「사법서사법」은 종전과 마찬가지로 「사법서사법」이라는 명칭을 사용하기는 하였으나, 대한민국 정부가 수립된 이후 대한민국 국회에 의해 만들어지는 법률이라는 취지에서 '제정(制定)'법률의 형태를 취하고 있다. 변호사법이 1949. 11. 7. 제정되어 즉시 시행된 것에 비하면, 일제나 미군정의 영향을 벗어난 대한민국 「사법서사법」으로 제정되기까지 비교적 상당한 시간이 경과한 셈이다. 아

---

19 http://www.law.go.kr/lsSc.do?menuId=0&subMenu=3&query=%EC%82%A
 C%EB%B2%95%EC%84%9C%EC%82%AC%EB%B2%95#undefined 참조(2017. 10.
 15. 최종방문).

래에서 볼 수 있듯이 이 「사법서사법」은 1963년에 폐지되고 재제정(再制定)되는 변화를 겪게 된다. 변호사법이 1949. 11. 7. 제정 이후 재제정이 아닌 개정의 형태로 변화해 온 것과 비교되는 부분이다.

제정 「사법서사법」은 사법서사의 업무에 관하여는 '타인의 위촉에 의하여 법원, 검찰청에 제출할 서류 기타 법무에 관한 서류를 작성하는 것'(제1조)으로 하여 종전과 비교하여 달라진 것이 없었으나, 사법서사를 소관지방법원의 소속으로 하며(제2조), 사법서사가 되려는 자는 소관지방법원장의 인가를 받도록 하되(제3조), 소관지방법원장은 인가 전에 대법원장의 승인을 받도록 하였고(제6조), 사법서사에 대하여 소속지방법원장으로 하여금 감독권을 행사하도록 하였다(제4조 제1항). 위촉거부 금지의무(제9조), 쌍방위촉 금지의무(제10조), 누설금지의무(제11조), 업무범위 초과 금지의무(제12조), 폐업시 신고의무(제13조) 등 사법서사의 의무에 관한 규정도 신설되었다.

나. 재제정(再制定) 「사법서사법」

그러나 6·25 이후의 사회적 혼란을 극복하고 우리 법제가 본격적으로 정비된 것은 1961년 이후이다. 「사법서사법」 역시 종전의 「사법서사법」을 폐지하고 다시 제정하는 방식으로 1963. 4. 25. 법률 제1333호로 공포되었다. 재제정 이전의 「사법서사법」이 16개조의 본문과 부칙으로 소박한 체제를 갖고 있었던 것과 비교하여 보면, 재제정된 「사법서사법」은 전체 7개의 장에 41개조의 본문과 3개조의 부칙의 완비된 체제를 갖추고 있다. 그 내용을 보면 사법서사의 직무 범위는 '타인의 위촉에 의하여 보수를 받고 법원과 검찰청에 제출하는 서류와 기타 법무에 관한 서류를 작성하는 업무'로 규정되어 종전과 동일하게 되어 있었으나(제2조), 사법서사가 아닌 자는 사법서사의 직무 범위에 속하는 업무를 할 수 없도록 할 뿐만 아니라 사법서사 또는 그와 유사한 명칭조차 사용할 수 없도록 하고(제3조), 이를 위반하는 경우에는 2

년 이하의 징역이나 5만원 이하의 벌금에 처하는 규정(제40조)까지 새로 마련하였다. 사법서사의 권리와 의무에 관한 부분 중에는 대한사법서사협회와 각 지방법원 관할구역별 사법서사회를 필수적 법정단체로 규정하면서(제23조 제1항, 제31조 제1항), 이를 정착시키기 위해 사법서사의 사무소의 소재지를 관할하는 지방법원의 관할구역 안에 설립된 사법서사회에 의무적으로 가입하도록 하는 내용이 추가되었고(제15조), 회칙준수의무(제16조)와 회비분담의무(제17조)도 신설되었다. 사법서사단체를 법제화한 개정은 사법서사들의 의사를 하나로 결집시켜 직역의 이익을 확보하기 위한 노력에 힘을 집중할 수 있는 계기를 마련해 주었다는 점에서 눈여겨보아야 할 부분이다.

## 다. 재제정 「사법서사법」의 개정 연혁

이후 사법서사의 업무 범위는 「사법서사법」의 개정 때마다 조금씩 그 내용을 추가하면서 확장되어 왔는데, 그 배경에는 바로 위와 같이 사법서사회와 대한사법서사협회의 입법노력이 자리하고 있다.

1970. 1. 1 법률 제2171호로 일부 개정된 「사법서사법」에서는 사법서사의 직무 범위에 등기에 관한 신청 대리 업무를 추가시켰다(제2조). 각 사법서사회와 대한사법서사협회를 법인으로 한다는 내용도 추가되었다(제23조 제2항, 제31조 제2항). 이 개정은 비록 등기라는 제한된 분야에 국한되기는 하지만 신청사건을 '대리'할 수 있는 권한이 부여되었다는 점에서 매우 중요한 개정이었다고 할 수 있다. 위에서도 언급한 것처럼 이러한 업무 영역 확대의 이면에는 사법서사단체의 치밀한 노력이 뒷받침되어 있었다. 대한사법서사협회는 1966년부터 사법서사의 사회적 지위를 제고한다는 목표를 세우고 사법서사법을 전면적으로 개정하는 가칭 '법리사법안(法理士法案)'을 마련하였다.[20] 그러나 '법리사법안'으로 개정해 줄 것을 건의받은 대법원에서 이를 거부함으로

---

20 전게 『법무사백년사』, 370~371면.

써 입법노력은 일단 무산되었다. 이후 대한사법서사협회에서는 우선 부분적으로 사법서사의 업무 영역을 확장하는 부분개정으로 전략을 수정하여, 1968년 협회 정기총회에서 '사법서사법일부개정법률안'을 의결하고, 대법원 당국과 국회 관계관 및 국회의원들과의 협의를 거친 후, 1969. 8. 29. 당시 민주공화당 소속 김우영외 14인 의원의 발의 형식으로 개정법률안을 제출하여 위와 같은 개정에 이르게 된 것이다.[21]

　　1973. 2. 24. 법률 제2551호 일부 개정에서는, 법률의 본문에서는 사법서사의 직무 범위에 관하여 '타인의 위촉에 의하여 보수를 받고 법원과 검찰청에 제출하는 서류를 작성하는 업무'만을 규정하되(제2조 제1항), 구체적 직무 범위는 대통령령으로 정하도록 위임하여(제2조 제3항), 사법서사의 업무 범위를 행정입법의 방식으로 규율할 수 있도록 하는 변경이 이루어졌다. 이러한 개정은 두 가지 점에서 매우 중요한 시사점을 준다. 첫째는 특정한 자격사의 직무 범위를 규정하는 방식이 법률로 규정하는 방식에서 행정입법에 위임하여 규정하는 방식으로 변경되었다는 점이고, 다른 하나는 사법서사에게 다른 사람의 법률사건이나 법률사무를 대리하여 처리할 수 있는 권한이 부분적으로 허용되기 시작하였다는 점이다. 자격사의 업무 범위를 규정하는 방식은 해당 자격사의 업무 영역 확대나 축소와 매우 밀접한 관련성을 갖게 된다. 법률로 규정하는 방식은 국회에서 법률안으로 가결되어야 하기 때문에 행정입법에 비하여 개정이 쉽지 않다는 특징을 갖는다. 자격사의 업무 범위를 국회의 의결을 필요로 하는 법률로 규율하게 된다면, 어떤 자격사 직군(職群)에서 자기 업무 영역을 확장하기 위한 시도를 함에 있어서 국회의원 과반수의 지지를 확보해야 하는 어려움이 있는 반면에, 행정입법으로 업무 범위를 규율하게 된다면 소수의 정책결정권자의 지지만 확보하면 손쉽게 업무 영역의 확장을 도모할 수 있게 되

| 21 전게『법무사백년사』, 371면.

는 것이다. 위 개정 이후 사법서사의 업무 영역이 지속적으로 확장되어 나갈 수 있었던 요인 중에는 이와 같이 업무 범위가 행정입법에 위임하는 체제로 변경된 것이 커다란 비중을 차지한다고 평가할 수 있을 것이다. 실제로 위 개정된 법률에 따라 1973. 9. 29. 대통령령 제6878호로 제정된 「사법서사법시행령」에서는 위와 같은 「사법서사법」의 위임에 따른 사법서사의 업무 범위를 ⅰ) 법원과 검찰청에 제출하는 서류의 작성 업무, ⅱ) 법원과 검찰청 업무에 관련되는 서류의 작성 업무, ⅲ) 등기 기타 등록신청에 필요한 서류의 작성 업무, ⅳ) ⅰ)부터 ⅲ)에 의하여 작성된 서류제출의 대행 업무로 규정하였다(제2조). 여기서 중요한 점은 사법서사가 등기신청을 대리하던 업무에 더하여 법원이나 검찰청에 제출하는 서류 또는 법원이나 검찰청의 업무에 관련되는 서류를 당사자를 대신하여 제출할 수 있는 권한이 부여되었다는 점이다. 그동안에는 위와 같은 일반적인 법률사건이나 법률사무에 관련된 서류를 작성할 수 있는 권한만 보유하고 있었던 것에 비하여 이러한 서류의 제출을 대행할 수 있게 되었다는 것은 획기적인 직역 확대라고 평가할 수 있다. '서류의 작성'의 경우에는 비록 당사자의 의뢰를 받아 작성한다고 하더라도 그 작성 명의는 당사자 본인이 되는 것이며, 작성된 서류의 제출 역시 당사자 본인이 하여야 하는 것이다. 그러나 위와 같이 서류의 제출을 대행할 수 있는 권한이 법령에 명문으로 인정됨에 따라 법원이나 검찰청에 법률사무나 법률사건에 관한 서류를 제출함에 있어 사법서사는 당사자의 위임을 받아 위임장을 첨부하고 사법서사 자신의 명의로 제출할 수 있게 된 것이다. 즉 등기신청이라는 제한된 경우가 아닌 일반 법률사건과 법률사무에 사법서사의 위임장이 첨부되는 시발점을 이루게 된 것이다. 이 개정을 기점으로 사법서사의 지위는 획기적인 전환을 맞게 되었다고 평가할 수 있다. 서류의 제출을 대행하는 행위를 업무로 인정받아 계속적·반복적으로 수행할 수 있는 지위를 확보한다는 것은, 비록 제한적이기는 하지만, 사법서사가 다른 사람의 법률사건에서 일정한 부분을 대신 처리할 수 있는 권한을 획득하게 되었다는 것을 의미한다. 변호사가 아닌 다른 자격사에게 이렇듯 법률사건의 대행 권한을 허용하기 시작하였다는 것은 매우 커다란 함의(含意)를 갖는다. 이 무렵까지는 특허 등의 출원을 대리할 수 있는 변리사를 제외한다면, 법률사건에서 당사자를 대리할 수 있는 권한을 확보한 자격사가 존재하지 않았는데, 위와 같은 개정으로 이제는 사법서사도 변호사나 변리사와 부분적으로 대등한 지위에 올라서게 되었기 때문이다.

이 「사법서사법」은 1986. 5. 24. 법률 제3828호로 일부 개정되었으나, 사법서사의 직무 범위에 관한 구체적인 사항을 규정하는 규범이 대통령령에서 대법원규칙으로 변경되었을 뿐, 직무 범위에 관한 구체적 내용은 개정 전에 대통령령에서 규정하고 있던 업무 내용과 동일하였다.

## 4. 「법무사법」 시기

「사법서사법」은 1990. 1. 13. 법률 제4200호 「법무사법」으로 전부 개정되면서 우리나라 사법서사 시대에 다시 한 번 커다란 획을 긋게 된다. 즉, 종래의 「사법서사법」을 전부 개정하여 「법무사법」으로 제명(題名)부터 수정하면서, '사법서사'라는 자격사 명칭이 '법무사'라는 자격사 명칭으로 변경되었다. 위에서 기술한 것처럼 1966년부터 사법서사단체의 숙원이었던 개정이 마침내 이루어지게 된 것이다. 자격사의 명칭만 변경된 것이 아니라, 그 직무 범위 역시 ⅰ) 법원과 검찰청에 제출하는 서류의 작성 업무, ⅱ) 법원과 검찰청의 업무에 관련된 서류의 작성 업무, ⅲ) 등기 기타 등록신청에 필요한 서류의 작성 업무, ⅳ) 등기·공탁사건의 신청대리 업무, ⅴ) 위 ⅰ) 부터 ⅲ)에 의하여 작성된 서류의 제출 대행 업무로 확대되었다. 공탁사건에 대해서도 신청대리가 허용되게 된 것이다.

법무사의 업무 영역 확대는 여기에서 그치지 않는다. 2003. 3. 12. 법률 제6860호로 일부 개정되면서 '민사집행법에 의한 경매사건과 국세징수법 그 밖의 법령에 의한 공매사건에서의 재산취득에 관한 상담, 매수신청 또는 입찰신청의 대리' 업무가 법무사의 업무에 추가되었고, 다시 2016. 2. 3. 법률 제13953호로 일부 개정되면서 '법무사의 업무로 규정되어 있는 각 사무를 처리하기 위하여 필요한 상담·자문 등 부수되는 사무'까지 업무 범위에 추가되었다. 이제 법무사에게 남은 영역은 소액사건에서 변호사와 동등하게 소송대리권을 확보하는 것뿐이라고 해도 과언이 아니게 된 것이다.

## 5. 현황과 문제점

제3장 제2절의 일본 사법서사 제도를 살펴보는 부분에서 자세하게 살펴보게 되겠지만, '사법서사가 타인으로부터 위탁받은 취지에 따라 서류를 작성하는 것은 변호사법을 위반하는 것이 아니라고 하더라도, 어떤 취지의 서류를 작성할 것인지를 판단하는 것은 전문적 법률지식에 기한 것으로 변호사법을 위반하는 것'이라는 일본 법무성(法務省) 민사국장(民事局長)의 회답(回答)[민사(民事) 갑제(甲第)2554호(号)]이나, "제도로서 '사법서사'는 변호사와 같은 전문적 법률지식을 기대하는 것이 아니라, 국민 일반이 갖고 있는 법률지식이 요구되고 있다고 해석되고, 그래서 사법서서가 할 직무상 판단작용은 촉탁한 사람의 촉탁취지 내용을 정확하게 법률적으로 표현하고 소송의 운영에 지장을 초래하지 않는 한도 내에서, 바꾸어 말하면 법률상식적인 지식에 근거한 정서(整序)적인 사항에 한하여 이루어져야 하며, 그 이상의 전문적인 감정에 속하는 사항이거나 대리 그밖에 다른 방법으로 타인 사이의 법률관계에 개입하는 것은 사법서사의 직무 범위를 벗어나는 것"이라

는 高松高等裁判所의 판결처럼, 사법서사 ― 우리의 법무사 ― 의 직무 범위와 관련하여 많은 논란이 벌어졌던 일본의 경과와 비교하여 본다면, 우리나라 법무사의 직무 범위 확대는 대단히 순조롭게 이루어졌다고 평가할 수 있다. 논란이 있었던 일본에 비하여 우리나라의 법무사 업무 영역에서 그와 같이 순조로운 직역 확대가 이루어지게 된 원인에 대해서는 아쉽게도 별다른 연구가 이루어지지 않았다. 이 연구에서는 그러한 원인으로 법정단체화한 법무사단체의 조직적인 활동을 꼽았다. 그러나 이에 관한 상론은 이 연구의 범위를 벗어나는 부분이어서 여기에서는 더 이상 다루지 않도록 한다.

위에서도 언급한 것처럼, 근래에는 소액사건의 소송대리권을 확보하기 위한 노력이 한국 법무사 업계의 당면 과제가 되어 있는 듯하다. 그 시점은 2006년경으로 거슬러 올라간다. 그 무렵 대한법무사협회장 선거과정에서부터 법무사들에게 민사소액사건의 소송 대리행위가 가능할 수 있도록 입법화 작업을 하겠다는 공약이 등장하기 시작했고 그 이후 지금까지 선거 때마다 빠지지 않는 단골 공약이 되고 있는 형편이다. 2006년 당시 법무부에서도 이러한 내용의 법무사법 개정안을 마련하였으나, 국회에 발의되지는 않았다. 법무사단체에서 소액사건의 소송대리권을 확보하겠다고 나서게 된 배경에는 2004년에 일본에서 간이재판소의 소액사건을 사법서사가 대리할 수 있게 된 사건이 자리하고 있다. 법무사단체의 소액사건 소송대리권 확보 노력에 대하여 변호사단체 역시 국민의 재판받을 권리의 실효성 있는 보장을 위해 소송대리권만은 반드시 지켜내겠다는 결연한 의지를 보이고 있어 귀추가 주목되고 있다.

이렇듯 합법적으로 업무 영역을 확대하려는 노력 외에, 다른 한편으로는 외관상 법령의 형식적 문언에 저촉되지 않는 듯 보이기는 하지만 실제로는 탈법적 방법을 동원하여 법무사 업무 영역의 본래적 제한

을 잠탈하는 시도가 이루어지고 있기도 하다. 예를 들자면, 법무사가
자신의 사무소를 당사자의 소송서류 송달장소로 신고하여 지속적으로
소송서류를 송달받고 서면을 작성하여 법원 등에 제출하는 행위를 하
는 것과 같은 경우이다. 이는 소송행위를 대리할 수 없는 법무사가 법
정에 출석하지만 않을 뿐 실질적으로 다른 사람의 소송을 대리해서 수
행하는 것과 마찬가지이므로, 변호사가 아닌 자가 이러한 행위를 하는
것을 금지한 변호사법을 위반하는 행위임은 물론, 법무사법에서 법무
사에게 허용한 직무 범위를 벗어난 위법행위에도 해당한다고 할 것이
다. 변호사의 경우에도 등기업무 등 법무사들이 주로 취급하는 업무를
취급하는 경우에는 법무사 직역과 종종 마찰을 빚곤 한다. 직역 간의
충돌은 이렇듯 위법행위를 양산하고 자격사의 품위를 손상시키는 결
과를 가져오게 된다. 현행법에 따른 해석론은 별론(別論)으로 하고, 법
치주의 확립과 국민에 대한 법률서비스 제고라는 보다 높은 가치의 실
현을 위해서는 직역 간의 충돌이 더 이상 격화되기 전에 합리적인 해
결방안을 모색해야 할 시기가 도래했다고 할 수 있다. 이에 관한 모색
은 제4장에서 다루도록 한다.


## 제 4 절   변리사 제도의 연혁과 현황


### 1. 변리사 연원(淵源)의 특징

　변리사는 특허사무에 관하여 일정한 범위에서 대리권을 가지고 업
무를 처리하는 자를 가리킨다. 변리사 제도는 본질적으로 '특허' 제도를
기반으로 하는 제도이기 때문에 변리사의 연원을 논함에 있어서도 그
러한 제도적 한계를 수반하지 않을 수 없다. 즉, 변호사나 법무사의 경

우와 달리 변리사 제도는 특허 제도의 법제화를 전제로 하는 것이므로 근대 이전에는 변리사 제도의 기원을 찾아보기 어렵다는 점이다. 근대 이후 서양문물에 눈을 뜨면서 비로소 과학기술의 중요성을 인식하고 이를 국가적으로 보호하기 위한 방편으로 특허 제도의 도입이 법제화 된 이후에 비로소 변리사 제도에 대한 모색이 이루어지게 되었다. 대한 변리사협회가 펴낸 『변리사회육십년사(辨理士會六十年史)』에서도 "구한 말까지 우리나라에 특허 제도는 존재하지 않았다. 더구나 변리사란 직업은 그 의미조차도 모르고 있던 시대였다"라고 기술하고 있다.[22]

## 2. 근대 특허 제도의 태동

근대 문헌에서 특허 제도에 관하여 언급하고 있는 문헌으로는 종두법을 도입한 지석영이 고종 황제에게 올린 상소문을 들 수 있다. 1882(고종 19년). 8. 23.자 상소문에서 지석영은 고종 황제에게 "각국(各國)의 인사들이 저작한 『만국공법(萬國公法)』, 『조선책략(朝鮮策略)』, 『보법전기(普法戰紀)』, 『박물신편(博物新編)』, 『격물입문(格物入門)』, 『격치휘편(格致彙編)』 등의 책 및 우리나라 교리(校理) 김옥균(金玉均)이 편집한 『기화근사(箕和近事)』, 전 승지(前承旨) 박영교(朴泳教)가 편찬한 『지구도경(地球圖經)』, 진사(進士) 안종수(安宗洙)가 번역한 『농정신편(農政新編)』, 전 현령(前縣令) 김경수(金景遂)가 기록한 『공보초략(公報抄略)』 등의 책은 모두 막힌 소견을 열어주고 시무(時務)를 환히 알 수 있게 하는 책들입니다. 삼가 바라건대, 원(院)을 하나 설치하여 이상의 책들을 수집하고 또 근래 각국의 수차(水車), 농기(農器), 직조기(織組機), 화륜기(火輪機), 병기(兵器) 등을 구매하여 쌓아놓게 하소서. 이어 각도(各

---

22　대한변리사협회, 『변리사회육십년사(辨理士會六十年史)』(2007)(http://www.kpaa.or.kr/kpaa/intro/history60view.do?clickPage=11&subPage=11)　참조 (2017. 6. 29. 최종방문), 94면.

道)의 고을마다 관문(關文)을 보내도록 명하여 한 고을에서 학문과 명망이 남달리 뛰어난 사람들 중에서 유생과 관리를 각각 1명씩 뽑아 해원(該院)에 보내서 그로 하여금 그 서적들을 보고 그 기계들을 익히 다루게 하소서. 그리고 원에 머무는 기간은 2개월로 하여 기한이 차면 다시 한 사람을 교체시켜 보내게 하고, 관(館)에 머물러 있는 동안의 비용은 해읍(該邑)에서 헤아려 지급하게 하소서. 서적들을 정밀히 연구하여 세무(世務)를 깊이 알거나, 기계를 본떠서 만들어 그 깊고 신비한 기술을 모두 터득한 자가 있으면, 그 재능을 평가하여 수용(收用)하소서. 또 기계를 만드는 자는 전매권(專賣權)을 허가하고 책을 간행하는 자는 번각(飜刻)을 금하게 한다면 모든 원에 들어간 자들은 우선적으로 기계의 이치를 이해하고 시국의 적절한 대응책을 깊이 연구하지 않으려는 자가 없어 너나없이 빠른 시일 안에 깨우치게 될 것입니다. 이런 사람이 한번 깨우치면 이 사람의 아들이나 손자 및 이웃으로서 평소 그를 존경하여 심복하던 자들도 따라서 모두 바람에 쏠리듯이 교화될 것입니다"라고 기술하고 있다.[23] 여기서 기계를 만드는 자에게 전매권을 허가하라는 부분이 바로 특허 제도의 필요성을 역설한 것이며, 금지를 역설한 대상행위인 '번각'이란 바로 무단복제를 의미하는 것이니 저작권 보호의 필요성을 역설한 것이라고 할 수 있다. 고종 황제는 이에 대하여 "그대가 시무에 대해 말한 것이 명료하게 조리가 있어 일에 적용할 수 있으니, 내가 매우 가상하게 여긴다. 상소의 내용을 의정부(議政府)에 내려 보내서 재품(裁稟)하여 시행하게 하겠다"라고 답변한 것으로 되어 있으나,[24] 실제로 후속조치가 시행되지는 않았다.[25]

---

23 조선왕조실록 고종실록 19권 4번째 기사(http://sillok.history.go.kr/id/kza_11908023_004에서 인용)(2017. 6. 29. 최종방문).

24 전게 실록.

25 이병규, "근대 한국의 특허제도", 「지적재산권」 제26호(2008. 7), 한국지적재산권법제연구원, 40면.

특허 관련 사무를 처리하는 근대적 국가기관의 효시는 농상아문 (農商衙門)에 둔 장려국(獎勵局)이라고 할 수 있다. 농상아문은 1894년 갑오개혁으로 종래의 육조(六曹)를 폐지하면서 국가사무를 관장하는 조직의 하나로 설치되었는데, 농상아문 산하에 장려국을 두어 식산의 장려·흥업 및 전매특허사무를 담당하도록 한 것이다.[26] 실제로 장려국 에서 어떤 구체적인 조치를 시행하였는지 알려진 바는 없다. 그러나 장려국의 설치와 함께 일반에서도 특허권이나 특허법 등에 관한 여론 이 생겨나기 시작했다.[27]

## 3. 일제 강점기

고종 황제를 강제 폐위시키고 차관정치를 시작한 일본제국은 1908. 8. 12. 칙령 제196호로 「한국특허령」을, 칙령 제197호로 「한국의장 령」, 칙령 제198호로 「한국상표령」을 각 공포하였다. 그 주요 내용은 당시 일본의 「특허법」, 「의장법」, 「상표법」 등 공업소유권에 관한 법 령들을 한국에 의용하기 위한 명칭의 해석 및 절차에 관한 사항들이 다.[28] 이와 함께 1908. 8. 19. 통감부령 제30호로 일본의 「특허대리업 자등록규칙(特許代理者登錄規則)」을 그대로 우리나라에도 적용하는 「한 국특허대리업자규칙」이 공포되었다. 이 규칙에서 비로소 특허대리업자 시험위원회가 주관하는 시험에 합격한 이들에게 특허대리업을 영위할 수 있는 자격을 부여하는 제도가 시행되게 된 것이다. 한편 이 규칙에 는 이 규칙 시행 이전에 일본에서 특허대리업자로 등록한 자는 한국에 서도 특허대리업자등록을 마친 것으로 간주하는 내용이 포함되어 있

---

26 한국민족문화대백과(http://terms.naver.com/entry.nhn?docId=533916&cid= 46623&categoryId=46623)(2017. 6. 29. 최종방문).
27 한국특허제도사편찬위원회, 『한국특허제도사(韓國特許制度史)』, 특허청, 1998, 108면.
28 전게 "근대 한국의 특허제도", 42면 및 『변리사회육십년사』, 97~98면 참조.

었다. 1909년 칙령 제304호부터 제306호로 「한국특허령」, 「한국의장
령」, 「한국상표령」이 공포되었으며, 제307호로 「한국실용신안령」도
공포되었는데 모두 당시의 일본 법제를 우리나라에 의용하기 위한 내
용들이다. 1909. 11. 1.에는 종래의 「한국특허대리업자규칙」을 폐지하
고 대신 「한국특허변리사령(韓国特許弁理士令)」을 공포하였다. 「한국특
허변리사령」 역시 1909. 10. 23. 공포된 일본의 「특허변리사령(特許弁
理士令)」을 우리나라에 그대로 적용하는 내용이다. 1910년 한일병합이
이루어지자마자, 일본의 「특허법」, 「의장법」, 「실용신안법」, 「상표법」,
「저작권법」 등 5개의 법률을 조선에 적용한다는 조선총독부 칙령이
제335호로 공포되었다.[29] 한국변리사령에 의한 등록을 특허변리사령에
의한 등록으로 간주한다는 칙령 제339호도 공포되었다.

## 4. 미군정 과도기

　1945년 해방 이후 실시된 미군정 하에서는 '특허행정창설위원회'
를 구성하고 특허법 마련을 준비하여 이듬해인 1946년 10월 5일 자로
미군정청법령 제91호로 「특허법」을 제정·공포하게 되었다. 1946. 6.
26.에는 '조선변리사회'가 결성되기도 하였다. 조선변리사회는 1948년
대한민국으로 국호가 결정된 후 그 명칭을 '대한변리사협회'로 변경하
였다.[30] 그러나 그 성격은 친목단체 수준에 불과하였다는 것이 변리사
단체의 평가이다.[31] 1946년 특허법에서는 변리사에 대하여 인가제를
도입하였으나, 변리사의 자격 기준으로는 ① 출원자 기타에 대하여 조
언하며 그를 위하여 출원 기타 사무에 관한 서류의 제출, 청구를 할
능력을 갖고 있는 자, ② 출원자 기타에게 유효한 봉사를 할 수 있는

---

29  http://viewer.nl.go.kr:8080/viewer/viewer.jsp 참조(2017. 10. 15. 최종방문).
30  전게 『변리사회육십년사』, 124면.
31  전게 『변리사회육십년사』, 125면.

자, ③ 덕망과 인격이 있는 자와 같이 추상적인 요건만을 규정하였을
뿐(제8조), 구체적인 자격 기준을 규정하지 않았다. 그러나 인가를 받지
않은 자가 변리사나 대리인으로 활동하는 것은 불법이라고 명확하게
규정하고(제11조), 이를 위반한 자에 대해서는 2년 이하의 징역이나 7
만5천원 이하의 벌금형에 처하였다(제237조). 한편 제59조에서는 변호
사에 대해서도 특허에 관한 출원, 청구, 기타 수속에 있어서 대리권이
인정됨을 확인하고 있다. 제59조의 법문에서 "특허에 관한 출원, 청구,
기타 수속을 하는 출원자, 특허권자 기타에 의하여 선임된 또는 선임
되었다고 간주되는 변리사, 변호사 기타 대리인의 대리권은 본인의 사
망 또는 능력의 상실, 본인인 법인의 합병에 인한 소멸, 본인인 수탁자
의 신탁의 임무 종료 또는 법정 대리인의 사망 능력의 상실 또는 대리
권의 변경 소멸에 인하여 소멸치 않음"이라는 문언은 변리사와 함께
변호사도 특허 출원 등에 관하여 대리인으로 활동할 수 있음을 전제로
하는 문언이라고 할 것이기 때문이다.

## 5. 대한민국 「변리사법」 시기

### 가. 제정 「변리사법」

「사법서사법」과 마찬가지로 「변리사법」의 경우에도 전쟁의 혼란
기를 극복하고 1960년대에 접어들어서야 비로소 대한민국의 국격(國
格)에 어울리는 체제로 제정되기에 이르렀다. 대한민국 정부 수립 후
최초의 「사법서사법」이 1954년에 제정되었다가 1963년에 재제정되는
변화를 겪었던 것과 달리, 「변리사법」은 과도기적 제정 시기를 거치지
않고 1961. 12. 23. 법률 제864호로 제정되어 즉시 시행에 들어갔다.
당초 법안은 1956년에 마련되어 국회에 제출되었으나 회기 만료를 이
유로 폐기되기를 거듭하다가 1961년 국가재건최고회의에 의해 공포된
것이다. 최초의 제정 시점은 「사법서사법」보다 늦었지만, 「사법서사

법」이 재제정된 점까지 감안한다면, 「변리사법」은 「사법서사법」보다
는 더 일찍 체제가 정비되었다고 할 수 있다. 여하튼 변호사법이
1949. 11. 7. 제정되어 즉시 시행된 것에 비하면, 일제나 미군정의 영
향을 벗어난 대한민국 「변리사법」으로서의 자리를 찾기까지 상당한
시간이 경과한 셈이다. 제정 「변리사법」상 변리사의 업무 범위는 '특
허, 실용신안, 의장 또는 상표에 관하여 특허국 또는 법원에 대하여 하
여야 할 사항의 대리 및 그 사항에 관한 감정 기타의 사무'(제2조) 뿐만
아니라, '특허, 실용신안, 의장 또는 상표에 관한 사항에 관하여 소송대
리인으로 업무'까지 포함되었다(제8조). 그리고 변리사의 자격은 ① 변
리사 시험에 합격한 자, ② 변호사의 자격을 가진 자로서 변리사로 등
록한 자, 또는 ③ 특허국에서 3급 이상의 공무원으로서 3년 이상 근속
하여 심판 및 심사사무에 종사한 자에게 주어졌다(제3조). 특허국 공무
원 경력자에게 변리사의 자격을 부여한 점이 특이한데, 이는 일본 변
리사 제도의 영향을 그대로 이어받은 것으로 생각된다. 변리사회는 필
수적 법정단체의 지위가 인정되어(제9조), 모든 변리사는 변리사회 가
입 의무가 부과되었다(제12조).

## 나. 제정 「변리사법」의 개정 연혁

이후의 변리사법 개정은 대부분 다른 법률의 개정 사항을 반영하
기 위한 개정이거나 사소한 부분의 개정이 주된 내용을 이룬 채 지금
까지 대체로 변리사의 업무 범위와 관련해서는 제정 「변리사법」의 체
제가 그대로 유지되었다. 1999. 2. 8. 법률 제5826호로 일부 개정되면
서 변리사회 설립이 필수적인 것에서 임의적인 것으로 변경되었던 점
은 특기할 만하다. 그와 같이 개정하게 된 이유는 규제정비계획의 일
환 때문이라는 것이 개정이유가 밝히고 있는 내용이다. 2006. 3. 3. 법
률 제7870호로 일부 개정되면서 변리사단체의 법정 단체 지위와 가입
강제가 비로소 회복되었다. 2000. 1. 28. 법률 제6225호로 일부 개정되

면서 특허법인의 도입 등 체제 면에서는 많은 변화가 있었으나, 이 연구의 주안점인 변리사의 업무 범위 등 직역과 관련한 사항에서는 변경된 부분이 없다.

## 6. 현황과 문제점

제3장에서 살펴보게 되겠지만, 특허 등 지식재산권 관련 업무의 수행 자격과 관련하여 여러 나라의 법제를 보면, 일반 변호사가 모두 지식재산권 관련 업무를 수행할 수 있는 체제, 변호사 중 특별한 연수 등을 거친 자로 하여금 제한적으로 지식재산권 관련 업무를 수행하도록 하는 체제, 변호사와 별개로 변리사라는 자격사 제도를 두어 변호사와 변리사가 함께 특허관련 업무를 수행하도록 하는 체제 등으로 나누어 볼 수 있다. 그러나 특허 등 지식재산권 관련 업무라고 하더라도 특허 등의 '출원' 등을 대리하는 업무와 특허가 침해되었음을 이유로 하는 '소송'을 대리하는 업무는 그 성격이 상당히 다른 영역에 속한다. 변호사 제도와 별도로 변리사 제도를 시행하고 있는 국가에서도 변리사에게 소송대리권을 부여하는 법제는 흔하지 않다. 이 중 우리나라의 법제는 일본의 법제를 계수하여 변호사 외에 변리사라는 별도의 자격사 제도를 두면서 소송에 대해서도 부분적으로 소송대리권을 부여하고 있는 이원적 체제라고 할 수 있다. 우리나라에서 변리사라는 별도의 자격사 제도를 시행하게 된 이유는 일본 변리사 제도의 도입과 발전 과정에 영향을 받았기 때문이다.

제1장 제3절에서 살펴본 바와 같이 변리사의 직무 범위에 관한 「변리사법」이나 「특허법」의 규정은 다른 자격사의 직무 범위에 관한 규정에 비하여 매우 단순하게 되어 있다. 그러나 이와 같이 단순한 문헌으로 직무 범위를 규정하려는 입법태도가 오히려 변리사의 직무 범위를 둘러싼 오해를 초래하는 원인이 되고 있다. 대표적인 오해의 사

례는 변리사에게 특허 관련 사건에 있어서 소송대리권을 제한하고 있
는 변리사법 제8조가 헌법에 위반된다는 이유로 제기한 헌법심판청구
사건과 특허 침해를 이유로 하는 소송에 있어서도 변리사에게 대리권
이 인정된다고 주장하여 벌어진 소송사건이다.

먼저 헌법심판청구 사건에 관하여 살펴보도록 한다. 청구의 요지
는 법원이 「변리사법」 제8조 중 '특허, 실용신안, 디자인 또는 상표에
관한 사항' 부분에 이른바 '특허침해소송'이라고 하는 특허, 실용신안,
디자인 또는 상표의 침해로 인한 손해배상, 침해금지 등의 민사소송이
포함되지 아니하고, 「민사소송법」 제87조 중 '법률에 따라 재판상 행
위를 할 수 있는 대리인' 부분에 '변리사법 제8조에 따라 특허침해소송
을 대리하는 변리사'가 포함되지 아니한다고 해석하여 그 결과 변리사
들로 하여금 특허침해소송에서 소송대리를 할 수 없게 함으로써 변리
사들의 직업의 자유와 평등권 등을 침해하였다는 것이었다. 이에 대하
여 헌법재판소는 「변리사법」 제8조와 같은 변리사의 업무 범위에 관
한 조항이 처음 도입되었던 1961년 당시 대법원은 특허청 항고심판소
의 심결에 대한 법률심만을 관할하여 변리사는 위 심결에 대한 상고사
건에서만 소송대리를 하여 왔는데, 그 후 1994. 7. 27. 「법원조직법」의
개정으로 1998. 3. 1. 특허법원이 창설되면서 변리사가 처음으로 사실
심 법정에서 소송대리인으로 활동할 수 있게 되었으나, 이는 특허법원
의 관할사건인 특허심판원을 거친 심결취소소송에 한정된 것이었다고
보았다. "변리사는 특허, 실용신안, 디자인 또는 상표에 관한 사항에
관하여 소송대리인이 될 수 있다"라고 규정되어 있는 위 「변리사법」
제8조의 문언은 해석상 '특허, 실용신안, 디자인 또는 상표에 관한 사
항'이 관련된 소송이라면 소송의 성격을 불문하고 모든 소송에서 제한
없이 변리사의 소송대리가 허용되는 것으로 볼 수는 없고, 오히려 '특
허, 실용신안, 디자인 또는 상표에 관한 사항' 부분은 변리사가 소송대

리를 할 수 있는 소송의 범위를 한정하는 부분으로서, 산업재산권이 문제될 수 있는 여러 소송 유형 중에서 '특허권, 실용신안권, 디자인권 또는 상표권의 권리보호범위에 관한 사항'이 주된 쟁점으로 또는 유일한 쟁점으로 다투어지는 소송으로 변리사의 소송대리권의 범위를 한정한다는 의미라고 해석하여야 한다는 것이다. 결국 심결취소소송은 「특허법」, 「실용신안법」, 「디자인법」, 「상표법」에 근거를 두고 있는 소송으로(「특허법」 제186조, 「실용신안법」 제33조, 「디자인보호법」 제75조, 「상표법」 제85조의3), 변리사의 소송대리권은 위 심결취소소송에 한정된다고 보아야 할 것이므로 특허침해소송의 소송대리권까지 인정되는 것은 아니라고 보아야 하며, 그러한 취지는 특허심판원에서의 심결에 대한 심결취소소송과 같이 특허권·실용신안권·디자인권·상표권의 발생·변경·소멸 및 그 효력범위에 대한 분쟁에 관한 소송에서는 변호사 외에도 전문성을 갖춘 변리사에게 소송대리를 허용하되, 보다 복잡하고 다양한 법률적 쟁점이 얽혀있는 특허침해소송에서는 전문적인 법률지식을 갖춘 변호사에게만 소송대리를 허용함으로써 소송의 적정한 심리와 신속한 진행 및 소송당사자의 권익 보호를 도모하고자 하는 데 그 목적이 있는 것인데, 특허권·실용신안권·디자인권·상표권의 침해를 원인으로 한 손해배상청구소송에서는 손해배상의 범위 및 방법, 과실상계 또는 손익상계 여부뿐만 아니라 입증책임 등 복잡한 법률적 쟁점에 대한 판단이 함께 이루어져야 하며, 더구나 특허권·실용신안권·디자인권·상표권에서 침해 방법의 추정, 과실의 추정, 손해액 입증의 특칙과 산업재산권의 각 권리의 특성에 따른 특칙을 두고 있는 구조를 고려한다면, 특허침해소송은 민사법상의 일반 손해배상법리보다 더욱 심도 있는 법적 검토가 중요하며, 아울러 일반 민사법에 대한 법체계적 이해가 선행되어야 원만한 소송대리를 할 수 있는 일반 민사소송의 영역에 속하는 소송이라고 보아야 할 것이므로, 특허침해사건 소송대리에 대한 전문성, 공정성 및 신뢰성을 확보하여 소송당사자의 권익을 보호하기 위해 변호사에게만 특허침해소송의 소송대리를 허용하는 것은 그 합리성이 인정되며 입법재량의 범위 내에 속하는 것이어서 변리사들의 직업의 자유를 침해하지 아니하며, 변리사와 변호사 사이에 대리할 수 있는 소송의 범주에 차등을 두는 것은 합리성과 합목적성이 인정되므로 평등권을 침해하는 것도 아니라고 보았다.[32]

　'대한변리사협회'를 비롯한 일부 변리사들은 「변리사법」 제8조 변리사의 소송대리 제한 규정에 대하여 위와 같이 위헌심판으로 다투는 일방, 「변리사법」 제8조에 규정된 특허에 관한 소송대리권 규정을 근거로 본질상 특허와 무관한 통상의 민사소송 — 특허 침해를 이유로 하는 손해배상 소송 — 에 관해서도 소송을 대리할 권한이 있음을 주장하여 대법원까지 쟁송을 벌였다. 이들의 주장은 「변리사법」 제8조가 특허, 실용신안, 디자인 또는 상표에 관한 사항의 소송에 있어서 대리인이 될 수 있다고 규정하고 있을 뿐, 그 소송의 범주에 관하여 특별히 제한을 부가하고 있지 아니하므로, 「변리사법」 제8조에 근거하여 변리사는 특허와 관련된 사건이라면 일반 민사소송에서도 소송대리인이 될 수 있다는 것이 그 주장의 요지이다. 그러나 변리사에게 일정한 범위 내에서 소송대리권을 부여할 것인지에 관한 입법론적 또는 법정책적 논의를 별론(別論)으로 하고 현행법의 법리적 해석에 입각해서 살펴본다면, 이러한 주장은 다음과 같은 이유에서 매우 잘못된 주장이다. 먼저, 「변리사법」 제8조에서 변리사에게 인정하는 소송대리권이란 '「특허법」 제9장 소송편에 규정된 소송'에 관한 대리권을 의미하는 것으로 보아야 한다. 특허침해로 인한 손해배상청구소송은 그 분쟁의 발생 원인이 특허침해 여부이기 때문에 분쟁의 기초사실을 판단함에 전문기술적인 지식과 경험을 필요로 하는 요소가 있는 것이 사실이지만,

---

32 헌재 2012. 8. 23. 2010헌마740.

그러한 전문기술적인 지식과 경험을 토대로 판단한 기초적 사실관계에 따라 손해배상의 범위 및 손해배상의 방법, 과실상계 또는 손익상계 여부 등 복잡한 법률적 쟁점에 대한 판단이 함께 이루어져야 하는 절차이므로 그 본질은 통상의 민사소송인 손해배상청구소송이라 할 것이다. 민사소송에 있어서 가장 기본이 되는 절차규범인 우리의 「민사소송법」은 제87조에서 "법률에 따라 재판상 행위를 할 수 있는 대리인 외에는 변호사가 아니면 소송대리인이 될 수 없다"라는 명문의 규정을 두어 통상적인 민사소송의 경우에는 원칙적으로 변호사에게만 소송대리권을 인정하고 있는 것이다. '소송'이라는 일반 용어가 갖는 다의(多意)적 범주를 고려할 때, 법문에서 다른 부가문구 없이 단순히 '소송'이라고만 규정하고 있는 경우에 그 '소송'의 범주는 전체적인 조문의 체계나 다른 법체계와의 통일적인 조화를 도모하는 관점에서 결정되어야 한다. 그러므로 「변리사법」 제8조의 '소송'의 의미는 「특허법」 제9장 소송편에 규정된 소송을 가리키는 것으로 이해하는 것이 옳다. '소송'이라는 단어의 어의(語意)는 "재판에 의해서 사인 간(私人間) 또는 국가와 사인 간의 분쟁을 법률적으로 해결·조정하기 위하여 대립하는 당사자를 관여시켜 심판하는 절차"로서 심판의 대상이 되는 사건의 성질에 따라 민사소송·형사소송·행정소송·선거소송·가사소송·특허심판·정당해산 등 국내법상의 소송과 국제사법재판과 같은 국제법상의 소송 등으로 나누어진다.[33] 그러므로 어떤 법률에서 '소송'이라는 용어를 사용한다고 하더라도 그것이 언제나 또는 일반적으로 민사소송을 포함하는 일반적인 소송 일체를 포괄적으로 포함하는 의미로 해석할 수는 없는 것이다. 「특허법」은 제9장 소송 편에서 제186조부터 제191조의2까지의 규정을 두어 '소송'에 관하여 규율하고 있는데, 여기

---

[33] http://terms.naver.com/entry.nhn?docId=1113945&cid=40942&categoryId=31721 참조(2017. 10. 15. 최종방문).

서의 '소송'은 일반적인 소송이 아니라 특허법에서 규정하고 있는 '심
결에 대한 소 및 심판청구서나 재심청구서의 각하결정에 대한 소'(제
186조)를 의미하는 것으로 보는 것이 「특허법」의 편제에도 부합한다.
즉, 특허법 제7장 심판에서는 특허거절결정 등에 대한 심판, 특허의 무
효심판, 특허권의 존속기간의 연장등록의 무효심판, 권리범위 확인심
판, 정정심판, 정정의 무효심판, 통상실시권 허여의 심판만을 규정하고
있을 뿐이고, 심결에 대한 소 및 심판청구서나 재심청구서의 각하결정
에 대한 소는 특별법원인 특허법원의 전속관할로 규정하고, 특허법원
의 판결에 대해서는 대법원에 상고하도록 하는 등 일반 민사소송절차
와 다른 특칙이 인정되고 있으며 관련사건재판적도 규정하고 있지 아
니하므로, 통상적인 소송인 특허침해로 인한 손해배상청구소송을 특허
법상의 소송과 병합하여 제기할 법적 근거가 없는 것이다. 「변리사법」
제8조는 위 「특허법」의 위와 같은 편제에 대응하여 "변리사는 특허,
실용신안, 디자인 또는 상표에 관한 사항에 관하여 소송대리인이 될
수 있다"라고 규정하고 있는 것이므로, 「변리사법」 제8조의 '특허, 실
용신안, 디자인 또는 상표에 관한 사항'이란 특허, 실용신안, 디자인 또
는 상표의 출원, 거절, 권리범위확인 등 특허, 실용신안, 디자인 또는
상표와 직접적으로 관련된 사항만을 의미하는 것이지, 그와 관련되어
파생되는 통상의 민사소송사항에 해당하는 손해배상까지 의미하는 것
은 아니라고 해석하는 것이 당연한 것이다.

　다음으로, 우리 변리사법의 조문과 가장 유사한 체제를 가지고 있
는 일본의 경우를 보더라도 '특허침해로 인한 손해배상청구소송'이라
는 본질적으로 통상의 민사소송에 관하여 변리사에게 독립적인 소송
대리권은 없는 것으로 해석함에 이론(異論)이 없다. 이러한 비교법적
검토를 통하더라도 변리사단체의 위와 같은 주장은 매우 그릇된 것이
다. 좀 더 구체적으로 살펴보면 이와 같다. 일본「弁理士法」 제6조[34]가

우리 「변리사법」 제8조와 마찬가지로 변리사에게 특허소송대리권을 규정하고 있으나 이 규정이 특허침해소송의 대리권까지 인정하는 것이 아니기 때문에, 같은 법 제5조에서 "변리사는 특허·실용신안·의장 혹은 상표, 국제출원 혹은 국제등록출원, 회로배치 또는 특정부정경쟁에 관한 사항에 대해 법원에서 보좌인으로서 당사자 또는 소송대리인과 함께 출두하여 진술 또는 심문을 할 수 있으며 이러한 변리사의 진술 및 심문은 당사자 또는 소송대리인이 즉시 취소하거나 경정하지 아니하는 경우 당사자 또는 소송대리인이 직접 한 것으로 간주한다"는 특별한 규정[35]을 두고 있었고, 2003. 1. 1 이 법을 개정하면서 비로소 제6조의2를 신설하여 "변리사는 특정침해소송[36]대리업무시험[37]에 합격하고 그 내용의 부기를 받았을 때 특정침해소송에 관하여 변호사가 동

---

34 논거의 정확성을 담보하기 위하여 해당 법조문 원문을 그대로 옮긴다.
第六条　　弁理士は、特許法 (昭和三十四年法律第百二十一号) 第百七十八条第一項、実用新案法 (昭和三十四年法律第百二十三号) 第四十七条第一項、意匠法 (昭和三十四年法律第百二十五号) 第五十九条第一項又は商標法第六十三条第一項に規定する訴訟に関して訴訟代理人となることができる。

35 第五条　　弁理士は、特許、実用新案、意匠若しくは商標、国際出願若しくは国際登録出願、回路配置又は特定不正競争に関する事項について、裁判所において、補佐人として、当事者又は訴訟代理人とともに出頭し、陳述又は尋問をすることができる。
2　　前項の陳述及び尋問は、当事者又は訴訟代理人が自らしたものとみなす。ただし、当事者又は訴訟代理人が同項の陳述を直ちに取り消し、又は更正したときは、この限りでない。

36 우리의 특허침해소송에 해당한다.

37 특정침해소송대리업무시험은 경제산업성령으로 정하도록 하고 있는데(일본 변리사법 제16조) "(試験の細目) 第十六条　　この法律に定めるもののほか、弁理士試験及び特定侵害訴訟代理業務試験に関し必要な事項は、経済産業省令で定める。(平14法25・一部改正)", 민법, 민사소송법 이외의 특정침해소송에 관한 법령과 실무에 관한 사항에 대하여 실시한다: 같은 법 시행규칙 제15조 "法第十六条の特定侵害訴訟代理業務試験は、民法、民事訴訟法その他の特定侵害訴訟に関する法令及び実務に関する事項について行う。(平14経産令121・追加、平20経産令14・旧第一〇条の四繰下)"

일한 의뢰자로부터 수임한 사건에 한하여 그 소송대리인이 될 수 있다"[38]고 규정하고 있는 것이다. 변호사가 동일한 의뢰자로부터 수임한 사건에 한한다는 의미는 특허침해소송에 있어서 변리사의 단독 소송대리는 불가하며 언제나 변호사 소송대리인이 있음을 전제로 하여서만 변리사에게 변호사와 공동 소송대리권이 인정된다는 취지이다.

대법원 역시 이러한 논지에 입각해서 「변리사법」 제2조는 "변리사는 특허청 또는 법원에 대하여 특허, 실용신안, 디자인 또는 상표에 관한 사항을 대리하고 그 사항에 관한 감정과 그 밖의 사무를 수행하는 것을 업으로 한다"라고 규정하는데, 여기서 '특허, 실용신안, 디자인 또는 상표에 관한 사항'이란 '특허·실용신안·디자인 또는 상표의 출원·등록, 특허·실용신안·디자인 또는 상표에 관한 특허심판원의 각종 심판 및 특허심판원의 심결에 대한 심결취소소송'을 의미하므로, "변리사는 특허, 실용신안, 디자인 또는 상표에 관한 사항의 소송대리인이 될 수 있다"라고 정하는 「변리사법」 제8조에 의하여 변리사에게 허용되는 소송대리의 범위 역시 특허심판원의 심결에 대한 심결취소소송으로 한정되고, 현행법상 특허·실용신안·디자인 또는 상표의 침해를 청구원인으로 하는 침해금지청구 또는 손해배상청구 등과 같은 민사사건에서 변리사의 소송 대리는 허용되지 아니한다고 판시하여 변리사의 민사소송 대리권에 관한 논란을 종결시켰다.[39]

---

38 第六条の二　弁理士は、第十五条の二第一項に規定する特定侵害訴訟代理業
　　務試験に合格し、かつ、第二十七条の三第一項の規定によりその旨の付記を
　　受けたときは、特定侵害訴訟に関して、弁護士が同一の依頼者から受任し
　　ている事件に限り、その訴訟代理人となることができる。
　2　前項の規定により訴訟代理人となった弁理士が期日に出頭するときは、
　　弁護士とともに出頭しなければならない。
　3　前項の規定にかかわらず、弁理士は、裁判所が相当と認めるときは、単
　　独で出頭することができる。
　　（平14法25・追加）
39 대법원 2012. 10. 25. 선고 2010다108104 판결.

변리사의 소송대리권 확보 노력은 위와 같이 특허 관련 소송에 있어서 독자적인 소송대리권을 확보하려는 노력과 아울러 변호사와 공동소송대리권을 확보하기 위한 노력으로도 나타나고 있다. 그 최초의 시도는 17대 국회 시기인 2006. 11. 6. 발의된 변리사법 일부개정법률안(최철국 의원 대표발의, 의안번호 175272호)이다. 이 개정법률안이 제출되자, 변리사단체의 대표는 일간신문 기고를 통하여, 기술의 속도가 하루가 다르게 빨라져 몇 달마다 새 기술, 새 상품이 분출하고 있는 현실에서 특허침해사건의 재판정에서 기술을 아는 전문가의 조력을 받아야 할 필요성이 더욱더 절실해지고 있다고 하면서, 한국에서는 이미 1961년 관련 법률에 이러한 내용이 규정되었음에도 반세기가 다 되도록 알 수 없는 이유로 시행되지 않고 있다고 주장하였다.[40] 여기서 1961년에 이미 관련 법률에 소송대리에 관한 내용이 규정되어 있다는 주장은 아마도 위 「변리사법」 제8조를 가리키는 것으로 보인다. 변리사단체 대표 또는 유관 단체에 의한 여론조성 시도는 이후에도 종종 이루어지고 있다.[41] 변리사에게 공동소송대리권을 부여해야 한다는 취지의 개정법률안은 18대 국회를 거쳐 20대 국회까지 계속되고 있다. 2008. 11. 3. 발의된 변리사법 일부개정법률안(이종혁 의원 대표발의, 의안번호 1801689호), 2016. 6. 14. 발의된 변리사법 일부개정법률안(주광덕 의원 대표발의, 의안번호 2000212호), 2016. 8. 31. 발의된 변리사법 일부개정법률안(김병국 의원 대표발의, 의안번호 2001977호)이 그러한 입법시도의 예이다. 대한변호사협회는 이에 대해 명확하게 반대 입장을 표명한 바 있다. 객관적이고 중립적인 자세에서 여론을 수렴하는 것이 아

---

40 동아일보 기사에서 인용하였다(http://news.donga.com/3/all/20070313/8417
   246/1) 참조(2017. 10. 15. 최종방문).
41 한국과학기술단체총연합회 대표의 2010년 기고(http://news.donga.com/3/all/
   20120829/48945111/1) 및 변리사단체 대표의 2012년 기고(http://news.donga.
   com/3/all/20100519/28450311/1) 참조(각 2017. 10. 15. 최종방문).

니라 아예 노골적으로 '변리사 공동소송 대리 저지'를 전면에 내세운 토론회를 개최하였을 정도이다.[42] 그러나 변리사에게 특허 관련 소송에서 변호사를 보좌하는 보좌인(補佐人)의 지위를 부여하거나, 공동으로 소송대리를 할 수 있도록 허용하는 것이 곧 변호사의 소송대리권을 침탈하는 것은 아니라는 점에 변호사단체의 고민이 자리하고 있다. 위 토론회에서 내세운 반대논거 역시 ⅰ) 개정안의 위헌성 검토가 충분히 이루어지지 않았고, ⅱ) 입법이유가 개괄적으로만 제시되었을 뿐 법규정 해석의 기초가 될 구체적 타당성이 결여되어 있으며, ⅲ) 유관부처 내지 단체, 특히 재판 진행의 중심인 사법부의 충분한 의견 수렴 없이 진행되고 있으며, ⅳ) 소송대리 내지 지식재산권 분쟁에 관련한 다수 법제와의 조화, 체계적 정당성 심사가 전무하다는 정도에 그치고 있다.[43] 특히 위헌성의 논거로 검토하고 있는 헌재 2012. 8. 23. 2010헌마740의 취지는 앞에서 살펴본 바와 같이 변리사에게 소송대리권을 부여할 것인지 여부는 입법자의 재량에 속한다는 입장에서, 현재 이를 제한하는 법조항이 헌법에 위반하는 것은 아니라는 소극적 입장을 확인한 것일 뿐, 이와 달리 변호사 이외의 자에게 소송대리권을 부여하여서는 아니 된다는 적극적 입장을 표명한 취지가 아니라는 점에서 논점을 벗어난 논거라고 보지 않을 수 없다. 분명한 것은 어떠한 선택이든 그 선택의 목적은 특정한 자격사 집단의 직역을 확보해 주는 것에 있지 않고, 주권자인 국민의 사법접근권을 확충하는 것에 두어야 한다는 것이다. 다만 변리사의 공동 소송대리권 인정을 전향적으로 검토한다고 하더라도, 변리사가 보좌인으로 소송에 관여하는 제도를 일정 기

---

42  http://www.koreanbar.or.kr/pages/board/view.asp?teamcode=&category= &page=1&seq=8132&types=9&searchtype=contents&searchstr=%EB%B 3%80%EB%A6%AC%EC%82%AC 참조(2017. 10. 15. 최종방문).

43  대한변호사협회, "변리사 공동소송 대리 저지를 위한 토론회 자료집"(2017), 10면 참조.

간 시행하여 변호사와 변리사의 협력 체계가 어느 정도 갖추어진 상황
에서 변리사에게 공동소송대리권을 부여하였던 일본의 경우와 달리,
보좌인과 같은 경험조차 전무한 우리 법제에서 선뜻 변리사에게 공동
소송대리권을 부여해도 괜찮을 것인지는 신중한 검토가 필요하다. 주
권자인 국민의 사법접근권을 확충하는 조치가 아니라 오히려 혼란을
초래하여 국민의 재산권이 제대로 보호받지 못하는 결과를 초래할 우
려가 있기 때문이다. 이러한 관점에서 변리사와 변호사의 소송대리권
문제를 어떻게 풀어나가야 할 것인지에 관해서는 이 연구의 제4장에서
살펴보고자 한다.

  위와 같이 「변리사법」상 부여되어 있는 업무 영역을 확대하는 시
도를 하는 외에도 특허 관련 법률 업무를 취급할 수 있는 권한을 보유
하고 있는 변호사에 대하여 특허 관련 업무를 취급하지 못하도록 하
려는 입법 시도도 종종 이루어지고 있다. 2007. 10. 10. 발의된 변리사
법 일부개정법률안(이상민 의원 대표발의, 의안번호 177603호), 2008. 8.
7. 발의된 변리사법 일부개정법률안(이상민 의원 대표발의, 의안번호
1800567호)은 변호사에게 변리사의 자격을 부여하고 있는 「변리사법」
제3조를 삭제하는 것을 주요 내용으로 한다. 그 취지는 변호사자격을
취득하기만 하면 자동으로 변리사자격을 가질 수 있도록 하는 것은
합리적 이유 없이 변호사자격 취득자에게 부당한 특혜를 주는 것일
뿐만 아니라 최근 정보기술의 발달과 산업의 다양화로 인해 전문성이
요구되는 지적재산권분야의 전문성을 제고하고 나아가 소비자들에게
고품질의 변리서비스를 제공하기 위해서는 변호사에게 변리사의 자격
을 자동으로 부여해서는 아니 된다는 것이다. 대한변호사협회는 이러
한 개정안에 대해서도 반대 입장을 표명하였다. 그 이유는, "전문성과
관련하여, 변리사의 경우에는 미국의 경우를 보아도, 독자적인 전문성
이 존재한다면 그것은 특허의 출원 업무와 같은 것으로, 미국에서도

이러한 경우에는 patent agent라고 하여 특허청에서 자격의 부여와 등록을 담당하고 있습니다. 그리고 변호사가 기술에 관한 전문능력이 없더라도 변리사업무를 담당할 능력이 있고, 상표사건의 경우 일반 변리사보다 능력이 못하다고 할 수도 없으며, 변리사의 경우 반드시 기술에 관한 전문능력이 있다고 단언할 수 없습니다. 그리고 현재와 같이 자연대학이나 공과내학을 졸업한 변호사들도 많기 때문에 반드시 변리사가 변호사보다 전문성이 있다고 단언할 수도 없습니다. 또한, 장차 로스쿨이 정착하게 되면, 공과대학이나 다양한 학문을 연구한 사람들이 변호사자격을 취득하게 될 것이므로 지금 위 법규정을 삭제하는 것은 시대의 추세에도 맞지 않을 뿐 아니라, 로스쿨을 도입한 취지와도 배치된다고 할 것입니다"라는 것이다.[44] 변리사에게 변호사와 공동으로 소송대리권을 부여하려는 취지의 개정법률안들과 달리, 위 개정법률안들은 변리사가 취급하고 있는 업무의 법률업무적 속성을 전혀 고려하지 않고 있다는 근본적인 문제를 안고 있다. 우리 변리사 제도의 토대가 되었던 일본 변리사 제도의 연혁을 살펴보더라도 변호사에게 변리사의 자격을 부여하지 않으려는 태도는 수긍하기 어려운 태도이다.

지금까지 살펴본 변리사의 직역 확대를 위한 노력 중 공동 소송대리권 확보 노력과 같이 비교적 성공 가능성이 높은 분야도 있으나, 합리적 타당성을 발견하기 어려운 특허침해 관련 민사소송의 소송대리권 확보를 위한 노력이나 변호사에 대한 변리사 자격 자동부여 폐지 노력은 어느 것도 성공 가능성을 쉽게 예단하지 못하고 있다. 이러한

---

44 대한변호사협회 홈페이지에 게시된 의견서 내용을 인용하였다. 상세한 내용은 http://www.koreanbar.or.kr/pages/board/view.asp?teamcode=&category=&page=1&seq=2880&types=7&searchtype=contents&searchstr=%EB%B3%80%EB%A6%AC%EC%82%AC%EB%B2%95 참조(2017. 10. 15 최종방문).

노력이 무위로 돌아가면서 변리사단체가 들고 나온 방안은 바로 변리사로 자격 등록한 변호사들에게 대한변리사협회 가입을 요구하는 것이다. 2006. 3. 3. 법률 제7870호로 일부 개정되어 법정 단체의 지위를 회복하기 전까지는 상당 기간 임의단체의 지위에 머물러 있던 대한변리사협회가 위 법률 개정으로 다시금 법정 단체로의 지위를 회복하게 되자, 이를 기화로 '변리사로 특허청장에게 등록한 변호사들은 대한변리사협회에 가입하여야 하며, 만일 가입하지 않으면 변리사법 위반을 이유로 징계를 하겠다'고 나선 것이다. 이러한 시도는 한 차례 일과성 시도에 그치지 않고 간헐적으로 반복되고 있다. 즉, 2011년에 변리사 등록을 한 변호사들에게 일시에 집단적으로 그와 같은 공문을 발송한 이후 몇 차례 유사한 조치가 이루어졌고, 가장 최근에는 2017년 8월에도 그런 조치가 있었다. 이런 공문 집단 발송의 배후에는 변리사 등록업무를 관장하는 특허청이 자리잡고 있다는 의구심도 제기되었는바, 변리사로 등록한 변호사의 집주소로 우편물이 발송되었다는 점이 그 근거이다. 변호사의 집주소는 변리사 등록명부나 변호사 등록명부상으로는 파악되지 않은 개인정보로서 그러한 정보에 접근할 수 있는 권한을 가진 자가 아니면 임의로 확보할 수 없는 정보이기 때문이다. 얼핏 생각한다면 변리사로 활동하는 이상 법정 단체인 대한변리사협회에 가입하라고 요구하는 것은 변리사단체의 입장에서만 보자면 일견 당연한 요구라고 볼 수도 있다. 그리고 현재 변리사로 등록한 변호사의 수가 변리사 자격만 보유하고 변리사로 등록한 수보다 더 많다는 현실에서 만일 변리사로 등록한 변호사들이 모두 대한변리사협회에 가입하게 된다면 오히려 변호사 자격을 가진 변리사들이 대한변리사협회를 장악하게 될 가능성이 크다. 대한변리사협회에서 이러한 위험성을 무릅쓰면서도 변리사로 등록한 변호사들에게 대한변리사협회 가입을 요구하는 이면에는 오히려 이러한 요구를 통하여 상당수의 변호사들이 변리사 등록을 철회하고 변호사로 되돌아갈 것이라는 계산이 자리 잡고 있기 때문이라고 할 수 있다. 즉, 대한변리사협회에 가입하려면 수백만 원에 달하는 입회비를 납부해야 하는데, 변리사로 등록한 변호사 중 상당수가 특허 관련 사무를 취급하여 얻을 수 있는 보수 등 수입이 위 입회비와 비교하여 턱없이 낮은 수준에 머물고 있는 현실을 고려할 때, 입회비의 부담을 무릅쓰고 대한변리사협회에 가입할 변호사의 수가 그다지 많지 않을 것이라는 계산이 자리하고 있는 것이다. 변리사로 등록한 변호사들에 대해 대한변리사협회 가입 의무를 이행하지 않는다는 이유로 징계절차를 개시할 경우 상당수의 변호사는 변리사 등록을 철회하게 될 것이다. 상황이 이렇게 전개되어 변리사를 겸하는 변호사의 수가 현저하게 줄어들게 되면, 변리사단체가 계속 주창하는 바와 같이, 특허 관련 법률사무나 법률사건은 변리사에게, 일반 법률사무나 법률사건은 변호사에게 맡기는 방향으로 정책을 선회시킬 수 있는 동력이 생기게 될 것이다. 바로 이 지점이 대한변리사협회가 변리사 등록을 한 변호사들에게 대한변리사협회 가입을 요구하는 조치의 궁극적 목표인 것이다.

　대한변리사협회 강제가입 시도는 다음과 같은 이유에서 매우 부당한 조치라고 하지 않을 수 없다. 우선 이 문제는 2016. 1. 27. 법률 제13843호로 일부개정되기 전의 「변리사법」에 따라 등록한 경우와 위와 같이 개정된 후의 「변리사법」에 따라 등록한 경우를 나누어서 살펴보아야 한다. 2016. 1. 27. 법률 제13843호로 일부개정되기 전의 「변리사법」은 변리사 등록에 관하여 이원적인 체제를 취하고 있었던 반면, 위 개정 이후에는 변리사 등록이 일원주의로 변경되었기 때문이다. 변리사 등록의 이원적 체제란 위 개정 전 「변리사법」 제3조에서는 변리사의 자격 취득을 위한 등록을, 제5조에서는 변리사의 업무 개시를 위한 등록을 각 규정하여 이원적으로 등록 제도를 규율하던 체제를 가리키는 것이다. 이를 좀 더 구체적으로 설명하자면 이와 같다. 2016. 1. 27. 법률 제13843호로 일부개정되기 전의 변리사법 제3조 제1항은 변리사의 자격취득요건을 ⅰ) 변리사 시험에 합격한 자(같은 항 제1호), ⅱ) 변호사법에 의하여 변호사의 자격을 가진 자로서 변리사 등록을 한 자(같은 항 제2호)라고 규정하고 있었고, 제5조는 변리사의 업무개시 요건으로 "변리사의 자격을 가진 자가 변리사로서의 업무를 개시하고자 하는 때에는 특허청장에게 등록하여야 한다"라고 규정하고 있었다. 한편 변리사회 가입의무를 규정한 같은 법 제11조는 '제5조 제1항의 규정에 따라 등록한 변리사 및 제6조의3 제1항의 규정에 따라 설립된 법인[45]'에 대해서만 변리사회 가입의무를 규정하고 있을 뿐이고, '같은 법 제3조 제1항 제2호에 따라 자격취득을 위하여 등록을 한 자'에 대해서는 위 제11조나 그밖에 다른 어떤 조항에서도 변리사회 가입강제 규정을 두고 있지 아니하였다. 변리사는 변호사와 마찬가지로 국가로부터 지식재산권 분야의 일정한 업무를 전문적으로 처리하기 위한 면허를 부여받은 지위에 있으므로, 변리사란 본질상 '자격'에 해당하는 것이다. 헌법이 보장하고 있는 기본권의 하나인 '직업선택의 자유' 속에는 '직업수행 여부의 자유'도 포함되는 것이고, 이러한 직업수행 여부의 자유는 국가에서 면허를 부여한 자격사에게도 마찬가지로 보장되는 것이다. 그러므로 일정한 자격을 국가로부터 부여받았다고 하더라도 그 자격사는 해당 분야의 업무를 수행할 수도 있고 수행하지 아니할 수도 있는 자유를 가진다. 그러한 자격을 부여받았다고 하더라도 이로부터 당연히 그 자격에 기한 업무를 수행하여야 하는 의무가 발생하는 것이라고 해석할 수는 없는 것이다. 2016. 1. 27. 법률 제13843호로 일부개정되기 전의 「변리사법」은 이러한 당연한 이치를 바탕으로 변리사의 자격취득에 관하여는 「변리사법」 제3조가, 변리사의 업무수

---

45 특허법인을 가리킨다.

행에 관하여는 「변리사법」 제5조가 각 규율하는 이원적 체제를 취한 것이다. 만일 이렇게 해석하지 아니하고 변호사의 자격을 가진 자의 변리사 등록이 변리사 자격취득으로서의 등록뿐만 아니라 업무개시요 건으로서의 등록까지 포함되는 의미라고 이해하려면, 차라리 위 일부 개정 전 「변리사법」 제3조 제1항 제2호는 '변호사법에 의하여 변호사 의 자격을 가진 자'라고만 규정하고, 이러한 자가 변리사로서 업무를 개시하고자 할 경우에는 개정 전 「변리사법」 제5조 제1항에 의한 등록 을 하여야 하는 것으로 규정하는 것이 올바르다. 즉, 개정 전 「변리사 법」 제3조와 제5조의 문언상 변호사 자격자는 제3조에 따라 변리사의 자격 취득만을 위한 등록을 할 수도 있고, 제5조에 따라 변리사의 업 무 개시를 위한 등록까지 할 수도 있는 선택권이 부여되어 있다고 보 는 것이 옳다는 것이다. 이와 달리 변호사 자격자가 변리사의 자격을 취득하고자 제3조에 따른 등록을 한 경우에는 무조건 변리사의 업무를 개시하여야 한다고 한다면 ― 업무를 개시한다는 것은 곧 변리사회 가 입의무가 발생한다는 것을 의미한다 ―, 변리사 시험에 합격하여 변리 사의 자격을 취득한 자는 자유롭게 변리사 업무를 수행할 지 여부를 결정할 수 있음 ― 개정 전 변리사법 제3조 제1항 제1호에 의하여 변 리사 시험에 합격한 자는 자신의 자유로운 의사에 따라 변리사의 업무 를 개시하고자 할 때에는 제5조 제1항에 따라 등록을 하면 되고, 변리 사의 업무를 개시하지 아니하고자 하는 자는 위 등록을 하지 않을 자 유가 보장되어 있다고 할 수 있다 ― 과 비교하여, 변호사 자격자로 변 리사 등록을 한 자를 불합리하게 차별하는 결과가 된다. 결론적으로, 위 개정 전 변리사법 제5조 제1항에서 규정하고 있는 변리사의 '업무 개시 요건으로서의 등록'은 개정 전 변리사법 제3조 제1항 제2호의 '변 리사의 자격취득을 위한 등록'까지는 포섭하지 않는 개념이므로, 위 개 정 전 변리사법 제5조 제1항을 바탕으로 변리사회 가입의무를 규정하

고 있는 개정 전 변리사법 제11조의 규범력은 변리사로서 업무를 개시
하지 아니한 채 단지 변리사의 자격취득을 위하여 개정 전 변리사법
제3조 제1항 제2호에 따라 변리사로 등록한 자에게는 미치지 아니하
는 것이다. 어떤 자격사에 관하여 규율하는 법률에서 자격사 등록을
하는 경우에는 일정 기간 이내에 반드시 개업을 하도록 의무를 부과하
는 체제를 취하는 경우는 별론(別論)으로 하고, 그러한 개업 의무를 법
률에 규정하고 있지 아니한 자격사의 경우에는, 직업 수행 여부를 결
정하는 것이 헌법상 기본권에 속하는 이상, 해당 분야의 업무를 수행
하지 아니한다고 해서 그 자격이 '상실'되거나 업무 개시를 하지 아니
하였음을 이유로 하여 '징계'를 받아야 한다고 볼 수는 없다. 즉 변리
사 자격 등록만을 마친 변호사 자격 변리사의 경우에는 변리사의 업무
수행을 전제로 하는 변리사회 가입의무가 발생하지 않는다고 보아야
하고 따라서 변리사회에 가입하지 아니하였음을 이유로 변리사의 자
격이 상실되거나 징계 대상이 되는 것이 아니다.

한편, 2016. 1. 27. 법률 제13843호로 일부개정되기 전의 「변리사
법」에 따라 변리사의 자격등록뿐만 아니라 변리사 업무 개시를 위한
등록까지 마친 변호사라고 하더라도 변리사회 당연가입의무를 요구하
는 것은 「변리사법」이 요구하고 있는 변리사회 가입의무 규정의 취지
를 벗어나 부당하고 과도한 의무를 변리사등록 변호사에게 요구하는
것이기도 하다. 변리사의 업무가 법률업무에 해당하는 이상 변호사는
「변리사법」의 특별한 규정을 전제로 하지 않더라도 변호사법 제3조에
따라 변리사의 법률사무를 취급할 수 있는 권한이 있다. 이 경우 필요
한 요건은 변리사로서의 업무개시 요건이 아니라 변호사로서의 업무
개시 요건이라고 할 것이다. 비록 변호사가 「변리사법」 제5조에 따른
변리사 등록을 하였다 하더라도 변호사법에 따른 '특허관련 법률업무'
만을 취급할 뿐, 변호사법에 의하지 아니한 업무는 취급하지 않는 경

우를 생각할 때, 이러한 경우에까지는 개정 전 「변리사법」 제11조의 변리사회 가입의무가 인정되지 않는다고 해석하는 것이 올바르다. 만일 위와 같이 해석하지 아니하고 변호사가 변호사의 업무 중 하나로 변리사 업무를 수행하는 경우까지 변리사의 업무 개시로 본다면, 이는 변호사는 기타 법률사무를 일반적으로 취급하도록 하여 '지적재산권 관련 법률사무'도 변호사의 직무 범위에 당연히 포함되도록 한 변호사법 제3조의 명문 규정에도 불구하고, 변리사 업무를 수행하기 위해서는 모든 변호사가 반드시 특허청장에게 등록을 하도록 강제되는 결과가 되는데, 이러한 결과는 변호사법이나 「변리사법」 어디에도 규정하고 있지 아니한 의무를 부과하는 것이 되므로 부당한 것이다. 변리사회의 기능은 '산업재산권 제도의 발전을 도모하고 변리사의 품위향상 및 업무 개선을 도모'하는 데 있다고 할 것인데,[46] 변리사등록 변호사의 경우에는 비록 변리사회에 가입하지 않았더라도 대한변호사협회를 포함한 지방변호사회에는 반드시 가입하여야 하고, 변호사법 및 대한변호사협회와 각 지방변호사회의 회칙에 규정된 여러 가지 법적·윤리적 의무를 준수하여야 할 의무를 부담하고 있으며, 그러한 의무의 수준이나 강도는 「변리사법」에서 변리사에게 요구하는 법적·윤리적 의무의 수준과 강도를 훨씬 넘는 고도의 것이므로, 이와 같이 고도의 법적·윤리적 의무를 요구하는 대한변호사협회와 지방변호사회에 가입하여 변호사법에 따라 변호사의 직무 범위에 속한 '지적재산권 관련 법률사무'를 처리하는 변호사에게, 이미 가입하고 있는 대한변호사협회와 지방변호사회와는 별도로 변리사회의 가입을 다시 강요하는 것은 국가정책적으로 전혀 무익한 것이며, 단지 변리사회가 해당 회에 가입

---

46 개정 전 변리사법 제9조 제1항 "산업재산권 제도의 발전을 도모하고 변리사의 품위향상 및 업무개선을 위하여 대한변리사협회(이하 "변리사회"라 한다)를 둔다."

할 때 징수하는 회비 수입을 늘려주기 위한 목적만을 가진 부당한 요구라고 하지 않을 수 없는 것이다. 변리사등록 변호사에게 변리사회 의무 가입 및 위반 시 이를 징계 사유로 삼는 것은, 변호사에게 이중의 결사의 자유 제한 및 직업(영업)수행의 자유 침해가 된다고 할 것이어서 보다 강한 기본권 제한의 필요성, 목적의 정당성과 상당성이 인정되어야 한다. 변리사등록 변호사에게 변리사회 강제가입 의무를 부과하고 이에 응하지 아니한다는 이유로 징계권을 발동하게 될 경우 이러한 징계는 기본권 제한을 위한 필요성, 정당성, 상당성을 결여한 위법한 처분이 될 것이다.

　　2016. 1. 27. 법률 제13843호 일부개정으로 변리사의 등록에 관하여 일원주의로 변경된 이후에는 변리사등록 변호사가 두 가지 유형으로 나뉘게 된다. 두 가지 유형이란, 개정된 법률의 시행 이전에 변리사 자격등록을 한 유형과 개정된 법률의 시행 이후에 변리사 자격등록을 한 유형을 가리킨다. 먼저, 개정된 법률의 시행 이전에 변리사 자격등록을 한 변리사등록 변호사의 경우에는 개정된 법률의 부칙 제3조에서 이 법 시행 전에 변리사시험에 합격하였거나 변호사법에 따른 변호사 자격을 가진 사람에 대하여는 제3조, 제5조 및 제5조의2의 개정규정에도 불구하고 종전의 규정에 따른다고 규정하고 있으므로, 위에서 살펴본 개정 전 「변리사법」의 해석론에 따라 개정 전 「변리사법」 제3조의 자격 등록만을 마친 변리사등록 변호사에게는 대한변리사협회 가입의무가 발생하지 않으며, 개정 전 「변리사법」 제5조에 따라 변리사 업무 개시를 위한 등록을 한 변리사등록 변호사의 경우에도 대한변리사협회 가입 요구에 응하여 가입하지 아니하였다는 이유로 징계권을 행사하는 것은 헌법상 기본권을 침해하는 위법한 조치라고 보아야 한다. 한편, 2016. 1. 27. 법률 제13843호 일부개정으로 변리사의 등록에 관하여 일원주의로 변경된 이후에 변리사로 등록을 한 변리사

등록 변호사의 경우에도 종전과 마찬가지로 대한변리사협회 가입의무
는 발생하지 않는다고 해석하는 것이 올바르다. 그 이유는 2016. 1.
27. 법률 제13843호로 일부개정되기 전의 「변리사법」에 대한 해석론
과 마찬가지 이유 때문이다. 즉, 변리사회 가입을 강제하는 「변리사
법」 제11조의 입법 목적이나, 대한변리사협회의 지위를 고려할 때, 변
리사회에 가입하지 아니하였다는 사유만으로 징계를 하는 것은 징계
권의 남용에 해당하고, 특정 집단에서 자기 집단의 이익을 도모할 의
도로 국가기관 — 특허청장 — 에 대하여 공권력의 남용을 촉구하는
행위는 허용될 수 없다고 할 것이기 때문이다.

　　변리사라는 자격사의 현황과 문제점을 정리하자면 다음과 같다.
비록 특허 침해와 관련된 쟁점이 전제가 되는 경우라고 하더라도 변호
사가 아니면 수행할 수 없는 민사소송에 대하여 소송대리권을 확보하
려고 하는 문제, 또는 적어도 위와 같은 소송에서 변호사와 공동으로
소송대리권을 확보하려고 하는 문제, 변리사의 업무는 기본적으로 변
호사의 속성상 당연히 수행할 수 있는 법률업무에 속하는 것임에도 변
호사 자격자에게 변리사 자격을 부여하지 않으려는 입법 시도, 변리사
등록 변호사에 대하여 대한변리사협회 가입을 강제하려는 시도 등이
현재의 문제라고 할 수 있다. 이 문제들을 해결하는 것이 앞으로의 과
제가 될 것이다.

# 제 5 절   세무사 제도의 연혁과 현황

## 1. 일제 강점기와 미군정 과도기

우리나라 세무사 제도의 경우 연혁적 연구가 진행된 선례를 발견하기가 쉽지 않다. 제한된 자료를 바탕으로 세무사 제도의 연혁을 살펴보면 다음과 같다. 다른 자격사의 경우처럼 일제 강점기 하에서는 일본에서 당시 시행하고 있던 '세무대변자(稅務代辯者)' 제도 및 이를 발전시킨 '세무대리사(稅務代理士)' 제도가 의용(依用)되었을 것으로 보인다. 그러나 국가기록원의 조선총독부 관보에서는 이에 관한 자료를 확인할 수 없었다. 미군정 하에서도 마찬가지로 세무사에 관련한 법률은 마련되지 않았던 것으로 보인다. 한국세무사회가 제시하는 연혁에도 1961년의 세무사법 제정을 최초의 연혁으로 게재하고 있다.[47]

## 2. 대한민국 「세무사법」 시기

### 가. 제정 「세무사법」

결국 세무사에 관하여 대한민국 법률로 처음 제정된 법률은 1961. 9. 9. 법률 제712호로 제정된 「세무사법」이다.[48] 제정 「세무사법」 제2조는 납세의무자의 위촉에 의하여 소송을 제외한 조세에 관한 신고, 신청, 청구, 이의신청 기타 사항의 대리와 상담을 세무사의 업무로 규정하고 있었다. 세무사의 자격은 다음에 해당하는 자들에게 부여되었는데, ⅰ) 변호사, ⅱ) 계리사(計理士),[49] ⅲ) 세무사고시에 합

---

47 한국세무사회 홈페이지(http://www.kacpta.or.kr/) 참조(2017. 10. 15. 최종방문).
48 김진태·서정화, "세무사 자격제도 역사적 고찰을 통한 개선방안", 「경영사학」 제31집 제2호(통권 제78호)(2016), (사)한국경영사학회, 104면 참조.
49 공인회계사의 전신(前身).

격한 자, ⅳ) 상법, 재정학, 회계학 또는 경영경제학에 의하여 박사 또
는 석사학위를 받은 자, ⅴ) 교수자격인정령에 의한 자격을 가진 전임
강사 이상의 교원으로서 상법, 회계학, 재정학, 조세론 또는 경영경제
학을 1년 이상 교수한 자, ⅵ) 상법, 회계학, 재정학 중 1과목 이상을
선택하여 고등고시에 합격한 자, ⅶ) 고등학교 이상의 졸업자로서 관
세를 제외한 국세 또는 지방세에 관한 행정사무에 통산 10년 이상 근
무한 자가 이에 해당한다. 세무사의 경우에는 제정 「세무사법」 당시
부터 세무사회가 법정 단체로 가입이 의무화되어 있었던 점이 이채롭
다(제18조).

## 나. 제정 「세무사법」의 개정 연혁

세무사의 자격요건은 1972. 12. 8. 법률 제2358호로 일부 개정된
「세무사법」에서 다음과 같이 대폭적으로 손질되었다. ⅰ) 세무사시험
에 합격한 자, ⅱ) 관세를 제외한 국세 또는 지방세에 관한 행정사무
에 종사한 경력이 10년 이상인 자로서 그 중 일반직 3급 이상 공무원
으로 5년 이상 재직한 자, ⅲ) 공인회계사, ⅳ) 변호사 중의 어느 하나
일 것이 개정된 세무사의 자격요건이다(제3조).

1978. 12. 5. 법률 제3105호로 일부 개정된 「세무사법」에서는 세
무사의 직무 범위에 관하여 최초의 개정이 이루어졌는데, 종래에 직무
범위에 속하였던, 소송을 제외하고 납세의무자의 위촉에 의한 조세에
관한 신고, 신청, 청구, 이의신청 기타 사항의 대리와 상담 외에, 신고
를 위한 기장의 대리가 추가되었고, 종래의 직무 범위에 속하는 신청
및 청구 속에 이의신청·심사청구 및 심판청구가 포함된다는 점을 명
확하게 하였다(제2조).

세무사의 직무에 관한 사항이 대폭적으로 개정된 것은 1989. 12.
30. 법률 제4166호로 일부 개정된 「세무사법」이다. 이 「세무사법」은
제2조에서 세무사의 직무에 관하여 ⅰ) 이의신청·심사청구 및 심판

청구를 포함하여 조세에 관한 신고·신청·청구 등의 대리 업무, ⅱ)
세무조정계산서 기타 세무관련 서류의 작성 업무, ⅲ) 조세에 관한 신
고를 위한 기장의 대행 업무, ⅳ) 조세에 관한 상담 또는 자문 업무,
ⅴ) 그밖에 위 ⅰ)부터 ⅳ)까지의 업무에 부대되는 업무라고 규정하
였다.

　　1995. 12. 6. 법률 제4983호로 일부개정된 「세무사법」은 세무사의
직무 범위를 더욱 확장하여 종래의 직무 중 이의신청·심사청구 및 심
판청구를 포함하여 조세에 관한 신고·신청·청구 등의 대리 업무에
「개발이익 환수에 관한 법률」에 의한 개발부담금 및 「택지소유 상한
에 관한 법률」에 의한 초과소유부담금에 대한 행정심판청구의 대리를
추가하였고, 세무관서의 조사 또는 처분 등과 관련된 납세자의 의견진
술 대리 업무를 신설하였다. 여기서 중요한 부분은 행정심판 청구를
대리할 수 있도록 허용된 부분과 세무관서의 조사 또는 처분 등과 관
련된 납세자의 의견진술을 세무사가 대리할 수 있도록 개정된 부분이
다. 비록 소송절차가 아닌 행정상 쟁송절차이지만 재판절차와 유사한
행정상 쟁송절차에서 심판청구를 대리하고 세무관서의 조사 또는 처
분 과정에서 의견 진술을 대리한다는 것은 실질적으로 조세 관련 쟁송
의 대리권을 부여받은 것이기 때문이다. 세무사는 이 개정 이후 본격
적으로 일반인의 쟁송을 대리할 수 있는 지위를 획득하게 된 것이다.
「세무사법」이 대한민국 법제로 시행된 역사가 일천한 점을 고려한다
면 매우 괄목할 만한 직역 확대의 결과라고 하지 않을 수 없다.

　　세무사의 직무 범위는 1999. 12. 31. 법률 제6080호로 일부 개정되면
서 조금 더 확대되었다. 즉, 「지가공시 및 토지등의 평가에 관한 법률」[50]

---

50  이후 「부동산가격공시및감정평가에관한법률」로 개정되었고, 이에 따라 「세무
　　사법」의 관련 규정도 2005. 1. 14. 법률 제733호로 그 개정 사항을 반영하여
　　일부 개정이 이루어졌다.

제10조의3의 규정에 의한 개별공시지가에 대한 이의신청의 대리 업무와 당해 세무사가 작성한 조세에 관한 신고 서류의 확인 업무가 추가된 것이다. 이후에는 2011. 5. 2. 법률 제10624호로 일부 개정되면서 「소득세법」에 따른 성실신고에 관한 확인 등 그다지 큰 의의를 갖지 않는 업무가 추가되었다.

## 3. 현황과 문제점

제1장 제3절에서 살펴본 바와 같이 세무사의 직무 범위 중 ⅰ)의 과세전적부심사청구, 이의신청, 심사청구 및 심판청구를 포함하여 조세에 관한 신고·신청·청구 등의 대리 및 「개발이익환수에 관한 법률」에 따른 개발부담금에 대한 행정심판청구의 대리 업무와 ⅳ)의 조세에 관한 상담 또는 자문 업무, ⅴ)의 세무관서의 조사 또는 처분 등과 관련된 납세자 의견진술의 대리 업무, ⅵ)의 「부동산 가격공시에 관한 법률」에 따른 개별공시지가 및 단독주택가격·공동주택가격의 공시에 관한 이의신청의 대리 등은 그 속성상 법률업무에 해당함이 명백하다고 할 수 있는 업무이다. 나아가 ⅱ)의 세무조정계산서와 그 밖의 세무 관련 서류의 작성 업무 역시 그 서류를 작성함에 있어서 세법 등 세제에 관한 법률적 이해와 판단을 필요로 한다는 점에서는 상당부분 법률업무의 속성을 갖는다고 할 수 있는 업무에 해당한다. 즉 세무사의 업무 중 거의 대부분이 법률업무로서의 성격을 가지는 업무이므로, 포괄적·일반적으로 법률업무를 취급할 수 있는 권한을 보유하는 변호사가 이들 세무사의 업무를 취급하는 것은 그 직무의 속성에 비추어 전혀 문제될 것이 없다. 「세무사법」 제3조가 변호사 자격자에게 당연히 세무사의 자격을 인정하는 것으로 규정하고 있는 이유도 이러한 관점을 반영한 때문이라고 할 수 있다. 그럼에도 불구하고 위 「세무사법」 제3조를 개정하여 변호사에게 당연히 세무사의 자격을 부여할 수

없도록 해야 한다는 입법이 종종 추진되고 있다.[51] 이러한 입법 추진
은 위에서 살펴본 바와 같이 세무사의 직무 범위에 해당하는 업무의
거의 대부분이 법률업무의 성격을 갖고 있기 때문에 변호사가 당연히
수행할 수 있는 업무라는 점 외에 세무사의 연원(淵源)을 고려하더라도
대단히 부적절한 발상이라고 하지 않을 수 없다. 세무사의 연원(淵源)
을 고려하여야 한다는 논지는, 본래 세무사 제도의 취지는 세무관련
장부나 세무계산서 등의 작성과 세무신고라는 기술적 업무를 담당시
키고자 하는 데에 있었고, 세무사의 업무 중 이의신청 등 법률사무 또
는 법률사건의 성격을 갖는 업무는 원칙적으로 세무사가 처리할 수 있
는 사무는 아니라고 할 것이지만, 이러한 사무까지 변호사가 처리하도
록 하려면 변호사의 숫자가 너무 적고 그렇다고 변호사의 숫자를 세무
사의 숫자만큼 늘리는 것은 변호사의 높은 전문성과 윤리의무 준수를
담보할 수 없게 되는 한편 수요자의 비용을 증가시키는 문제점이 있기
때문에, 필요한 서면을 작성하여 제출하는 것으로 업무처리가 이루어
지는 각종 청구나 이의신청 등의 대리 업무는 세무사라는 별도의 자격
사에게도 이를 취급할 수 있도록 예외를 허용하여 온 것이 그 연원(淵
源)이라는 점을 고려하여야 한다는 의미이다.

1961. 9. 9. 「세무사법」이 제정된 이후 여러 차례의 개정을 거치
면서 세무사 단체의 직역 이익을 반영하여 그 업무 범위가 조금씩 확
대되어 왔고, 이로 말미암아 현재에 이르러서는 마치 세무사의 자격이
변호사의 자격과 견줄 수 있을 정도로 전문성이 있는 자격인 것처럼
그릇 이해되는 지경까지 이르게 된 상황은 매우 우려스러운 상황이라

---

51 구체적으로 19대 국회의 의안번호 1913065호 및 20대 국회의 2002568호로
각 이상민 의원이 대표발의한 세무사법 일부개정법률안이 그러한 예라고 할
수 있다. 이 중 1913065호는 19대 국회 임기만료로 폐기되었으나 20대 국회
에 발의된 2002568호는 2017. 12. 8. 대안이 의결되어 같은 달 26. 법률 제
15288호로 공포되었다.

고 하지 않을 수 없다. 변호사 제도의 안정적 확립이야말로 우리 헌법
의 기본 질서의 중추를 이루는 법치주의 확립에 결정적 선결요소가 된
다고 할 것인데, 위와 같이 변호사의 직무 영역에 대한 지속적인 침탈
은 변호사 제도의 약화 내지 형해화(形骸化)를 초래할 우려를 점증시키
기 때문이다.

　이러한 침탈의 대표적인 경우가 세무사에게 조세 관련 행정소송
의 대리권을 부여하는 것을 목적으로 추진되는 「세무사법」 개정 움직
임이라고 할 수 있다. 그 구체적인 사례로는 19대 국회에서 발의되었
던 의안번호 1902815호 백재현 의원 대표발의 세무사법 일부개정법률
안을 들 수 있다. 이 개정법률안은 세무사가 국세와 지방세에 관한 사
항의 소송대리인이 될 수 있도록 근거규정을 마련하는 것을 내용으로
하고 있으며, 입법목적으로 다음과 같은 사유를 들고 있다. 즉, 국세청
자료에 의하면 2007년부터 2011년까지 5년간 세금을 잘못 부과해 과
세 전 적부심사, 심사청구, 행정소송 등 조세불복 제도로 취소된 세금
은 9조 4천 298억 원에 이르고 있어 부당과세에 대한 납세자의 피해는
증가하고 있는 것으로 나타나고 있는데, 조세행정소송에 대한 권리구
제절차에 있어서 소송대리인의 제한으로 인하여 납세자의 접근이 쉽
지 않은 측면이 있고, 영세한 납세자에게 부과된 소액의 세금을 다투
는 소송에서는 승소가 예상됨에도 불구하고 이로 인한 이익과 소송비
용의 균형이 맞지 않아 소송을 포기하는 사례가 많아, 국민의 실질적
인 권익구제에 상당한 장애가 있는바, 조세쟁송은 조세에 관한 전문적
인 지식이 요구되는 분야이므로, 변리사에게 특허 및 실용신안 등과
관련하여 행정소송의 대리인자격을 부여하고 있는 것과 견주어, 조세
에 관한 전문지식을 가진 세무사에게도 국세와 지방세에 관한 행정소
송의 대리인이 될 수 있도록 자격을 부여함으로써 조세 관련 소송의
전문성을 확보하고, 납세자의 조세행정소송의 대리인 선택권을 확대하

여 궁극적으로는 국민들의 권익보호에 기여할 필요가 있다는 것이다. 그러나 위 개정법률안이 제시하고 있는 입법목적은 그 자체로 다음과 같은 모순점을 안고 있다. 한 해에 잘못 부과되어 취소되는 세금이 9조 4천 298억 원에 이르고 있다는 사실은 세무공무원들이 그만큼 세무업무에 전문성이 부족하다는 점을 보여주는 사정인바, 세무사 중 상당수가 세무공무원 출신이라는 점에서 세무사의 세무업무 전문성 역시 매우 의심스럽다고 보지 않을 수 없는 것이다. 세무공무원으로 재직할 때에는 전문성이 떨어지다가 퇴직 후 세무사로 개업하고 나면 곧바로 전문성이 제고된다는 특별한 사정이 없는 한 위와 같은 입법목적은 그 자체로 앞뒤가 맞지 않는다. 더구나 조세쟁송업무를 취급하는 변호사들은 조세분야에 관한 충분한 전문성을 확보하고 있으며, 변호사에게 요구되는 의뢰인에 대한 고도의 윤리의무와 법적 책임 때문에 조세분야에 전문성이 없는 변호사가 조세쟁송을 담당한다는 것은 생각하기 어렵다. 사정이 이와 같음에도 단지 당시의 「세무사법」[52]에 따라 변호사 자격을 가진 자에게 자동으로 세무사 자격이 부여된다는 이유만으로 마치 모든 변호사들이 조세쟁송에 관한 전문성도 없이 조세쟁송사건을 수임하여 처리하고 있는 것처럼 주장하는 것은 언어도단이다. 한편 쟁송절차는 권리구제절차로서 구제대상 권리의 특수성과는 별도로, 절차 그 자체로서 고유한 전문성을 가지므로, 절차 진행의 과정에서 언제 어떻게 주장을 개진하고 입증의 순서를 정할 것인지 여부 등을 제대로 판단할 수 있는 쟁송절차 전문가인 변호사가 쟁송절차를 담당하는 것이 당연하다. 세무사는 말할 것도 없고, 세무공무원조차 조세소송의 소송수행자가 되는 예외적인 경우를 제외하고는 소송에 관한 경험을 할 기회가 거의 없으며, 세무사의 선발과정에서부터 민사소송

---

52 2017. 12. 26. 법률 제15288호로 개정되기 전의 것. 이하 이 장에서의 세무사법은 이 법을 의미한다.

법이 1차 객관식 필기시험 중 선택과목의 하나로 편성되어 있을 뿐인
데다가 일정한 경력의 세무공무원은 이 1차 시험마저 면제받기 때문에
소송법에 관한 기본적 소양조차 제대로 갖추고 있다고 보기 어려운 것
이 실태이므로, 오히려 세무사는 변론절차에 관하여는 철저한 문외한
으로서 일반당사자와 아무런 차이가 없다고 할 수 있다. 이렇듯 소송
문외한인 세무사에게 소송대리권을 부여하게 된다면, 납세자의 조세행
정소송 대리인 선택권에 오히려 혼란을 초래하게 되고 국민들의 권익
을 침해할 우려가 커지게 되는 것이다. 이 개정법률안은 결국 19대 국
회 임기만료로 폐기되었다.

    변호사의 세무사 업무 취급과 관련하여 가장 최근까지 문제가 되
었던 쟁점은 세무대리 업무를 개시하고자 하는 경우에 재정경제부에
비치하는 세무사등록부에 등록을 하여야 하는가 여부의 문제였다. 제
정 「세무사법」은 제6조에서 세무사의 자격이 있는 자라고 하더라도
세무사의 업무를 개시하고자 할 때에는 재무부에 비치하는 세무사등
록부에 등록을 해야 한다고 규정하였다. 이후 세무사를 관리하는 소관
부처의 변경에 따라 세무사등록부를 비치하는 행정주체만 변경되었을
뿐 위와 같은 규정 체제는 계속 이어져 내려왔다. 그런데 이러한 「세
무사법」 제6조가 2003. 12. 31. 법률 제7032호 일부개정으로, 세무사
의 자격을 가진 자 중 제3조 제1호에 해당하는 자가 세무대리의 업무
를 개시하고자 할 때에는 재정경제부에 비치하는 세무사등록부에 등
록하여야 한다고 하게 되면서 문제가 생기기 시작하였다. '제3조 제1
호에 해당하는 자'란 세무사 자격시험에 합격한 자를 가리킨다. 당시
「세무사법」에 따라 세무사의 자격을 가지는 자는 위와 같이 세무사 자
격시험에 합격한 자 외에도 공인회계사의 자격이 있는 자(제3호)와, 변
호사의 자격이 있는 자(제4호)가 있었다. 위 2003. 12. 31. 법률 제7032
호로 일부개정되기 전의 「세무사법」에서는 세무사 자격이 있는 모든

자, 즉 위 세무사 자격시험에 합격한 자, 공인회계사 및 변호사가 모두 세무사 업무 개시를 하려면 세무사등록부에 등록을 하여야 했다. 2003. 12. 31. 법률 제7032호로 일부개정된 「세무사법」 제6조의 문언을 보면, 공인회계사와 변호사는 제6조에 따른 등록의무 대상에서 배제되는 것으로 보는 것이 자연스러운 해석이라고 할 수 있다. 다만 위 개정된 「세무사법」은 제20조의2를 신설하여 「공인회계사법」에 의하여 등록한 공인회계사가 세무대리의 업무를 개시하고자 하는 때에는 재정경제부에 비치하는 세무대리업무등록부에 등록하여야 한다는 별도의 규정을 두고 있었다. 결국 위 개정된 「세무사법」에 따르면 세무사 자격시험 합격자와 공인회계사는 종전과 마찬가지로 세무사등록부에 등록을 하고 세무사의 업무를 개시할 수 있음에 비하여, 변호사의 경우에는 그러한 세무사등록부에 등록하여야 한다는 의무 조항이 사라지게 된 것이라고 볼 수 있게 된 것이다. 이에 대하여 대한변호사협회에서는 위와 같은 개정은 세무사의 직무 범위에 해당하는 업무가 거의 대부분 본질적으로 법률업무의 범주에 속하므로, 법률업무를 일반적으로 취급할 수 있는 변호사는 별도의 세무사 등록 없이도 변호사의 직무 수행의 일환으로 당연히 세무사의 직무를 수행할 수 있다는 일반적 법해석을 받아들인 것이라고 해석하였다. 그런데 기획재정부에서는 이와 반대로 변호사에 대해서는 세무사로 등록하는 규정이 없어졌으므로 위 개정된 「세무사법」 시행 이후에 자격을 취득한 변호사는 신규로 세무사 등록을 할 수 없다는 입장을 표명하였다. 기획재정부의 입장은 이와 같다. 2003. 12. 31. 법률 제7032호로 일부 개정된 「세무사법」에 따르면, 세무사의 자격이 부여되는 자 중 세무사 자격시험에 합격한 자는 위 제6조에 따라, 공인회계사는 제20조의2에 따라 각각 세무사등록부에 등록을 하고 세무사의 업무를 개시할 수 있게 된 반면 — 물론 2003. 12. 31. 법률 제7032호로 일부 개정된 「세무사법」 시행 이전에

이미 공인회계사의 자격을 취득한 자는 개정된 「세무사법」 제20조의2가
아니라 부칙 제2조에 근거하여 세무사 등록을 할 수도 있게 되었다 — ,
변호사의 경우에는, 위 개정된 「세무사법」 부칙 제2조에서 "개정된 법
의 시행 당시 종전의 제3조 제3호 및 제4호의 규정에 의하여 세무사의
자격을 가진 자와 사법연수생(사법시험에 합격한 자를 포함한다. 이하 이
항에서 같다)은 제6조의 개정 규정에 불구하고 동조의 규정에 의하여
세무사의 등록을 할 수 있다. 다만, 사법연수생의 경우에는 사법연수
원의 소정과정을 마치는 때부터 세무사의 등록을 할 수 있다"라는 규
정에 따라, 개정된 「세무사법」이 시행될 당시에 이미 자격을 취득한
변호사와 사법연수원에 재직 중이던 자만이 세무사 업무 개시를 위한
등록을 할 수 있을 뿐이고, 개정된 법 시행 이후에 비로소 변호사 자
격을 취득하게 된 변호사는 개정된 「세무사법」 하에서 세무사 등록을
할 수 있는 근거규정이 사라졌으므로 더 이상 세무사로 등록할 수 없
게 되었다는 것이다. 이 쟁점은 결국 대법원에서 최종 판단을 받게 되
었는데, 대법원은 기획재정부의 손을 들어주었다. 판시 요지는 다음과
같다. 세무사법 제6조 제1항의 규정이 세무사등록부에 등록하여야 하
는 대상을 '세무사 자격시험에 합격한 자'로 개정한 것은 전자세정 확
대 등 납세환경 변화로 세무대리 업무가 전문화됨에 따라 세무사의 역
할을 제고하는 한편 세무사·변호사·공인회계사 등 세무사 자격자의
대량 배출로 인한 부실 세무대리를 방지하고, 세무사 자격시험 합격자
만 세무사 명칭을 사용하도록 함으로써 세무사라는 자격명칭의 공신
력을 높여 소비자로 하여금 세무사 자격시험에 합격한 자와 그 외의
세무사 자격소지자를 구분할 수 있게 하여 합리적인 세무서비스 선택
의 기회를 보장하고, 세무사와 변호사 등이 각자의 고유 명칭으로 세
무대리 업무를 수행하게 하여 자격사별 책임을 명확히 하는 데 입법
목적이 있는 것으로 「세무사법」 제3조, 제6조, 제20조 등 관계 규정의

내용, 개정 경과 및 입법 목적 등을 종합하면, 세무사 자격시험에 합격하지 않은 변호사는 비록 세무사 자격이 있더라도 이 사건 부칙 규정의 적용 대상에 해당하지 않는 이상 세무사등록부에 세무사로 등록할 수 없다고 봄이 타당하다는 것이다.[53] 그러나 이러한 판시에는 「세무사법」 제3조가 변호사의 자격을 취득한 자에게 그 자격취득 시점을 따지지 않고 세무사의 자격을 인정하고 있다는 점을 간과한 잘못이 있다. 만일 단일한 법률 속에서 원칙과 예외의 형태로 규정되어 있지 않은 복수의 법조항 중 어느 하나의 법조항에 따르면 권리에 제한을 받지 않게 되는데, 다른 하나의 법조항에 따르면 제한을 받게 된다면, 이러한 입법은 잘못된 입법이다. 위 개정된 「세무사법」의 사례에서 보자면, 세무사 자격시험 합격자와 공인회계사에 대해서만 세무사의 업무를 개시할 수 있도록 등록을 허용하면서, 이들과 동등하게 세무사의 자격을 취득한 변호사 자격자에 대해서는 세무사의 업무를 개시할 수 있는 입법적 장치를 마련하지 않은 것은 변호사 자격자의 직업 수행의 자유를 침해하여 헌법 위반에 해당할 뿐만 아니라 합리적인 이유 없이 세무사 자격시험 합격자와 공인회계사에 비하여 변호사 자격자를 차별하는 것이므로 평등권을 침해하는 헌법 위반에 해당하게 되는 것이다. 만일 입법이 잘못되지 않았다고 보려면, 위와 같은 사례에서 복수의 법조항 사이에 어느 하나의 법조항이 다른 법조항을 부정하는 듯한 해석론이 잘못된 것이라고 보지 않을 수 없다. 대법원의 판시나 기획재정부의 해석을 따른다면, 세무사의 자격을 가지는 자는 세무사자격시험에 합격한 자, 공인회계사, 그리고 2003. 12. 31. 법률 제7032호로 「세무사법」이 일부 개정될 당시까지 변호사의 자격을 취득한 자로 제한된다. 이러한 해석은 세무사의 자격 요건에 관하여 규정하고 있는 「세무사법」 제3조를 무의미하게 만드는 결과가 된다. 일반적인 소송대

---

| 53 대법원 2012. 5. 24. 선고 2012두1105 판결.

리권을 변호사에게만 부여하는 입법은 입법자의 재량에 속하는 것이고 헌법에 위반되지 않는다는 관점[54]과 마찬가지로, 변호사에게 세무사의 자격을 자동으로 부여할 것인지 여부는 입법자의 재량에 속하는 사항이라고 볼 수 있다. 그러나 입법자가 주어진 재량의 범위 내에서 「세무사법」 제3조와 같은 입법적 결단을 선택하였다면 그 선택은 존중되어야 한다. 동일한 법률에 들어 있는 복수의 법조항이 일견 충돌하는 것처럼 보이는 외관을 형성하고 있더라도, 그 복수의 법조항 사이에 원칙과 예외의 관계가 인정되지 아니하고 대등한 문언으로 되어 있다면, 해당 법률을 해석·적용함에 있어서는 그 복수의 법조항이 모두 존중될 수 있는 해석론을 전개하는 것이 올바른 해석론이라고 할 것이다. 이러한 해석론의 기본원리를 위 「세무사법」에 적용한다면, 개정된 「세무사법」 제3조와 제6조, 제20조의2, 부칙 제2조 등이 서로 충돌하는 듯한 외관 — 제3조에 따르면 세무사로 등록할 수 있는 변호사에 아무런 제한이 없는 반면, 제6조와 제20조의2를 종합하면 법 개정 당시까지 변호사의 자격을 취득한 자만이 세무사로 등록할 수 있는 것처럼 보이는 외관 — 을 띄게 되더라도, 이 법조항들 사이에 어느 조항이 더 우선적 효력을 갖는 것으로 볼 수 있는 특별한 사정이 존재하지 않는 이상, 위 법조항들이 모두 조화롭게 규범력을 가지는 해석론을 전개하여야 한다는 결론에 이르러야 하는 것이다. 이러한 결론에 이르지 못하는 위 대법원 판시나 기획재정부의 태도는 그 전제 즉, 세무대리 업무는 세무사만이 취급할 수 있게 되었다는 해석론에 잘못이 있기 때문이라고 보아야 하는 것이다.

　2018. 4. 26. 헌법재판소는 이와 관련하여 매우 의미 있는 결정을 내렸다. 즉, 세무사 자격 보유 변호사로 하여금 세무사로서 세무사의 업무를 할 수 없도록 규정한 세무사법(2013. 1. 1. 법률 제11610호로 개정

---

54 전게 헌재 2012. 8. 23. 2010헌마740 참조.

된 것) 제6조 제1항 및 세무사법(2009. 1. 30. 법률 제9348호로 개정된 것) 제20조 제1항 본문 중 변호사에 관한 부분은 과잉금지원칙을 위반하여 세무사 자격 보유 변호사의 직업선택의 자유를 침해하므로 헌법에 위반된다고 판단한 것이다.[55] 그 논거는 세무사의 업무에는 세법 및 관련 법령에 대한 전문 지식과 법률에 대한 해석·적용능력이 필수적으로 요구되는 업무가 포함되어 있는데, 이러한 업무에는 세무사보다 오히려 변호사에게 전문성과 능력이 인정됨에도 불구하고 세무사 자격을 보유한 변호사에게 일체 세무대리 업무를 할 수 없도록 한 위 조항은 수단의 적합성을 인정할 수 없으며, 변호사에 대한 세무사 자격 부여의 의미를 상실시키는 것일 뿐만 아니라 세무사 자격에 기한 직업선택의 자유를 지나치게 제한하는 것이고 소비자가 세무사, 공인회계사, 변호사 중 가장 적합한 자격사를 선택할 수 있도록 하는 것이 세무대리의 전문성을 확보하고 납세자의 권익을 보호하고자 하는 입법목적이라고 할 것이므로, 위 조항들은 침해의 최소성에도 반한다고 본 것이다. 이와 같은 헌법재판소의 논거는 앞에서 세무사법 제6조와 제20조의 문제점을 지적한 입장을 따른 것이다. 2018. 6. 12. 서울고등법원에서는 위 헌법재판소의 판시에 따라 변호사의 세무대리업무 등록 갱신 신청에 대한 서울지방국세청장의 반려처분을 취소하는 판결을 선고하기도 하였다.[56]

다시 앞에서 인용한 대법원 판례로 돌아와 살펴보자면, 세무사법 제3조를 고려하지 않은 채 세무사법 제6조 등을 해석한 대법원의 판시에는 위에서 지적한 바와 같은 오류가 있다고 할 수 있지만, 다른 부분에서는 타당한 판시를 포함하고 있는 부분도 있다. 즉, 위 대법원 판

---

55 헌재 2018. 4. 26. 2015헌가19.
56 법률저널 2018. 6. 14. 승인 기사(http://www.lec.co.kr/news/articleView.html?idxno=47866) 참조(2018. 6. 25. 최종방문).

시의 취지 중에는 2003. 12. 31. 법률 제7032호로 일부 개정된 「세무
사법」 시행 이후에 변호사의 자격을 취득한 변호사라고 하더라도 세무
대리 업무를 전혀 수행할 수 없는 것이 아니라 변호사의 자격에 기하
여 수행할 수 있다는 취지가 포함되어 있었는데, 이러한 판단은 올바
른 것이었다고 할 수 있다. 이 판시에 따르면 세무사등록부에 등록을
한 변호사는 세무사를 표방하고 세무대리 업무를 수행할 수 있고, 세
무사등록부에 등록하지 아니한 변호사는 변호사를 표방하고 세무대리
업무를 수행할 수 있다는 것이다. 물론 세무사등록부에 등록을 한 변
호사라고 하더라도 변호사를 표방하고 세무대리 업무를 수행할 수 있
음도 당연하다. 이러한 입장에서 대법원은 세무사법에 따라 세무사 등
록을 할 수 있는 변호사가 법무법인의 구성원 또는 소속 변호사로 근
무하는 것은 구(舊) 「세무사법」 제6조 제3항 제3호 및 제16조 제2항에
서 정한 세무사 등록의 거부사유에 해당하지 아니한다고 판시하였
다.[57] 이 판결에서는 법무법인은 구성원이나 소속 변호사가 수행할 수
있는 세무대리 업무를 법인의 업무로 할 수 있다는 당연한 법리도 확
인하였다. 이 법리의 확인은 세무사와 변호사 상호간의 직무 범위를
둘러싼 다툼 중 최소한 하나의 다툼에 대해서는 명확한 기준을 제시하
게 되었다는 점에서 의미가 있다고 할 수 있다.


# 제 6 절   공인노무사 제도의 연혁과 현황


## 1. 공인노무사 제도의 연혁

공인노무사란 사업장의 노사 관계에 대한 사항을 분석하여 합리

---

57 대법원 2016. 4. 2. 선고 2015두3911 판결.

적인 개선방안을 제시하며, 채용에서 퇴직까지의 근로자의 모든 법률 문제 전반 및 노동조합의 설립 운영 등 모든 활동과 산업재해에 대한 사전적 예방 조치로 사업장의 안전·보건에 대한 상담 및 교육업무와 개별근로자에 대한 부당해고, 징계, 전직, 감봉 등에 대한 구제 신청을 대리하거나, 단체교섭 및 노동쟁의 때 사적 조정 업무를 담당하도록 국가에서 면허를 받은 자격사를 가리킨다. 1984. 12. 31. 법률 제3771호로 「공인노무사법」을 제정하면서 새롭게 도입된 자격사 제도이다.

제정 「공인노무사법」에서 공인노무사의 직무 범위로 규정한 내용은 다음과 같다. ⅰ) 노동관계법령의 규정에 의하여 행정기관에 제출하는 신고·신청·보고·청구 및 권리구제등에 관한 서류의 작성·확인과 제출의 대행 업무, ⅱ) 노동관계법령의 규정에 의한 장부·대장등 서류작성의 대행 업무, ⅲ) 노동관계법령 및 노무관리에 관한 상담·지도 업무, ⅳ) 「근로기준법」의 적용을 받는 사업 또는 사업장에 대한 노무관리진단 업무가 그것이다. '노동관계법령'의 범위는 대통령령으로 정하도록 하였다(제2조 제2항). 공인노무사의 자격 요건으로는 성년 이상의 국민으로서 ① 노동부장관이 시행하는 공인노무사 자격시험에 합격한 자이거나, ② 노동행정에 종사한 통산경력이 10년 이상이고, 그 중 5급 이상 공무원으로 5년 이상 재직한 자일 것으로 규정하였다.

제정 「공인노무사법」은 그 출발부터 공인노무사가 취급할 수 있는 업무의 범주에 관하여 '노동관계법령' 및 '노무관리진단'과 같은 불확정개념을 도입하고 그 자격 요건에 있어서도 '노동행정'이라는 불명확한 요건을 규정하는 문제점을 안고 출발하였다. 물론 '노동관계법령'이라는 불확정개념에 대해서는 대통령령으로 그 범주를 결정하도록 위임하는 근거 조항을 마련하고 있기는 하다. 그러나 상위 법률에서 아무런 기준도 마련하지 않은 채 포괄적으로 하위규범으로 그 범주 설정을 위임함으로써, 결과적으로 공인노무사의 직무 범위는 국회의 통제를 전혀 받지 않고 행정부에서 결정할 수 있게 된 것이다. 자격사의 업무 범위 규정 방식에 있어서 이렇듯 포괄적 위임입법이 가져오는 문제점에 관해서는 이 장의 제2절 법무사의 직무 범위에 관한 연혁을 살펴보면서 이미 지적하였다. 자격사의 업무 범위를 법률로 규정하는 방식은 국회에서 법률안으로 가결되어야 하기 때문에 행정입법에 비하여 개정이 쉽지 않다는 특징을 갖는다. 자격사의 업무 범위를 국회의 의결을 필요로 하는 법률로 규율하게 된다면 어떤 자격사 직군(職群)에서 자기 업무 영역을 확장하기 위한 시도를 함에 있어서 국회의원 과반수의 지지를 확보해야 하는 어려움이 있는 반면에, 행정입법으로 업무 범위를 규율하게 된다면 소수의 정책결정권자의 지지만 확보하면 손쉽게 업무 영역의 확장을 도모할 수 있게 되는 것이다. 후자의 방식을 취하게 되면 필연적으로 다른 자격사의 직무 영역과 잦은 충돌이 벌어지게 된다. 공인노무사의 경우도 예외가 아니다. 이러한 불확정 개념의 포괄적 위임입법과 불명확한 자격 요건은 공인노무사의 직무 범위와 관련하여 실무상 상당한 혼란을 초래하는 단초가 되었다고 할 수 있다. 이에 관해서는 아래 현황과 문제점 부분에서 좀 더 자세히 살펴보게 될 것이다.

공인노무사의 직무 범위는 1990. 4. 7. 법률 제4234호로 일부 개정되면서 다소 변경되었다. '노동관계법령의 규정에 의하여 행정기관에 제출하는 신고ㆍ신청ㆍ보고ㆍ청구 및 권리구제등에 관한 서류의 작성ㆍ확인과 제출의 대행' 업무에 '이의신청ㆍ심사청구 및 심판청구'를 포함하는 것으로 변경되었을 뿐만 아니라, 단순한 서류의 제출을 대행하는 것에 그치지 않고 해당 절차를 대리할 수 있는 것으로 변경되었다(제2조 제1항 제1호). 법무사에 관한 부분에서 이미 지적한 바와 같이, 비록 행정절차라고는 하나 쟁송절차에 있어서 변호사 아닌 자가 이를 대리할 수 있는 권한을 부여받는 것은 매우 중요한 의의를 갖는다. 제

정 「공인노무사법」에서도 공인노무사회는 필수적 법정단체로 규정되
었으나(제정 「공인노무사법」 제24조 제1항), 위 일부개정 법률에서는 모든
공인노무사로 하여금 위 공인노무사회에 반드시 가입하여야 한다는
조항이 신설되었다(제24조의2). 2000. 12. 30. 법률 제6333호로 일부 개
정되면서 비로소 '노무관리진단'이라는 불확정개념에 대한 정의규정이
마련되었다. "노무관리진단이라 함은 사업 또는 사업장의 노사당사자
일방 또는 쌍방의 의뢰에 의하여 당해 사업 또는 사업장의 인사·노무
관리·노사관계 등에 관한 사항을 분석·진단하고 그 결과에 대하여 합
리적인 개선방안을 제시하는 일련의 행위를 말한다"라는 조항(제2조 제
2항)이 그것이다. 그 내용 자체는 사전적인 의미를 표현한 것에 불과하
여 그다지 큰 의미를 갖는다고 볼 것이 아니지만, 공인노무사가 노무
관리진단을 함에 있어 노(勞)·사(使) 어느 쪽을 가리지 않고 일방 또는
쌍방의 의뢰를 받아 업무를 수행할 수 있음을 명확히 선언하였다는 점
이 중요한 의미를 갖는다고 할 수 있다. 공인노무사가 노동자뿐만 아
니라 사용자의 의뢰를 받아서도 업무를 수행할 수 있도록 규정한 이러
한 공인노무사법의 태도는 뒤에서 살펴보는 바와 같이 공인노무사의
직무 범위에 관한 혼란을 가중시키는 원인이 되었다고 볼 수 있다. 정
의(定義)규정을 마련하여 혼란을 불식시킨 것이 아니라 오히려 정의규
정을 통하여 혼란이 가중되게 된, 잘못된 입법의 대표적 사례 중 하나
라고 할 수 있다. 2003. 12. 31. 법률 제7046호로 일부 개정되면서부터
는 공인노무사의 직무 범위에 '「노동조합 및 노동관계조정법」 제52조
에서 정한 사적 조정 또는 중재'라는 업무가 추가되기에 이른다. 이 역
시 매우 중요한 의미를 갖는다. 조정의 경우는 별론(別論)으로 하더라
도 '중재'의 경우 분쟁이 단 1회의 중재로 종결되어 버리고 법원의 판
단을 받을 수 없다는 점에서, 당사자의 재판청구권을 근본적으로 제한
하는 심각한 위험성을 안고 있는 분쟁해결절차라고 할 것이다. 그러나

일반에서는 그러한 '중재' 절차의 위험성에 대하여 제대로 인식하지 못
하고 있는 경우가 대부분이다. 「공인노무사법」에 따라 개업한 노무사
에게 부과되는 의무라야 고작 '항상 품위를 유지하고 신의와 성실로써
공정하게 직무를 수행하여야 하며, 공정하게 그 직무를 수행할 수 없
는 때에는 제2조에서 정한 직무를 행하여서는 아니 된다'는 정도에 그
치고 있는 상황에서는, 위와 같이 노(勞)·사(使) 상호간의 이익을 공평
하게 고려하여 합리적으로 분쟁을 해결하는 것이 아니라 노(勞) 또는
사(使) 중 어느 일방을 편들어 왜곡된 분쟁 해결을 도모할 우려가 상당
히 크다고 할 것이다. 물론 위 일부 개정된 「공인노무사법」에서는 ①
허위 또는 부정한 방법으로 의뢰인으로 하여금 노동관계법령의 규정
에 의한 보험금 등 재산상의 이익을 얻게 하거나 보험료납부 기타 금
전상의 의무를 이행하지 아니하게 하는 행위, ② 의뢰인으로 하여금
노동관계법령의 규정에 의한 신고·보고 기타의 의무를 이행하지 아니
하게 하는 행위, ③ 사건의 알선을 업으로 하는 자를 이용하거나 기타
부당한 방법으로 사건의뢰를 유치하는 행위 등을 하여서는 아니 된다
는 금지의무(제13조), 정당한 사유 없이 직무상 알게 된 사실을 타인에
게 누설하여서는 아니 된다는 비밀엄수의무(제14조)를 공인노무사에게
부과하고 있기는 하다. 그러나 위 금지행위를 하지 아니할 의무는 노
(勞)와 사(使)에 대한 것이 아니라 노동관서를 대상으로 하는 의무이며,
비밀엄수의무는 앞에서 지적한 우려를 해소시킬 수 없는 의무이기 때
문에, 결국 공인노무사가 부정(不正)한 의도를 가지고 조정이나 중재에
임하는 것을 제재할 수 있는 근거 조항은 위 제12조가 유일하다고 할
수 있다. 성실의무의 불확정한 개념으로 말미암아 위와 같이 부정한
조정이나 중재를 직접적으로 제재할 수 있을 것인지도 의문이거니와,
위 「공인노무사법」에서는 제12조의 성실의무 위반에 대해서는 아무런
제재 방법조차 규정하고 있지 아니하여 사실상 성실의무 준수를 담보

할 수 있는 방안조차 전혀 없는 실정이기 때문에 결국 제재를 가하더라도 솜방망이 제재에 그치고 말게 된다는 문제점이 있는 것이다. 더구나 조정이나 중재에 임하는 공인노무사가 부정한 의도를 가졌는지 여부는 외부에서 쉽사리 파악할 수 있는 사정이 아니기 때문에 자칫 조정이나 중재 사건의 당사자 중 어느 일방은 회복할 수 없는 피해를 입을 우려가 매우 크다고 할 것이다.

## 2. 현황과 문제점

제1장 제3절에서 살펴본 바와 같이 공인노무사의 직무 범위 중ⅰ)의 이의신청·심사청구 및 심판청구 업무를 포함하여 노동관계 법령에 따라 관계 기관에 대하여 행하는 신고·신청·보고·진술·청구 및 권리 구제 등의 대행 또는 대리 업무 및 ⅴ)의 「노동조합 및 노동관계조정법」 제52조에서 정한 사적(私的) 조정이나 중재 업무는 그 문언상 당연히 법률업무에 해당한다고 할 수 있다. ⅱ)의 노동관계 법령에 따른 모든 서류의 작성과 확인 업무와 ⅲ) 노동관계 법령과 노무관리에 관한 상담·지도 업무 및 ⅳ)의 「근로기준법」을 적용받는 사업이나 사업장에 대한 노무관리진단 업무 중에도 법률업무의 속성을 갖는 내용이 포함될 수 있다. 그러나 이처럼 법률업무의 속성을 갖는 사무를 처리함에 있어서도, 변호사법이 규정하고 있는 바와 같이 변호사가 아니면 법률업무를 취급할 수 없도록 엄격하게 금지하고 있는 취지를 고려하여, 공인노무사의 직무는 공인노무사가 독립적인 지위에서 의뢰인으로부터 위임을 받아 업무를 처리하는 것이 아니라, 의뢰인의 요청에 따라 ① 의뢰인을 보조하여, ② 행정청에 대한, ③ 고도의 법률적 식견에 따른 전문적 판단을 필요로 하지 않는 사실행위적 성격의 업무를 처리할 뿐이라고 보는 것이 상당하다.

공인노무사의 직무 범위를 이와 같이 제한적으로 해석하는 것이

당연함에도 불구하고 공인노무사의 직무 범위를 확대하여 변호사가
아니면 처리할 수 없는 법률업무를 취급하도록 하려는 입법 시도가 지
속적으로 이루어지고 있는 상황은 매우 우려스러운 부분이다. 공인노
무사에 대하여 노동위원회의 처분에 대한 소를 제기하는 경우 공인노
무사를 소송대리인으로 선임할 수 있도록 하려는 개정법률안[58]이나,
노동관계법령에 따라 제기하는 행정소송의 대리 권한을 부여하려는
개정법률안[59] 및 노동관계사건의 진정·고소·고발의 진술을 대리할 수
있는 권한을 부여하려는 개정법률안[60] 등이 그와 같은 문제 사례의 대
표적인 예이다. 각 개정법률안들의 문제점에 관하여 차례로 살펴보도
록 한다.

먼저 공인노무사에게 행정소송의 대리권을 부여하는 내용의 김성
순 의원 대표발의안은 그 입법목적으로, 민사소송과는 별도로 약자인
근로자의 신속한 권리구제를 위하여 부당노동행위, 부당해고 등의 구
제신청이나 기간제 근로자·단시간 근로자·파견근로자 등 비정규직
근로자의 차별시정신청을 노동위원회에 제기할 수 있도록「노동위원
회법」에서 분쟁해결 절차를 마련하고 있고 대부분의 노동위원회 신청
사건에 있어서 공인노무사가 법률상 대리인으로 선임되어 활동하고
있는데, 일방 당사자가 노동위원회의 처분에 불복하여 법원에 소를 제
기하는 경우 공인노무사를 계속 대리인으로 활용할 수 있는 제도가 마
련되어 있지 않아 당사자에게 다시 변호사를 대리인으로 선임해야 하
는 등 불편과 경제적 부담을 주고 있으므로, 이에 노동위원회의 처분
에 대한 소를 제기하는 경우 공인노무사를 소송대리인으로 선임할 수
있도록 할 필요가 있다는 점을 들고 있다. 그러나 이러한 입법목적은

58 의안번호 1810848호, 김성순 의원 대표발의안.
59 의안번호 1908594호, 김광진 의원 대표발의안.
60 의안번호 2001713호, 이정미 의원 대표발의안.

이미 앞에서 살펴본 여러 개정법률안들 ─ 변호사 인접 자격사에게 소송대리권을 부여하고자 했던 개정법률안들 ─ 과 마찬가지의 문제점을 안고 있다. 즉, 노동관련 행정소송사건의 경우에도 그 본질은 '소송'사건이므로 노동관련 행정소송사건을 사법적(司法的)으로 정당하게 처리하기 위해서는 절차적 측면과 실체적 측면에서 모두 법률에 합치되는 공격과 방어를 수행할 수 있는 능력을 필요로 한다. 소송은 그 자체로 절차적 정당성을 필요로 하고, 동일한 실체관계 하에서도 어떠한 공격·방어방법을 선택할 것인가 또는 선택한 공격·방어방법을 언제 어떻게 구사할 것인가, 그리고 상대방이 구사하는 공격·방어방법에 대하여 어떻게 효과적으로 대응하는가 여부에 따라 소송의 승패가 전혀 달라질 수 있으므로, 소송절차 자체에 관한 풍부한 지식과 경험을 가진 '소송전문가'의 조력을 받는 것이 매우 중요한 관건이 된다. 소송업무에 관하여 전문적인 지식과 경험을 훈련받지 않은 공인노무사에게 노동사건의 행정소송대리를 허용할 경우에는 오히려 당사자의 권리가 제대로 구제받지 못하게 되는 결과를 초래하게 되고, 이에 대한 불복절차 등을 거치기 위하여 당사자의 불편과 경제적 부담을 가중시킬 우려가 있는 것이다. 한편, 앞에서 공인노무사에게 조정이나 중재 권한을 부여하는 경우에 발생할 우려가 있는 문제점으로 지적했던 것처럼, 공인노무사의 경우 아직 이해관계의 충돌을 방지하기 위한 고도의 윤리적 주의의무를 제대로 이행하리라고 기대하기 어려운 실정인바, 이해관계의 충돌을 무시한 소송대리가 이루어지는 경우 그 피해는 고스란히 당사자의 몫으로 돌아가게 될 것이라는 점도 문제점으로 지적될 수 있다.

다음으로 특별연수과정을 이수하고 정해진 시험에 합격한 공인노무사에게 노동관계 법령에 따라 제기하는 행정소송의 대리를 하도록 하자는 김광진 의원 대표발의안의 경우에도, 기본적으로는 소송절차에

관해서는 문외한이다시피 한 공인노무사에게 소송대리권을 부여하는
것이 적절하지 않다는 점에서, 위 김성순 의원 대표발의안에 대하여
지적한 것과 마찬가지의 문제점을 지적할 수 있을 것이다. 비록 김광
진 의원 대표발의안에서는 소송대리를 하게 되는 공인노무사에 대하
여 특별연수과정을 이수하도록 요구하고 이러한 특별연수과정을 마친
이후에도 선발시험을 실시하여 합격한 공인노무사에게만 소송대리권
을 부여한다는 전제조건을 부가하고 있기는 하지만, 이러한 부가조건
이 큰 의미를 가질 것으로 보이지는 않는다. 해당 개정법률안은 공인
노무사에게 소송대리 자격을 인정하기 위한 절차 등 모든 구체적 사항
을 모두 대통령령에 위임하는 방식을 취하고 있다. 이처럼 핵심적인
중요 사항을 법률에서는 아무런 구체적 기준도 마련하지 않은 채 포괄
적으로 하위법령에 위임하는 방식의 입법은 직역의 이익을 대변하는
이익집단에 의하여 어떻게 그 내용이 왜곡될지 알 수 없게 된다는 위
험성이 있음을 이미 여러 차례 지적한 바 있다.

마지막으로 공인노무사의 직무 범위에 진정·고소·고발사건에 관
한 진술을 포함하는 것으로 확장하는 내용의 이정미 의원 대표발의안
에 대하여 살펴본다. 진정·고소·고발을 접수하는 행위로서의 진술은
이미 현행법에서 공인노무사의 직무 범위에 포함되어 있으므로, 공인
노무사에게 진정·고소·고발 사건에서 진정인 또는 고소·고발인을 대
신하여 진술할 수 있도록 그 업무범위를 확대하려는 위 개정안은, 그
나머지 부분 즉 피해사실을 알림으로써 가해자에 대한 제재나 형사처
벌을 요구하는 진술을 공인노무사로 하여금 대리할 수 있도록 하는 내
용을 개정사항으로 하는 개정법률안이라고 할 수 있다. 그러나 이 개
정법률안은, 위와 같은 제재나 형사처벌을 요구하는 피해 진술은 근본
적으로 다른 사람이 대리인의 지위에서 대신할 수 없는 행위라는 본질
을 이해하지 못하였다는 근본적 문제점이 있다. 개정법률안이 그대로

시행된다고 가정할 경우 증거법칙 특히 전문법칙(傳聞法則)과 관련하여 해당 진술을 증거자료로 사용할 수 있는 것인지 여부를 둘러싸고 커다란 혼란이 빚어지게 되고, 증거능력이 인정될 수 없는 공인노무사의 대리진술로 말미암아 오히려 진정인·고소인·고발인이 그 피해를 제대로 구제받지 못하는 뜻하지 않은 결과를 초래하게 될 우려가 커지게 된다.

　이와 같이 변호사의 직무 범주에 속하는 소송행위나 쟁송행위의 대리권한을 공인노무사에게 부여하려는 입법 시도 외에도, 현행「공인노무사법」하에서 공인노무사의 직무 범위에 관한 법조항의 불명확성에 기인하여 실무상 공인노무사의 직무 범위에 속하는 것인지 여부를 둘러싸고 문제가 발생하는 사례가 종종 있다. 공인노무사가「국가공무원법」이나「지방공무원법」상의 소청심사와 관련하여 징계를 경감시켜 줄 수 있다는 취지를 공표하면서 법률자문을 제공하거나 사건을 수임하는 업무를 수행하는 경우, 건설공사 현장에서 발생한 근로자 사망과 관련한「산업안전보건법」위반 사건에 있어서 공인노무사가 특별사법경찰관의 직무를 수행하는 근로감독관의 내사단계에 의뢰인인 사업자를 위해 현장소장 등을 상대로 업무상 과실 유무 관련 법률상담 및 업무상 과실이 없다는 취지의 의견서 등 법률관계 문서를 의뢰인에게 작성해주는 행위를 하는 경우, 또는 위와 같은 행위를 하면서 해당 사건에 대하여 고용노동청에서 자체 내사종결이 되거나 검찰에서 혐의없음 불기소처분 또는 1심 형사재판에서 무죄판결을 받는 경우에는 성공보수금을 받기로 하는 내용의 성공보수 약정을 체결하고 실제로 성공보수를 받는 행위를 하는 경우, 근로자가「근로기준법」제109조, 제136조,「근로자퇴직급여보장법」제44조, 제19조에 따른 퇴직금 미지급을 이유로 노동부에 진정한 사건에 대하여 공인노무사가 피진정인(사용자)의 대리인으로 위임장를 제출하고 대리행위를 하는 경우, 공인노무사가 근로자지위확인 민사소송을 제기한 근로자들을 조력하여 변론

기일에 출석하고 근로자들 명의의 서면 작성 및 제출을 조력한 후에 위 소송에서 화해가 성립하자 근로자들로부터 그에 대한 대가를 수령하는 경우 등이 그와 같은 사례이다. 이러한 사례들에 있어서 공인노무사가 한 행위는 변호사가 아니면 할 수 없는 법률사무나 법률사건을 취급한 경우에 해당하고, 이러한 행위들이 공인노무사법이 규정하고 있는 공인노무사의 직무 범위에 속하지 아니하는 행위라고 할 것이므로 무상으로 그와 같은 행위를 한 것이 아닌 이상 원칙적으로 변호사법을 위반한 것이라고 보아야 한다. 위의 문제 사례 중에서, 공인노무사가 퇴직금 미지급 진정 사건에서 사용자를 대리하는 사례의 경우에는 공인노무사의 직무 범위에 속하는 '권리구제 절차의 대리'에 해당하여 적법하다는 견해가 없는 것은 아니다. 그러나 이러한 견해는 「공인노무사법」의 법문을 정확하게 읽지 않은 오류를 범하고 있다. 「공인노무사법」의 법문은 '노동관계법령에 따라 관계기관에 대하여 행하는 권리 구제 등의 대행 또는 대리'라고 되어 있다. 「근로기준법」 및 「근로자퇴직급여보장법」에 정한 퇴직금미지급이 문제가 되는 사안에서 「근로자퇴직급여보장법」은 권리구제에 관하여 아무런 규정도 두고 있지 아니하므로, 결국 위 사안에서 권리구제는 「근로기준법」에 정한 바에 따라야 한다. 그런데 「근로기준법」은 근로자가 청구하는 권리구제에 관해서만 규정을 두고 있다. 결국 퇴직금 미지급에 관한 권리구제의 대행 또는 대리란 '근로자가 관계기관(노동위원회)에 신청하는 구제의 대행 또는 대리'로 해석하지 않을 도리가 없는 것이다. 만일 「공인노무사법」의 법문이 '권리구제절차의 대리' 또는 '권리구제절차에 있어서 당사자(또는 관계인)를 대행 또는 대리하는 것'이라고 되어 있다면, 구제청구인뿐만 아니라 피구제청구인을 대행 또는 대리하는 것도 포함한다고 볼 수 있을 것이다. 그러나 「공인노무사법」의 법문이 그러한 형식을 따르지 아니하고 '노동관계법령에 따라 관계기관에 대하여 행하는 권리 구제 등의 대행 또는 대리'라는 문언으로 되어 있는 이상, 공인노무사는 권리구제의 청구인을 대행 또는 대리하는 것이라고 해석하는 것이 올바른 해석이라고 보아야 한다. 고용노동부가 이른바 노조파괴 컨설팅을 했음을 이유로 창조컨설팅 노무법인의 대표와 전무의 공인노무사 자격을 취소한 조치는 이러한 해석을 바탕에 둔 조치라고 할 것이다. 법원도 이러한 결정을 지지하였다.[61]

# 제 7 절　손해사정사 제도의 연혁과 현황

## 1. 손해사정사 제도의 연혁

### 가. 손해사정인 시기

손해사정사(損害査定士)란 보험사고가 발생하는 경우에 그 손해액을 평가하고 보험금을 사정하여 보상하는 직무를 수행하는 자격사이다. 과거에는 '손해사정인(損害査定人)'이라는 명칭을 사용하였으나, 2003. 5. 23. 법률 제6891호로 「보험업법」을 전부 개정하면서 '손해사정사'라는 명칭으로 변경되었다. '손해사정인'이라는 용어가 법률에 처음 등장한 시점은 1977. 12. 31. 법률 제3043호로 「보험업법」을 일부 개정하면서부터이다. 위 개정에서 제5장 제2절로 '보험계리인과 손해사정인'이라는 절을 두어 손해사정인에 대한 법적 규율을 시작하게 된 것이 손해사정인 제도를 법적으로 규율하기 시작한 기원이다. 손해사정인의 직무 범위는 보험사고로 인한 손해액의 평가·사정에 관한 업무를 담당

---

61 구체적인 사건번호를 확인할 수 없어 부득이 연합뉴스 보도를 인용하였다. http://www.yonhapnews.co.kr/bulletin/2015/04/05/0200000000AKR20150405036800004.HTML?input=1195m 참조(2017. 10. 15. 최종방문).

하는 것이었다(위 「보험업법」 제204조 제1항). 손해사정인은 손해보험 사
업자에게 고용되기도 하고, 독립한 지위에서 손해보험 사업자의 위탁
을 받아 위와 같은 업무를 수행하였다(위 「보험업법」 제204조 제1항). 손
해사정인의 자격 요건에 관하여 「보험업법」은 초기에 아무런 규정을
두지 아니하고 다만 손해사정인의 자격 요건은 대통령령으로 정한다
는 위임입법의 근거규정만을 두고 있을 뿐이었다(위 「보험업법」 제204조
제2항). 이 조항에 따라 만들어진 「보험업법시행령」 제54조는 손해사
정인의 자격에 관하여 다음과 같이 규정하였다. ⅰ) 손해사정인 제1차
시험에 합격되고 2년 이상 실무를 수습한 후 그 제2차 시험에 합격된
자, 또는 ⅱ) 재무부령이 정하는 기관에서 손해사정 업무에 5년 이상
종사한 경력이 있는 자로서 손해사정인 제2차 시험에 합격된 자, ⅲ)
공인회계사 또는 공인감정사로서 손해사정인 제2차 시험에 합격된 자,
ⅳ) 외국손해사정인의 자격을 가진 자. 다만, 그 본국에서 대한민국 손
해사정인의 자격을 인정하는 경우에 한한다는 것이 바로 손해사정인
의 자격요건이다. 그러나 위 시행령 제54조의 자격요건은 손해보험 사
업자가 손해사정인을 고용하는 경우에 갖추어야 할 자격만을 규율하
고 있을 뿐, 직접적으로 손해사정인의 자격요건에 관하여 규정한 것은
아니었다. 당시의 손해사정인은 제1종부터 제4종까지 네 가지 유형으
로 분류되었는데, 제1종 손해사정인은 화재보험과 특종보험의 손해액
을 사정하는 업무를, 제2종 손해사정인은 해상보험(선박보험·적하보험·항
공보험과 운송보험을 포함한다)의 손해액을 사정하는 업무를, 제3종 손해
사정인은 자동차보험의 손해액을 사정하는 업무를, 제4종 손해사정인
은 보증보험의 손해액을 사정하는 업무를 담당하였다(위 시행령 제55조).

　　1980. 12. 31. 법률 제3340호로 일부 개정되면서 손해사정인의 직
무 범위에 보험사고로 인한 손해액의 평가·사정에 관한 업무 외에 보
험사고로 인한 보험금의 평가·사정에 관한 업무가 추가되었다(제204조

제1항). 1988. 12. 31. 법률 제3340호로 일부 개정될 때에는 손해사정인의 자격 요건에 관하여 법률에 규정을 두어 보험감독원장이 실시하는 시험에 합격하고 일정기간의 실무수습을 마친 후 보험감독원에 등록하여야 손해사정인의 업무를 할 수 있다는 조항(제204조의2)이 신설되었다. 한편 위 개정된 「보험업법」은 손해사정사라는 자격사 외에도 '손해사정을 업(業)으로 하는 자'라는 새로운 존재를 규정하게 되었다. 손해사정을 업으로 하는 자란 손해사정 업무를 계속적·반복적으로 수행하는 자라는 의미인데, 이러한 손해사정업자는 재무부에 등록할 것을 요구하였다(제204조의3 제1항). 그러나 재무부에 등록을 요구하였을 뿐, 손해사정업자의 자격요건에 관하여 위 개정된 「보험업법」은 아무런 규정을 두고 있지 아니하였다. 다만 손해사정업자가 법인인 경우에는 대통령령으로 정하는 일정한 수 이상의 손해사정인을 둘 것을 요구하였을 뿐이다(제204조의3 제2항). 이러한 규정 체제는 중요한 의문을 제기하게 하였다. 위 일부 개정된 「보험업법」에 따라 손해사정 업무를 수행할 수 있는 주체로 ① 손해사정인, ② 개인 또는 공동 손해사정업자, ③ 손해사정법인의 세 가지 형태가 가능하게 되었다. 이 중에서 손해사정인과 손해사정법인은 1977. 12. 31. 법률 제3043호로 「보험업법」을 일부 개정하면서 손해사정인 제도를 도입할 때 함께 도입되었던 손해사정업무의 주체이다. 즉, 1977. 12. 31. 법률 제3043호로 일부 개정된 「보험업법」에서 손해사정인은 대통령령으로 정하는 자격요건을, 손해사정법인은 재무부장관의 허가를 각 갖추어야 손해사정업을 영위할 수 있었던 것이다(1977. 12. 31. 법률 제3043호로 일부 개정된 「보험업법」 제204조 제2항, 제3항). 이후 위 1988. 12. 31. 법률 제3340호로 일부 개정된 「보험업법」에서는 손해사정법인도 대통령령이 정하는 수 이상의 손해사정인을 두고 재무부에 등록하면 손해사정업을 영위할 수 있는 것으로 변경된 것이다. 문제는 법인도 아니고, 손해사정인도 아닌 손

해사정업자의 경우이다. 위 1988. 12. 31. 법률 제3340호로 일부 개정
된 「보험업법」에서는 손해사정업자에게 반드시 손해사정인의 자격을
요구하지도 않았고, 법인일 것을 요구하지도 않았다. 다만 손해사정을
업으로 영위하고자 하는 경우에는 재무부에 등록할 것을 요구하였을
뿐이다. 이에 따라 법문상으로는 손해사정인의 자격을 갖추지 않은 개
인이 단독으로 혹은 수인이 공동으로 손해사정업을 영위하는 형태도
가능하게 된 것이다. 위 1988. 12. 31. 법률 제3340호로 일부 개정된
「보험업법」의 개정 이유에서는 이 부분에 관하여 아무런 설명도 하지
않고 있다. 입법적인 불비(不備)로 보이는 부분이다. 한편, 위 1988.
12. 31. 법률 제3340호로 일부 개정된 「보험업법」에서는 보험시장이
개방됨에 따라 보험사고가 외국에서 발생하거나 보험계약자 등이 재
무부장관이 정하는 기준에 따라 손해사정인을 따로 선임한 경우에는
손해보험 사업자에게 이와 별도로 손해사정인(또는 손해사정법인)을 고
용하거나 위탁하여 손해액이나 보험액을 산정하지 않도록 보험업법
제204조에 단서가 추가되기도 하였다.

　　1995. 1. 5. 법률 제4865호로 일부 개정되면서 손해사정인의 등록
을 주관하는 기관이 재정경제부에서 보험감독원으로 변경되었다(제204
조의3 제1항). 손해사정인의 업무에 관해서도 별도의 조항으로 규율하
게 되었다. ⅰ) 손해발생사실의 확인, ⅱ) 보험약관 및 관계법규 적용
의 적정여부 판단, ⅲ) 손해액 및 보험금의 사정, ⅳ) 기타 손해사정에
관하여 필요한 사항이 위 일부 개정된 보험업법에서 손해사정인의 업
무로 규정한 사항들이다(제204조의4). 개정 이유에서는 단지 손해사정
인의 업무 범위를 명확히 한다는 입법 목적만 제시되었을 뿐이나, 개
정 전에 제204조 제1항에서 정하고 있던 업무 — 손해액 및 보험금의
평가와 사정 — 와 비교하여 그 업무 범위가 현저하게 확대되었음을
알 수 있다. 특히 중요한 부분은 '보험약관 및 관계법규 적용의 적정여

부 판단', 그 중에서도 특히 '관계법규 적용의 적정여부'를 판단할 수 있는 권한이 손해사정인에게 주어졌다는 점이다. 이러한 판단은 명백한 법률업무로서 위 개정으로 손해사정인이 변호사가 아니면 취급할 수 없는 법률업무 중 일부를 합법적으로 취급할 수 있는 길이 열리게 된 것이다.

## 나. 손해사정사 시기

2003. 5. 29. 법률 제6891호로 「보험업법」이 전부 개정되면서 '손해사정인'이라는 명칭은 '손해사정사'로 변경되었다. 손해사정사로 취급할 수 있는 업무의 범위에도 다소 변화가 있었으나, 보다 근본적인 개칭 이유는 종래의 명칭에 비하여 자격사의 느낌이 나타날 수 있는 명칭으로 변경된 것이라고 할 수 있다. 이는 사법서사를 법무사로 개칭한 것과 비슷한 맥락이라고 파악할 수 있을 것이다. 전부개정에 따라 손해사정사의 업무 범위가 다소 확대되었다. 즉, 1995. 1. 5. 법률 제4865호로 일부 개정 당시에 규정되었던 ⅰ) 손해발생사실의 확인, ⅱ) 보험약관 및 관계법규 적용의 적정여부 판단, ⅲ) 손해액 및 보험금의 사정이라는 세 가지 업무 외에 이 세 가지 업무와 관련한 서류의 작성·제출의 대행 및 업무의 수행과 관련한 보험회사에 대한 의견의 진술이 추가된 것이다(제188조). 업무와 관련한 서류의 작성 및 제출을 '대행'하게 되었다는 것은 손해사정사가 법률사무에 속하는 '보험약관 및 관계법규 적용의 적정여부 판단' 외에 법률사건도 취급할 수 있게 되었음을 의미한다. 손해사정사의 직무 범위와 관련하여 매우 중요한 변화라고 할 수 있다. 한편, 손해사정사가 업무 수행과 관련하여 보험회사에 의견을 진술할 수 있는 권한을 부여한 부분은, 손해사정사가 더 이상 손해보험 사업자에 고용되거나, 위탁을 받더라도 종속적인 지위에 있지 않고 손해보험 사업자와 보험계약자(피보험자 포함) 사이에서 중립적이고 객관적인 지위에 있는 존재라는 점을 강조하고자 한 것이

라고 평가할 수 있다.

2010. 7. 23. 법률 제10394호로 일부 개정된 「보험업법」에서는 손해사정사를 통하여 손해액이나 보험금을 사정해야 하는 손해보험 사업자의 범위를 '대통령령으로 정하는 보험회사'로 변경하였다(제186조 제1항). 한편, 금융위원회가 정하는 바에 따라 업무와 관련된 보조인도 둘 수 있도록 하였다(제186조 제3항). 보조인을 두는 것이 법률에 규정할 정도로 중요한 사항인지는 의문이다. 어떤 업무를 수행하는 자이든 법률상 특별히 제한을 두는 경우가 아니라면 당연히 다른 사람에게 자신의 업무 중 일부를 보조하도록 하고 이들을 지휘·감독하면서 업무를 수행하는 것이 당연하기 때문이다. 손해사정사의 업무는 반드시 손해사정사 본인이 모든 업무를 직접 처리해야만 하는 성격의 업무라고 볼 수 없다. 그러므로 손해사정사가 손해사정 업무를 수행하기 위하여 자신의 업무를 보조하는 인력을 사용하는 것은 당연히 가능한 것이라고 보아야 한다. 그럼에도 불구하고 위 2010. 7. 23. 법률 제10394호로 일부 개정된 「보험업법」에서는 손해사정사의 보조인에 관한 명문의 규정을 둔 것이다. 위 일부 개정된 「보험업법」은 손해사정에 관한 모든 조항을 전면적으로 개정하는 형식을 취했으면서도 개정 이유에서는 이에 관하여 아무런 언급도 하지 않고 있다. 결국 위와 같은 개정은 손해사정사를 변호사 등 다른 자격사와 대등한 지위의 자격사로 보이게 하려는 의도 ─ 변호사법은 사무직원에 관한 규정을 두고 있고, 사무직원에게 특별한 의무도 부과하고 있다. 손해사정인의 보조인에 관한 규정을 신설한 것은 손해사정사와 보조인을 변호사와 사무직원의 관계와 등치(等値)시키려는 의도라고 볼 수 있는 것이다 ─ 외에 다른 아무 것도 아니라고밖에 볼 수 없는 것이다. 위 2010. 7. 23.의 일부 개정 이후에도 여러 차례 「보험업법」의 개정이 이루어졌으나, 손해사정 부분에 관해서는 커다란 변화 없이 대체로 위 일부 개정된 내용

의 체제를 이어가고 있다.

## 2. 현황과 문제점

손해사정사의 업무와 관련하여 실무에서 주로 문제가 되는 사례
는, 보험사고가 발생한 경우에 손해사정사가 손해액이나 보험금을 사
정하는 것에 그치지 않고 주로 피해자를 대리하여 보험회사와 합의를
이끌어내는 업무를 하는 경우이다. 이에 관해서 우리 대법원은 일찍부
터 이러한 행위는 손해사정사의 업무 범위를 벗어나는 것이라고 보았
다. 구체적인 판시 내용은 이와 같다. 손해사정인이 그 업무를 수행함
에 있어 보험회사에 손해사정보고서를 제출하고 보험회사의 요청에
따라 그 기재 내용에 관하여 근거를 밝히고 타당성 여부에 관한 의견
을 개진하는 것이 필요할 경우가 있다고 하더라도 이는 어디까지나 보
험사고와 관련한 손해의 조사와 손해액의 사정이라는 손해사정인 본
래의 업무와 관련한 것에 한하는 것이고, 여기에서 나아가 금품을 받
거나 보수를 받기로 하고 교통사고의 피해자 측을 대리 또는 대행하여
보험회사에 보험금을 청구하거나 피해자 측과 가해자가 가입한 자동
차보험회사 등과 사이에서 이루어질 손해배상액의 결정에 관하여 중
재나 화해를 하도록 주선하거나 편의를 도모하는 등으로 관여하는 것
은 위와 같은 손해사정인의 업무범위에 속하는 손해사정에 관하여 필
요한 사항이라고 할 수 없다는 것이다.[62]

이외에 손해사정사의 입장에서 가장 큰 현안은 손해사정사를 규
율하는 독립한 법률을 제정하는 것이라고 할 수 있다.[63] 그러나 손해
사정사를 독립한 법률로 규율하는 것이 손해사정사의 공정성 제고라

---

62 대법원 1994. 5. 10. 선고 94도563 판결, 대법원 2000. 6. 19. 선고 2000도
1405 판결 및 대법원 2001. 11. 27. 선고 2000도513 판결.
63 국회의원 이명수, "손해사정사의 공정성 제고를 위한 정책토론회 자료집"(2015.
5. 14.) 참조.

는 정책목표와 반드시 직결되는 요청은 아니라는 점에서, 위와 같은 손해사정사법 제정 움직임은 결국 손해사정사 및 한국손해사정사협회의 위상 강화에 그 실질적인 목적이 있는 것으로 볼 수밖에 없다. 손해사정사 및 한국손해사정사협회의 위상 강화가 국민의 권리구제나 사법접근권을 더 충실하게 보장하는 첩경이 될 수 있을 것인지는 의문이다.

## 제 8 절   공인중개사 제도의 연혁과 현황

### 1. 공인중개사 제도의 연혁

#### 가. 복덕방 시기

1983년 「부동산중개업법」이 제정되기 전까지는 부동산 거래를 중개하는 자의 지위를 직접 규율하는 법률은 존재하지 않았다. 이 시기의 부동산 거래는 이른바 '복덕방(福德房)'이라는 민간업자들이 주도하였으나, 특별한 자격이나 요건을 필요로 하지 않았으므로 누구나 부동산 거래를 중개할 수 있었다. 이러한 '복덕방'은 고려시대 이후 상거래의 발달과 함께 생겨난 '객주(客主)'와 '거간(居間)'에서 그 기원을 찾아볼 수 있다. 객주는 인적·물적 설비를 구비하고 중간거래자의 지위에서 매도자와 구매자 사이의 거래를 성립시키는 업을 하는 자로서 객상주인(客商主人)이라고 불렸다. 이들은 오늘날의 위탁매매업자에 해당한다고 볼 수 있다. 이들 객주 중에서 중간매수자의 지위에 나아가지 아니하고 단지 다른 사람 사이의 거래가 성사되도록 조력하는 업(業)을 거간이라고 불렀으며, 이 거간을 업으로 하는 자를 거간중매군(居間仲買群)이라 하였다. 거간은 취급하는 상품에 따라 포목거간(布木居間)·양

사거간(洋絲居間)·우거간(牛居間)·금전거간(金錢居間)·가거간(家居間)·
가쾌(家儈) 등으로 나뉘는데, 이 가운데 조선 중기 이후부터 본격화된
가거간과 가쾌가 바로 복덕방의 전신이라고 할 수 있다. 가거간은 집
과 토지를 비롯한 부동산의 매매·임차 및 전당 등을 주로 중개하였고,
이에 종사하는 사람을 집주름이라 불렀다. 1900년대 초에 많이 사용된
'가쾌'는 대도시, 특히 서울과 평양 등에서 집주름을 칭할 때 쓰였던
말로, 이 가쾌들이 모여 사무실을 차린 것이 이른바 '복덕방'이었다. 복
덕방은 일종의 거간업으로, 조선 말기만 하더라도 100여 개의 복덕방
과 500여 명의 가쾌가 존재하였다고 한다. 복덕방을 경영하는 집주름
들이 난립하게 되자 1890년에는 이를 규제하기 위한 「객주거간규칙(客
主居間規則)」이 제정되었다. 이 규칙은 당시 한성부(漢城府)에 한하여 거
간 허가제도로 실시되다가 1910년 이후 자유화되었다. 8·15광복 이후
'복덕방'은 서울·부산·대구 등 주로 대도시에 편재되어 있었으며, 중
소도시나 농촌에서는 주로 사법대서사나 이장이 복덕방 업무를 보았다.
당시는 신규주택이 별로 없었기 때문에 기존주택의 매매 및 전세·월
세, 점포의 임대차, 임야 매매 등의 중개를 주로 하였다. 1960년대 초
부터 전국 각지에서 경제개발계획이 강력히 추진되었는데 특히 서울
은 각종 도시개발계획에 의하여 다양한 용도의 택지와 주택 수요가 늘
어남으로써 '복덕방' 역할이 증대되기 시작하였다. 1961년 제정된 「소
개영업법」과 「소개영업시행령」에 의하여, '복덕방'은 관할관청에 신고
만 하면 영업을 할 수 있었다. 대체로 1960년대 전반에는 서울지역의
택지 및 근교의 토지가 주거래 대상이었고, 1960년대 후반에는 서울뿐
아니라 전국 대도시와 근교의 논밭·임야, 그리고 단독주택과 공업단
지 후보지가 대종을 이루었다. 비록 당시 '복덕방' 대부분이 영세하였
지만, 부동산 유통에 중요한 사회적 기능을 담당하였다. 1970년대에
들어서면서, 정부 주도의 각종 건설계획에 힘입어 '복덕방'도 대규모화

하였다. 젊은 대학 출신자들이 대거 영입되어 부동산에 관한 법률지식
과 신속한 정보망을 갖추고 빠른 기동력과 막대한 자금 동원력을 바탕
으로, '복덕방'은 주식회사 형태로 발전되어 갔다. 이와 같은 '복덕방'의
확대·발전과 동시에 '복덕방'은 투기조장, 가격조작, 과다경쟁 및 불건
전한 거래 유발과 선의의 피해자 발생 등 다양한 사회문제를 지속적으
로 유발하였다. 특히 1970년대 후반 고도성장 여파로 유래 없는 부동
산 가격 급등현상이 일어났는데, 이는 곧바로 부동산투기 붐으로 이어
졌고 중개행위과정에서 각종 불순사례가 속출하였다. 이로 인하여 '복
덕방'은 하나의 사회문제로 등장하였다. 사회의 지탄을 받아온 복덕방
영업을 규제할 필요성이 증가함에 따라 1984년 4월부터 「부동산중개
업법」이 시행되었다.[64]

## 나. 「부동산중개업법」 시기

1983. 12. 30. 법률 제3676호로 제정되어 1984. 4. 1.부터 시행에
들어간 「부동산중개업법」은 중개업의 정의를 '일정한 수수료를 받고 제
3조의 규정에 의한 중개대상물에 대하여 거래당사자간의 매매·교환·임
대차 기타 권리의 득실·변경에 관한 행위의 알선·중개를 업으로 하는
것'으로 규정하고(제2조 제1호), 이와 같은 중개를 업으로 하고자 하는
자에 대해서는 '허가제'를 시행하되, 중개업자의 자격에 대해서는 특별
한 제한을 두지 아니하였다. 즉, 중개업을 하고자 하는 자는 영업소를
두고자 하는 지역을 관할하는 허가관청 — 군수나 구청장, 구(區)가 설
치되지 아니한 시의 경우에는 시장 — 의 허가를 받도록 하였다(제4조
제1항). 그러나 중개업의 허가 조건으로는 사회생활 및 대인관계에 있
어서의 신뢰도·정직성 등을 참작하되, 그 허가기준 등에 관하여 필요
한 사항은 대통령령으로 정하도록 하여(제5조), 법률에서는 추상적인

---

64 한국학중앙연구원, 『한국민족문화대백과』(http://terms.naver.com/entry.nhn?
   docId=576878&cid=46634&categoryId=46634) 참조(2017. 10. 15. 최종방문).

기준만을 규정하고 실질적인 허가 조건은 모두 하위 법령에 위임하는 형식을 취하였다. 이 제정 부동산중개업법에 따라 시행된 부동산중개업법시행령(1984. 4. 21. 대통령령 제11416호로 제정된 것) 제4조는 중개업 허가 기준을 다음과 같이 규정하였다. 허가관청은 일정한 지역을 지정하여 중개업의 허가를 제한할 수 있었는데, 허가 제한의 요건으로는 ① 중개업자의 영업소가 일정지역에 밀집되어 부동산투기를 조장하거나 거래가격을 조작하는 등 부동산거래질서를 현저히 문란하게 할 우려가 있다고 인정되는 경우, 또는 ② 중개업자의 영업소가 공동주택지역 및 그 인접지역에 편중되어 주거기능의 유지에 현저히 지장을 초래할 우려가 있다고 인정되는 경우의 두 가지를 규정하였다(위 시행령 제4조 제1항). 이러한 요건에 해당하여 허가관청이 중개업 허가를 제한하는 지역으로 지정하고자 하는 경우에는 제한할 지역과 제한사유를 명시하여 허가관청의 게시판과 당해 지역의 읍·면·동사무소의 게시판에 이를 공고하고, 이를 지체 없이 서울특별시장·직할시장·도지사에게 보고하도록 하였다(위 시행령 제4조 제2항). 그러나 허가제한지역이라고 하여 허가가 금지되는 것은 아니고 일정한 요건을 갖춘 경우에는 중개업을 허가받을 수 있었다. '금지의 예외적 해제'라는 '강학(講學)상 의미의 허가'에 충실한 법제를 도모한 것이라고 할 수 있다. 허가 제한지역 내에서 중개업 허가신청이 있는 경우에는 내무부령이 정하는 바에 의하여 일정기간 허가신청된 것을 모아서 다음의 순위에 따라 적정하다고 인정하는 중개업자의 수를 고려하여 적격자에게 허가를 하도록 하였다. 허가 순위는 ① 법인, ② 공인중개사로서 연령이 40세 이상이고, 부동산중개업 경력이 3년 이상이며, 허가관청이 관할하는 지역에 허가신청일 현재 계속하여 3년 이상 거주한 자, ③ 공인중개사로서 연령이 30세 이상이고, 부동산중개업 경력이 1년 이상이며, 허가관청이 관할하는 지역에 허가신청일 현재 계속하여 1년 이상 거주한 자,

④ 공인중개사, ⑤ 연령이 40세 이상인 자로서 부동산중개업 경력이 1년 이상이고, 허가관청이 관할하는 지역에 허가신청일 현재 계속하여 1년 이상 거주한 자, ⑥ 연령이 40세 이상인 자로서 부동산중개업 경력이 1년 이상이거나 허가관청이 관할하는 지역에 허가신청일 현재 계속하여 1년 이상 거주한 자, ⑦ 연장자의 순서에 따르도록 하였다. 다만, 선순위에 해당하더라도 법 제5조가 규정하는 허가요건 즉, 사회생활 및 대인관계에 있어서의 신뢰도 및 정직성 등에 흠이 있다고 인정되는 자에 대하여는 허가를 하지 아니할 수 있도록 하였다(위 시행령 제4조 제3항 단서).

제정 「부동산중개업법」에서 부동산 거래 등을 중개할 수 있는 자격요건에 관한 규율태도를 보면, 공인중개사라는 국가자격제도를 시행하되, 공인중개사라는 자격사에게 독점적인 중개인 지위를 부여한 것이 아니라 그와 같은 자격을 보유하지 아니한 일반인이라 하더라도 일정한 요건 하에 부동산중개업을 영위하도록 한 점이 특징적이라고 할 수 있다. 이러한 입법태도는 오랜 역사를 가진 중개인의 연혁적 특성을 고려할 때 일시에 국가면허제도로 전환하는 경우에 발생하게 될 사회적 혼란이나 중개업자들의 집단적 저항을 고려하여 제도 시행 초기에는 공인중개사 자격이 없더라도 부동산중개업을 영위할 수 있도록 길을 열어 두되, 점진적으로 공인중개사 자격을 취득하도록 유도하기 위함이었을 것이다. 부동산중개업 허가에 있어서 공인중개사를 의무적으로 소속시키도록 되어 있는 중개법인 — 위 「부동산중개업법」 제6조 제3항 및 같은 법 시행령 제5조에 따라 부동산중개법인에는 반드시 2인 이상의 공인중개사가 임원에 포함되어야 하였다 — 이나, 공인중개사에게 우선순위를 부여한 점 및 중개업자의 영업지역에 제한을 두어 법인 및 공인중개사인 중개업자의 영업지역은 전국으로 하되, 법인이나 공인중개사가 아닌 중개인의 영업지역은 당해 영업소가 소재하는 구가 설치되지 아니한 시 및 군과 구의 관할구역으로 제한하여, 그 관할구역 안에 있는 중개대상물에 한하여 중개행위를 할 수 있도록 제한한 점(법 제9조)은 바로 이와 같은 정책적 의도를 드러낸 것으로 볼 수 있다.

제정 「부동산중개업법」이 중개행위에 관한 업무를 보조하게 하기 위하여 중개보조인을 둘 수 있도록 하되(제6조 제1항), 중개보조원의 업무상 행위는 그를 고용한 중개업자의 행위로 의제하도록 하는 조항(제6조 제5항)까지 두고 있었던 점 역시 종래 특별한 자격 없이도 부동산중개를 업으로 영위하였던 연혁을 제도적으로 반영하고자 한 입법자의 의도에서 비롯된 것이라고 볼 수 있다. 다만, 중개보조인의 수를 대통령령으로 제한할 수 있도록 규정한 점(제6조 제2항)이나, 중개업자로 하여금 중개보조원을 고용하거나 해고한 때에는 허가관청에 신고하도록 의무를 부과한 점(제6조 제4항)은 부동산중개업에 관한 국가면허 제도를 확립하여 부동산 중개 질서를 확립하고자 한 입법 목적이 반영된 결과라고 할 수 있을 것이다.

부동산중개업에 대한 허가제도는 1999. 3. 31. 법률 제5957호로 일부 개정하면서 등록제로 전환되었다. 즉, 위 개정으로 중개법인 또는 공인중개사로서 중개업을 하고자 하는 자는 중개사무소 — 법인의 경우에는 주된 사무소를 말한다 — 를 두고자 하는 지역을 관할하는 군수나 구청장, 구(區)가 설치되지 아니한 시의 경우에는 시장에게 중개사무소의 개설등록을 하도록 변경되었다(제4조). 등록에 관한 구체적 내용은 대통령으로 정하도록 위임되었으나, 이에 따른 「부동산중개업법시행령」에서는 중개법인에 대해서만 ⅰ) 자본금이 5천만원 이상일 것, ⅱ) 사업목적은 중개업만으로 한정할 것, ⅲ) 임원 중 반수 이상이 공인중개사이어야 하고, 임원 모두가 최소한 중개인일 것, ⅳ) 임원이 중개업을 영위하기 위한 법 소정의 사전 교육을 이수하였을 것, ⅴ) 건축법상 사무실로 사용하기에 적합한 사무실을 중개사무실로 구비할 것 등을 요건으로 하였을 뿐, 법인이 아닌 공인중개사의 경우에는 위의 요건 중 사전 교육 이수와 사무실 요건만을 요구하였을 뿐이다(위 시행령 제5조). 이러한 등록제로의 전환은 본격적으로 중개업 자격사 시대가 시작되었음을 의미한다. 즉, 중개법인이나 공인중개사가 아닌 중개업자에 대해서는 이러한 등록제가 적용되지 않았기 때문에 종전과 마찬가지로 허가제가 적용된다고 볼 수 있으나, 사실상 신규 허가를 하지 않는 방법으로 종래 중개업허가를 받은 경우를 제외한다면 실질적으로 공인중개사 또는 중개법인만이 중개업을 영위할 수 있는 제도로 변경된 것이라고 볼 수 있는 것이다.

한편, 위 1999. 3. 31. 법률 제5957호 일부 개정에서는 중개법인의 업무범위에 관하여 새로운 내용도 신설하였다. 즉, 중개법인은 원칙적으로 중개업만을 목적으로 해야 하지만, ⅰ) 다른 법률의 규정이 있는 경우, ⅱ) 상업용 건축물 및 주택의 임대관리 등 부동산의 관리대행, ⅲ) 부동산의 이용 및 개발에 관한 지도 및 상담, ⅳ) 중개업자를 대상으로 한 중개업의 경영기법 및 경영정보의 제공, ⅴ) 기타 중개업에 부수되는 업무로서 대통령령이 정하는 업무도 수행할 수 있도록 변경된 것이다(제9조의2). 이에 따라 개정된 「부동산중개업법시행령」 제19조의2는 중개법인이 수행할 수 있는 업무로 ⅰ) 주택건설촉진법상 사업계획승인대상이 아닌 주택 및 상가 또는 주택건설촉진법의 규정에 의한 입주자모집결과 신청자 수가 공급하는 수에 미달하는 경우의 주택 및 상가의 분양대행, ⅱ) 경매 또는 공매대상 부동산에 대한 권리분석 및 취득의 알선, ⅲ) 중개의뢰인의 의뢰에 따른 도배, 이사업체의 소개 등 주거이전에 부수되는 용역의 알선을 규정하였다.

중개법인의 업무 범위는 2000. 1. 28. 법률 제6236호로 일부 개정되면서 다시 한 번 확대된다. 즉, 종래 시행령에서 부수업무로 취급되던 경매 또는 공매대상 부동산에 대한 권리분석 및 취득의 알선 업무

가 새롭게 중개법인이 취급할 수 있는 업무로 법률에 추가되었다(제9
조의2 제6호). '권리분석'이라는 법률사무가 중개업무의 주된 한 부분으
로 편입되게 된 계기가 바로 이 개정을 통해서라고 할 수 있다.

　다.「공인중개사의 업무 및 부동산 거래신고에 관한 법률」시기

　「부동산중개업법」은 2005. 7. 29. 법률 제7638호로 전부 개정되면
서 명칭도「공인중개사의 업무 및 부동산 거래신고에 관한 법률」로 변
경되어 2006. 1. 30.부터 시행되게 되었다. '부동산투기 및 탈세의 원인
이 되고 있는 이중계약서 작성을 금지하고 실거래가격에 기초하여 과
세가 이루어지도록 하기 위한 제도적 장치를 마련하는 한편, 투명하고
공정한 부동산 거래질서를 확립하여 국민의 재산권을 보호하려는 것'
으로 되어 있는 전부 개정안의 개정이유와 개정 법률의 명칭에서 드러
나듯이, 위 전부개정된 법률에서는 거래당사자 또는 중개업자가 매매
에 관한 거래가 성립되어 거래계약서를 작성한 때에는 실제 거래가격
등 거래계약의 내용을 시장·군수 또는 구청장에게 신고하도록 하는
부동산거래 신고제가 도입되었다(제27조). 부동산거래 신고에 관한 부
분을 제외한 나머지 부동산중개업에 관한 개정사항을 보면, 공인중개
사 또는 법인이 아닌 자는 중개사무소의 개설등록을 신청할 수 없도록
한 것이 가장 큰 특징이다(제9조 제2항). 1999. 3. 31. 법률 제5957호로
일부 개정된「부동산중개업법」에서 최초로 중개업 등록제를 도입하였
을 당시에는 공인중개사 또는 법인이 아닌 자라 하더라도 중개업을 영
위하는 것이 법률상으로는 불가능하지 않게 되어 있었다(1999. 3. 31. 법
률 제5957호로 일부 개정된「부동산중개업법」제4조). 그러나 위 개정 법률
시행 이후 7년 가까이 경과한 시점에서는 더 이상 공인중개사나 법인
이 아닌 자의 중개업을 허용하여야 할 현실적 필요성이 사라졌다고 판
단한 것으로 보인다. 한편 중개업자의 업무 범위에 '「민사집행법」에
의한 경매 및「국세징수법」그 밖의 법령에 의한 공매대상 부동산에

대한 권리분석 및 취득의 알선과 매수신청 또는 입찰신청의 대리' 업무가 추가된 것도 이 개정 법률부터이다. 이 개정 전까지는 위와 같은 업무는 중개법인만이 취급할 수 있는 업무에 해당하여, 법인이 아닌 중개업자는 이를 취급할 수 없었던 것이 위 개정 이후부터는 모든 중개업자가 다 취급할 수 있는 업무로 변경된 것이다. 권리분석 업무는 경매나 공매 절차에서 매우 중요한 법률사무에 해당하는데, 이렇듯 중요한 법률사무가 별다른 검토나 사회적 여론 수렴절차도 없이 공인중개사의 업무 영역에 편입되게 된 것이다. 이러한 입법 방식은 특정 자격사의 직역을 확장하기 위한 것이라는 비판을 받기에 충분하다고 할 수 있다. 위 개정 이후에는 2014. 1. 28. 법률 제12374호「공인중개사법」으로 일부 개정되어 2014. 7. 29. 시행되기까지 공인중개사나 중개법인의 업무 범위와 관련해서는 별달리 중요한 개정이 이루어지지 않았다.

### 라.「공인중개사법」시기

2014. 1. 28. 법률 제12374호「공인중개사법」은 종전의 법률과 다른 명칭을 사용함에도 불구하고 일부개정의 형식을 취하였다. '공인중개사 제도는 1985년 시행된 이후 안정적인 전문자격사 제도로 확립되어 왔으나 변호사·공인회계사·공인노무사 등과 달리 별도의 근거 법률이 없고, 해당 법률의 용어도 중개업자 등의 일본식 표현이나 그 밖의 부적절한 표현이 사용되고 있는 실정'이라는 개정안의 제안이유에서 알 수 있듯이 위 개정의 주된 목적은 공인중개사를 변호사·공인회계사·공인노무사 등 다른 자격사와 대등한 지위의 자격사로 자리매김하기 위한 것에 있었다고 볼 수 있다. 부동산거래 신고에 관한 부분은 모두 다른 법률을 제정하여 규율하는 것으로 하여「공인중개사법」은 오로지 공인중개사에 관한 내용만을 규율하는 것으로 변경되었다. '중개업'이라는 용어가 완전히 사라진 것은 아니었으나, '중개업자'라는

용어는 '개업공인중개사'라는 용어로 변경되었으며(제2조 제4호, 제5호, 제6호 등), 중개사무소를 설치할 수 있는 주체도 '중개업자'에서 '개업공인중개사'로 변경되었다(제13조). 그러나 이는 명칭의 변경에 불과할 뿐, 실질적으로 공인중개사나 법인이 아니면 중개사무소를 개설할 수 없도록 제한하는 입법정책은 이미 2005. 7. 29. 법률 제7638호로 전부개정된 「공인중개사의 업무 및 부동산 거래신고에 관한 법률」이 시행되면서부터 시작된 것이다.

## 2. 현황과 문제점

2000년대에 접어들면서 비약적으로 업무 영역을 확대시킨 공인중개사 업무 영역의 경우 최근에는 공인중개사의 업무 영역 중 법률업무적 성격을 갖는 업무에 대한 변호사들의 진출 시도가 눈에 띄는 양상이라고 할 수 있다. 주로 법조 경력이 비교적 오래지 않은 신진변호사들을 중심으로, 부동산 중개업무 중에서도 법률업무의 성격을 갖는 업무를 취급하려는 시도가 생겨나고 있는 것이다. 이에 따라 현재의 실무에서는 변호사가 공인중개사로 등록을 하지 않고서 부동산 중개업무를 취급하는 경우를 부동산중개업법 위반으로 볼 수 있는지 여부가 중요한 이슈가 되고 있다. 변호사들의 이와 같은 시도는 공인중개사가 취급하는 업무 중에는 권리관계의 확인을 비롯하여 법률업무적 속성의 업무가 포함되어 있고, 이러한 법률업무에 관한 한 변호사는 아무런 제한 없이 법률업무를 취급할 수 있으므로 구태여 공인중개사법에서 요구하는 자격요건을 구비하거나, 등록 등의 업무개시 요건을 구비하지 않더라도 변호사 직무 수행의 일환으로 당연히 공인중개사의 직무를 수행할 수 있다는 관점을 바탕으로 한 것이다.

이에 관해서는 과거 대법원 판례에서 변호사라고 하더라도 공인중개사로 등록하지 않은 채 공인중개사의 업무를 수행할 수는 없다고 판시한 사례가 있으며, 최근에는 법무법인의 권리관계 확인 법률서비스 제공이 공인중개사법 위반이라는 이유로 형사 기소가 된 사건이 있었다.

변호사가 공인중개사 등록을 하지 않은 채 부동산중개업을 영위할 수 있는지 여부에 관하여 대법원은 부정적인 입장을 취하였다. 즉, 변호사법 제3조에서 규정한 법률사무는 거래당사자의 행위를 사실상 보조하는 업무를 수행하는 데 그치는 구(舊)「부동산중개업법」(2005. 7. 29. 법률 제7638호「공인중개사의 업무 및 부동산 거래신고에 관한 법률」로 전문 개정되기 전의 것) 제2조 제1호 소정의 중개행위와는 구별되는 것이고, 일반의 법률사무에 중개행위가 당연히 포함되는 것이라고 해석할 수 없다고 판단한 것이다. 이와 같은 법리는 구(舊) 부동산중개업법이 중개업자에게 부동산중개와 관련하여 매매계약서 등을 작성하거나 중개대상물에 대한 확인·설명의무를 부과하고 있기 때문에, 부동산중개업자가 중개업무와 직접적으로 연관관계에 있고 구(舊) 부동산중개업법에서 부과한 작위의무를 이행하는 과정에서 변호사의 직무와 일부 관련이 있는 위와 같은 업무를 행할 수 있다고 하여 달리 볼 것은 아니라고 판시하면서, 변호사의 직무에 부동산중개행위가 당연히 포함된다고 해석할 수도 없고, 변호사법에서 변호사의 직무가 구(舊)「부동산중개업법시행령」(2002. 12. 26. 대통령령 제17816호로 개정되기 전의 것) 제5조 단서 소정의 '다른 법률의 규정'에 해당한다고 명시한 바도 없으므로, 변호사는 구(舊)「부동산중개업법」(2005. 7. 29. 법률 제7638호「공인중개사의 업무 및 부동산 거래신고에 관한 법률」로 전문 개정되기 전의 것) 제4조 제1항, 제4항, 같은 법 시행령 제5조에 규정된 중개사무소개설등록의 기준을 적용받지 않는다고 할 수는 없다고 판단한 것이다.[65]

이 판례는 판시사항 중 '변호사의 직무는 법률사건에 관한 법률사

65 대법원 2006. 5. 11. 선고 2003두14888 판결.

무를 행하는 것으로서, 법률상의 권리·의무에 관하여 다툼 또는 의문이 있거나 새로운 권리의무관계의 발생에 관한 사건 일반에 관하여, 그 분쟁이나 논의의 해결을 위하여 법률상의 효과를 발생, 변경 또는 보전하는 사항을 감정·대리·중재·화해·청탁·법률상담 또는 법률관계 문서작성 및 당사자를 조력할 수 있는 기타의 방법 등으로 처리하는 것'이라는 부분 때문에 종종 비판의 대상이 되어 왔다. 즉, 대법원은 변호사가 취급할 수 있는 법률업무는 법률사건을 전제로 하는 것이라는 입장을 취하여 '법률상의 권리·의무에 관하여 다툼 또는 의문이 있거나 새로운 권리의무관계의 발생에 관한 사건 일반에 관하여, 그 분쟁이나 논의의 해결을 위하여 법률상의 효과를 발생, 변경 또는 보전하는 사항을 처리하는 것'을 변호사가 취급할 수 있는 법률업무라고 본 것이다.

　　그러나 변호사법상 변호사의 업무는 크게 법률사건과 법률사무로 구별되고, 여기서 법률사무는 법률사건을 전제로 하는 것은 아니다. 대법원의 위와 같은 판시는 변호사법의 이와 같은 체제를 제대로 짚어 내지 못한 오류가 있다. 그러나 이 판례에 대해서는 다른 측면에서도 간혹 그 취지를 오해하여 초점이 빗나간 비판이 제기되기도 한다. 대표적으로 '부동산중개와 관련하여 매매계약서 등을 작성하는 행위가 변호사의 직무가 아니라는 것은 도무지 이해할 수 없는 결론이다'라는 비판66이 대표적인 오해의 예이다. 이러한 비판은 중개업자가 부동산중개와 관련하여 매매계약서 등을 작성하거나, 중개대상물에 대한 확인·설명의무를 부담하는 것은 법률업무의 성격을 가지고, 변호사는 일반적·포괄적으로 법률업무를 취급할 수 있는 권한을 가지므로 위와 같이 매매계약서 등을 작성하거나 중개대상물에 대한 확인·설명의무를 이행할 수 있다는 관점을 전제로 하는 것이다. 위 비판에서 매매계

---

66 최승재, "변호사법 제3조의 해석과 변호사의 직무범위에 대한 연구", 「변호사」 제47집(2015), 서울지방변호사회, 352면.

약서를 작성하거나 중개대상물에 대하여 부담하는 확인·설명의무가
법률업무의 속성을 갖고 있다는 기본적인 전제는 타당하다. 그러나 위
대법원 판시의 취지는 매매계약서를 작성하는 것 자체가 법률업무가
아니라고 부정하는 것이 아니다. 위에서 인용한 대법원 판시의 두 번
째 부분에서 대법원은 '매매계약서의 작성이나 중개대상물에 대하여
부담하는 확인·설명의무는 법률사무적 속성을 갖고 있고, 이에 따라
공인중개사가 수행하는 직무 중 일부가 법률사무의 성격을 갖는다고
할 수 있으나, 그러한 사정만으로 곧바로 변호사의 법률사무 속에 중
개행위가 당연히 포함되는 것은 아니'라는 입장을 명확하게 밝히고 있
다. 즉, 매매계약서의 작성이나 중개목적물에 대한 확인·설명의무는
법률업무에 해당하나, 그렇다고 해서 공인중개사의 중개행위가 변호사
의 법률업무에는 해당하지 않는다는 것이 위 대법원 판시의 입장인 것
이다. 이러한 대법원 판시의 취지는 법률업무 중에서도 법률상의 권리
·의무에 관하여 다툼이 있거나, 의문이 있거나 혹은 새로운 권리·의
무 관계를 창설하는 내용의 사무라야 비로소 변호사의 직무 범위에 속
하는 법률업무에 해당하는 것이고, 그와 같이 파악하는 근거는 변호사
법상 법률업무는 법률사건을 전제로 하는 것이라고 보기 때문이다. 이
러한 판시의 취지를 오해하고 마치 위 판시가 매매계약서를 작성하는
사무는 변호사가 취급할 수 있는 법률업무가 아니라고 판단한 것처럼
비판하는 것은 옳지 않다. 이러한 비판이 오해에서 비롯된 것이라는
점은 대법원이 다른 사례에서 '상가의 분양 및 임대에 관하여 분쟁이
발생한 이해관계인들 사이에 화해, 합의서, 분양계약서의 작성 및 등
기사무 등을 처리한 것이 변호사법 제90조 제2호 소정의 기타 일반의
법률사건에 관하여 법률사무를 취급한 것에 해당한다'고 판시한 점을
보더라도 명백하다고 할 수 있다.[67] 즉 위 대법원 판시에 의하더라도

---

[67] 대법원 1998. 8. 21. 선고 96도2340 판결.

매매계약서의 작성이 법률사무의 성격을 갖는 한 이는 당연히 변호사가 취급할 수 있는 업무범위에 속하는 것이다.

　위와 같이 위 대법원 판시에 대한 오해에서 비롯된 비판은 정당한 비판이라고 할 수 없겠으나, 그렇다고 해서 위 대법원의 판시가 모든 면에서 타당하다고 볼 수 있는 것은 아니다. 앞에서도 지적한 바와 같이 위 판시의 근본적인 오류는 변호사의 직무 범위에 속하는 법률업무를 법률사건을 전제로 하여 파악하려는 입장에 있다. 확실히 변호사법 제109조의 문언만을 보면 대법원의 판시와 같이 해석할 여지가 있는 것은 사실이다. 즉, 변호사법 제109조 본문은 '변호사가 아니면서 금품·향응 또는 그 밖의 이익을 받거나 받을 것을 약속하고 또는 제3자에게 이를 공여하게 하거나 공여하게 할 것을 약속하고 다음 각 목의 사건에 관하여 감정·대리·중재·화해·청탁·법률상담 또는 법률관계 문서 작성, 그 밖의 법률사무를 취급하거나 이러한 행위를 알선'하는 행위를 처벌 대상 행위로 규정하면서, 각(各)목으로 여러 가지 법률사건의 유형을 나열하고 있다. 각목에 나열되어 있는 유형들은 모두 그 속성이 법률사건에 해당한다. 제109조 역시 '사건에 관하여' 일정한 행위를 하는 형식으로 규정하고 있으므로 결국 제109조의 모든 행위 양태는 기본적으로 '법률사건'을 전제로 하는 유형들이라고 할 수 있다. 따라서 제109조만 떼어서 생각한다면 변호사가 작성하는 법률관계 문서나 취급하는 법률업무는 모두 구체적 사건을 전제로 해당 사건에 관한 법률관계 문서 또는 법률업무라고 볼 수 있는 것이 사실이다. 그러나 변호사의 직무 범위에 관해서는 변호사법 제109조만이 규율하고 있는 것이 아니다. 변호사법 제109조는 변호사가 아니면 취급할 수 없는 법률업무를 변호사가 아닌 자[비(非)변호사]가 취급하는 경우에 이를 처벌하기 위한 구성요건 규정이다. 즉, 변호사가 수행할 수 있는 직무의 범위에 관하여 직접적으로 규율하고자 하는 내용이 아니라, 변호사가 아닌

자가 수행하는 경우에 형사처벌의 대상으로 규율하고자 하는 직무의
내용을 규정함으로써 간접적으로 변호사의 직무 범위를 보호하고자
하는 것이 위 제109조의 입법취지인 것이다. 그러므로 변호사의 직무
범위에 관하여 논할 때에는 위 제109조만을 대상으로 할 것이 아니라,
제3조를 함께 고려하여야 하는 것이다. 이러한 입장이 변호사의 직무
범위에 관한 일반적인 태도라는 점은 앞에서 이미 살펴보았다. 변호사법
제3조를 보면, 변호사는 당사자와 그 밖의 관계인의 위임이나 국가·지
방자치단체와 그 밖의 공공기관의 위촉 등에 의하여 소송에 관한 행위
및 행정처분의 청구에 관한 대리행위와 일반 법률사무를 하는 것을 그
직무로 한다고 규정하고 있다. 이에 따르면 변호사의 직무는 ① 소송
에 관한 행위·행정처분의 청구에 관한 대리행위와 ② 일반 법률사무
의 두 가지로 나뉘고, 이 중에서 '① 소송에 관한 행위·행정처분의 청
구에 관한 대리행위'가 법률사건에 해당하는 직무에 해당한다. 즉, 변
호사법 제3조에서 변호사의 직무로 규정하고 있는 '법률사건'과 '법률
사무'는 서로 등가(等價)적 관계로 규정되어 있을 뿐, '법률사건'이 '법
률사무'의 전제가 되는 형식으로 규정되어 있지 않은 것이다. 변호사법
제109조의 법률사무는 법률사건을 전제로 하는 반면, 제3조의 법률사
무는 법률사건을 전제로 하지 않는다. 제109조에 해당하는 법률사무를
변호사 아닌 자가 취급하는 경우에는 형사처벌의 대상이 되지만, 제
109조에 해당하지는 않으면서 제3조에 해당하는 법률사무를 변호사
아닌 자가 취급하는 경우에는 형사처벌의 대상이 되지는 않는다. 물론
거의 대부분의 법률사무는 법률사건을 전제로 할 것이므로 양자가 그
렇게 명확하게 준별되지는 않을 것으로 보인다. 이러한 관점에서 변호
사가 취급할 수 있는 법률사무는 법률상의 권리·의무에 관하여 다툼
이 있거나, 의문이 있거나 혹은 새로운 권리·의무관계를 창설하는 내
용의 법률사무여야 함을 전제로, 공인중개사의 중개행위는 변호사의 법

률사무에 속하지 않는다고 판단한 위 대법원 판시에는 변호사가 취급할 수 있는 법률사무의 범위에 관한 법리를 오해한 잘못이 있다고 할 수 있다. 이 연구에서 '법률사무'라는 용어 대신에 '법률업무'라는 용어를 주로 사용하고 있는 것도 위와 같이 '법률사건'과 '법률사무'를 대등한 요소로 파악하고 이 두 가지 요소를 모두 포섭하는 일반 범주로 '법률업무'라는 용어를 사용하기 위함이라는 점은 앞에서 이미 밝힌 바 있다.

물론 모든 중개행위가 다 변호사가 수행할 수 있는 법률업무의 범주에 속한다고 보는 관점 역시 중개행위의 속성을 정확하게 파악하지 않은 오류를 범하는 것이 된다. 중개행위란 법률행위의 주체가 되는 당사자들의 행위를 매개하는 역할을 하는 행위이다. 이러한 중개행위 중에는 위 대법원 판시가 지적하는 것처럼 당사자가 주도적으로 결정권을 행사하고 중개인은 다만 보조적인 행위를 함에 그치는 경우도 있을 것이나,[68] 경우에 따라서는 중개인이 주도적인 역할을 담당하고 당사자들은 중개인의 중개행위에 의존하여 형성된 법률관계의 효과를 수동적으로 받아들이는 지위에 놓이는 경우도 얼마든지 생각해 볼 수 있다. 거래에 있어서 공인중개사가 제공하는 중개대상물에 대한 권리관계 등의 확인·설명이 매우 중요한 요소를 차지하고, 해당 중개대상물에 대하여 문외한인 일반인으로서는 공인중개사가 파악한 중개대상물에 대한 권리관계 등의 확인·설명 내용에 거의 전적으로 의존하는 경우가 비일비재(非一非再)하기 때문이다. 이와 같이 속성상으로는 모두 중개행위로 포섭할 수 있는 행위라고 하더라도 그 실질에 있어서는 커다란 차이가 있는 여러 가지 다양한 양태의 유형들이 존재하는바, 이러한 다양한 양태의 중개행위를 모두 변호사의 직무 범위에 속하지 않는 범주라고 일반화시키는 것은 올바른 결론이라고 볼 수 없다. 이

---

68 보조적 역할에 그친다고 해서 이와 같은 업무를 변호사가 수행할 수 없다고 보는 관점도 수긍할 수 없는 점에서는 마찬가지이다.

러한 관점에서는 변호사도 중개행위 중 변호사의 직무 범위에 속하는 법률업무에 해당하는 중개행위를 할 수 있다고 보게 되는 것이다.

　　이러한 관점에서 최근, 변호사 조직체인 법무법인이 부동산 중개 대상물에 대한 권리관계 등의 확인·설명이라는 법률업무를 수행하고 보수를 받는 업을 영위함에 대하여 공인중개사법 위반으로 공소가 제기된 사건의 제1심에서 무죄판결이 선고된 점은 시사하는 바가 매우 크다고 할 수 있다.[69]

## 제 9 절  행정사 제도의 연혁과 현황

### 1. 행정사 제도의 연혁

#### 가. 일제 강점기

　　행정사는 다른 사람의 위임을 받아 '행정기관에 제출하는 서류의 작성, 권리·의무나 사실증명에 관한 서류의 작성, 행정기관의 업무에 관련된 서류의 번역'과 작성된 서류의 제출 대행, 인가·허가 및 면허 등을 받기 위하여 행정기관에 하는 신청·청구 및 신고 등의 대리, 행정관계 법령 및 행정에 대한 상담 또는 자문에 대한 응답, 법령에 따라 위탁받은 사무의 사실조사 및 확인 등의 업무를 수행하는 자격사로서, 일반행정사, 기술행정사, 외국어번역행정사로 구분한다.[70] 행정사라는 명칭 이전에는 행정서사(行政書士)라는 명칭을 사용했었는데, 행

---

69 국민참여재판으로 진행된 위 재판의 제1심에서는 무죄가 선고되었으나 항소심인 서울고등법원에서는 원심을 뒤집고 유죄판결을 선고하였다. 그러나 뒤에 언급하듯이 직업법관이 아닌 일반국민의 관점에서 해당 사건에 대하여 무죄가 선고되었다는 점은 매우 중요한 의의가 있다고 할 것이다.
70 행정안전부, 『2012 행정사제도 업무편람』(2012), 3면.

정사라는 명칭으로 개칭된 이후 업무범위가 확대되는 추세에 있다. 과거에는 행정사의 역할이 크게 주목을 받지 못하였으나, 최근 전직 장관 2인과 전직 청와대 비서관 1인이 행정사사무소를 개설하는 등 고위공직자 출신의 행정사사무소 개설로 사회적 주목의 대상이 되고 있으며, 행정사의 권한을 대폭 확대하는 내용의「행정사법」개정이 추진되고 있어 변호사단체와 대립하고 있기도 하다.

　　조선시대를 고려하지 않는다면, 행정서사의 연혁은 일제 강점기로 거슬러 올라간다. 이 시기는 일본에서 시행되는 제도를 우리나라에 의용(依用)하던 시기이므로 결국 우리나라 행정서사의 연혁은 일본 행정서사의 연혁과 궤를 같이한다고 볼 수 있다. 사법서사의 연혁에 관한 부분에서 살펴본 바와 같이 일본의 근대화 초기에는 아직 사법대서 업무와 행정대서 업무가 분화되지 않았다.「사법직무정제」법제에 따른 '대서인' 제도가 바로 이렇듯 사법대서와 행정대서가 분화되지 않은 시기에 법률문서를 대신 작성해 주는 업무를 담당하던 존재이다. 일본행정서사회연합회(日本行政書士会連合会)는 '대서인'은 위「사법직무정제」에 따라 행정기관이나 경찰서에 제출하는 서류도 작성할 수 있었으므로, 이 '대서인'을 행정서사의 기원이라고 보고 있다.[71] 우리나라에서도 1910. 9. 20. 조선총독부령 제7호로「대서업취체규칙(代書業取締規則)」이 시행되었다. 이 규칙에서는 다른 사람의 위탁을 받아 문서 작성을 대행하는 일을 업으로 하는 자를 대서업자라고 칭하고, 대서사무소를 관할하는 경찰서의 허가를 받도록 하였다. 이후 1938. 8. 26.「조선대서사취체규칙(朝鮮代書士取締規則)」이 공포되면서 비로소 행정대서에 관한 독자적인 규율이 이루어지기 시작했다. 이 규칙에서는 다른 법령에 규정되어 있는 경우를 제외하고 다른 사람의 촉탁을 받아 관공서에 제

---

71 https://www.gyosei.or.jp/information/introduction/consists.html 참조(2017. 6. 22. 최종방문).

출하는 서류나 그밖에 권리의무 또는 사실증명에 관한 서류를 만드는
일을 업으로 하는 사람을 대서사라고 칭하고(위 규칙 제1조), 대서업을
영위하려면 소정의 서류를 갖추어 사무소 소재지를 관할하는 경찰서
장의 허가를 받도록 하되, 도지사의 소관 업무인 광업, 건축, 토지측량
등의 대서사는 도지사가 정하는 기준에 따른 허가를 받도록 하였다(위
규칙 제2조). 이 규칙의 시행으로 종전에 시행하던 「대서업취체규칙」은
폐지되었다(위 규칙 부칙). 결국 대서사의 직무는 종전의 대서업자의 직
무 중 사법대서의 직무 등 다른 법률에서 특별한 규정을 두고 있는 경
우를 제외한 일반적인 행정관련 문서의 작성을 대행하는 업무를 취급
하는 것이라고 할 수 있었고, 그 자격요건은 종전의 대서업자의 자격
요건과 마찬가지로 특별한 선발절차 등을 요하지 아니하였음을 알 수
있다. 다만 건축에 관한 행정대서업자의 경우에는 허가에 앞서 시험을
실시한 경우도 있었던 것으로 보인다.72

### 나.「행정서사법」시기

미군정 치하에서 행정대서 또는 행정서사에 관하여 어떠한 규범
을 시행하였는지는 확인되지 않는다. 행정서사에 관하여 규율하게 된
대한민국 최초의 법률은 1961. 9. 23. 법률 제727호로 제정된 「행정서
사법」이다. 제정 「행정서사법」은 행정서사로 하여금 다른 법률에 특별
한 규정이 있는 사항을 제외하고 타인의 위촉을 받아 관공서에 제출할
서류 기타 권리의무 또는 사실증명에 관한 서류의 작성을 업무로 할
수 있도록 하고(제1조), 행정서사의 업무를 하려면, ① 허가관청이 시
행하는 시험에 합격한 자, ② 고등학교 이상을 졸업하였거나 문교부장
관이 동등 이상의 학력을 가진 것으로 인정하는 시험에 합격한 자로서

---

72 조선총독부 관보 1940. 5. 9.자(http://theme.archives.go.kr/next/gazette/list
   KeywordSearch.do?page=7&Q1=total&Q2=&Q3=&query1=%EB%8C%80%
   EC%84%9C&query2=&query3=&M1=&M2=&sdate=&edate=&OG=&TP
   =&researchKeyword=&listSize=&sort=10) 참조(2017. 10. 15. 최종방문).

행정기관에서 2년 이상 근무한 자, ③ 국가공무원으로서 5급의 직에 5
년 이상 근무하였거나 4급 이상의 직에 근무한 자, ④ 지방공무원으로
서 4급의 직에 5년 이상 근무하였거나 3급 이상의 직에 근무한 자, 또
는 ⑤ 사법서사의 자격이 있는 자 중에서 행정대서 사무소 소재지를
관할하는 서울특별시장 또는 도지사의 허가를 받도록 하였다(제2조 제1
항). 다만, 건축, 광업, 토지측량 또는 해사에 관한 행정서사의 업무를
행하고자 하는 자의 경우에는 실업고등학교 졸업 정도를 표준으로 하
는 시험에 합격하여야 하며, 건축, 광업, 토지측량 또는 해사를 전공과
목으로 하는 실업고등학교를 졸업한 자에 대하여는 각령(閣令)의 정하
는 바에 의하여 시험의 전부 또는 일부를 면제할 수 있도록 하였다(제
2조 제2항). 제정 「행정서사법」의 시행과 함께 「조선대서사취체규칙」과
「조선광업대서사취체규칙」은 폐지되었다(부칙 제2항). 이러한 제정 「행
정서사법」의 내용은 사실상 일제 강점기의 「조선대서사취체규칙」의
내용과 동일한 것으로서 대한민국의 독자적인 법제의 모습을 갖춘 것
이라고는 할 수 없는 수준이었다.

　　「행정서사법」은 1975. 12. 31. 법률 제2805호로 전부개정되었다.
전부개정된 법률 하에서 행정서사의 업무 범위는 기본적으로 종전과
동일하게 규율하되, 구체적인 업무의 내용과 범위는 대통령령으로 규
율하도록 위임하는 형식을 취하였다(제2조). 이에 따라 1976. 3. 27. 대
통령령 제8039호로 전부개정된 「행정서사법시행령」에서는 행정서사의
업무를, ⅰ) 타인의 위촉을 받아 행정기관에 제출하는 허가·인가·면
허·승인·등록·신고·확인신청이나 이의신청 또는 진정·건의·질의
기타 사실증명을 포함하여 행정기관의 특정행위를 구하는 의사표시
등에 관한 서류를 작성하는 업무, ⅱ) 타인의 위촉을 받아 호적과 관
련되는 서류를 작성하는 업무, ⅲ) 타인의 위촉을 받아 임대차계약서,
보증서 등 권리 의무에 관련되는 서류와 이력서를 작성하는 업무, ⅵ)

타인의 위촉을 받아 위 ⅰ)부터 ⅲ)에 의하여 작성된 서류의 제출을 대행하는 업무로 규정하였다(제2조). 한편 위 전부개정 법률에서는 행정서사의 종류를 그 관장하는 업무의 유형에 따라 일반행정서사, 외국어번역행정서사 및 해사에 관한 행정서사로 분류하였고, 각 유형별로 자격요건을 달리 규정하였다(제3조). '일반행정서사'는 ① 서울특별시장·부산시장 및 도지사가 시행하는 일반행정서사시험에 합격한 자, ② 국가 또는 지방공무원으로 5년 이상 근무한 경력이 있는 자, ③ 해사에 관한 행정서사의 자격이 있는 자, ④ 사법서사의 자격이 있는 자 중에서 대통령령이 정하는 바에 따라 관할 서울특별시장·부산시장 및 도지사의 허가를 받도록 하였다(제3조 제2항, 제5조). '외국어번역행정서사'는 ① 서울특별시장·부산시장 및 도지사가 시행하는 외국어번역행정서사시험에 합격한 자, 또는 ② 초급대학 이상의 학교에서 외국어를 전공하고 외국어 번역 업무에 5년 이상 종사한 경력이 있는 자 중에서 위와 같이 허가를 받도록 하였다(제3조 제3항, 제5조). '해사에 관한 행정서사'는 ① 서울특별시장·부산시장 및 도지사가 시행하는 해사에 관한 행정서사시험에 합격한 자, 또는 ② 국가 또는 지방공무원으로 해사업무에 5년 이상 근무한 경력이 있는 자 중에서 위와 같이 허가를 받도록 하였다(제3조 제4항, 제5조). 이러한 체제는 1995. 1. 5. 「행정사법」으로 법률의 명칭을 바꾸는 등 법률 제4874호로 「행정서사법」을 전부개정하기까지 이어진다.

### 다. 「행정사법」 시기

1995. 1. 5. 법률 제4874호로 전부개정된 「행정사법」은 행정사의 업무 범위를 ⅰ) 행정기관에 제출하는 서류의 작성 업무, ⅱ) 권리의무나 사실증명에 관한 서류의 작성 업무, ⅲ) 행정기관의 업무에 관련된 서류의 번역 업무, ⅳ) 위 ⅰ)부터 ⅲ)에 의하여 작성된 서류의 제출대행 업무, ⅴ) 인가·허가 및 면허 등 행정기관에 제출하는 신고·

신청·청구 등의 대리 업무, vi) 행정관계법령 및 행정에 대한 상담 또
는 자문 업무, vii) 법령으로 위탁받은 사무의 사실조사 및 확인 업무
로 대폭 확대하였다(제2조 제1항). 구체적인 업무의 범위를 대통령령에
위임하는 체제는 그대로 유지되었는데, 이에 따라 「행정사법시행령」에
서는 행정사의 업무를, ① 국가 또는 지방자치단체의 기관에 제출하는
진정·건의·질의·청원·이의신청과 호적에 관한 신고 등 민원사무에
관한 각종 서류를 작성하는 업무, ② 개인(법인포함)간 또는 국가나 지
방자치단체와 개인간의 각종 계약·협약·확약·청구 등 거래에 관한
서류 기타 권리관계에 관한 각종 서류 또는 일정한 사실 관계가 존재
함을 증명하는 각종 서류를 작성하는 업무, ③ 국가 또는 지방자치단
체의 기관에 제출하는 각종 서류를 번역하는 업무, ④ 다른 사람의 위
촉에 의하여 위 ①부터 ③에 의하여 행정사가 작성하거나 번역한 서류
를 위촉자를 대행하여 국가 또는 지방자치단체의 기관에 제출하는 업
무, ⑤ 다른 사람의 위촉을 받아 인가·허가·면허·승인 등 국가 또는
지방자치단체의 기관의 일정한 행위를 요구하는 일을 대리하는 업무,
⑥ 행정관계 법령 및 제도·절차 등 행정업무에 대하여 설명하거나 자
료를 제공하는 업무, ⑦ 법령으로 위탁받은 사무의 사실조사나 확인을
행하고 그 결과를 서면으로 작성하여 위탁한 자에게 제출하는 업무로
규정하였다(위 시행령 제2조). 행정사의 업무 범위의 변화 중 가장 중요
한 부분은 신고·신청·청구 등을 대리할 수 있게 된 부분과 행정관계
법령 및 행정에 대한 상담 또는 자문을 할 수 있게 된 부분이다. 전자
(前者)는 비록 행정처분의 취소나 변경 등 권리구제를 위한 청구까지
포섭하는 것은 아니지만 행정상 쟁송절차의 일부분을 대리할 수 있는
권한을 확보함으로써 장차 그 쟁송대리권을 더 확장시켜 나갈 수 있는
기반이 마련되었다는 점에서 중요한 의의를 갖는다. 후자(後者)는 단순
한 행정절차에 관한 정보 제공의 차원을 넘어서는 명백한 법률업무로

서 변호사가 아니면 취급할 수 없어야 하는 법률업무의 범주에 속하는
'행정관계법령에 관한 상담과 자문'업무가 행정사라는 변호사 인접 자
격사에게 허용되었다는 점에서 역시 중요한 의의를 갖는다. 이러한 업
무 영역의 확대가 실무상 어떤 문제를 초래하게 되었는지는 아래 현황
과 문제점 부분에서 살펴보게 될 것이다.

　　1995년에 전부개정되었던 「행정사법」은 불과 4년 만에 다시 한
번 전부개정의 변화를 겪게 된다. 1999. 5. 24. 법률 제5984호로 전부
개정된 「행정사법」이 바로 그것이다. 비록 형식은 전부개정이라는 거
창한 형식을 빌렸지만, 그 실질을 보면 행정사의 업무범위 등에 관해
서는 종전과 동일하게 규정하고 다만, 행정사시험이 면제되는 경력직
공무원의 경력 연한을 15년에서 10년으로 하향조정하는 등(제6조 참
조), 공무원경력자가 행정사가 될 수 있는 문호를 확대하는 것이 주된
내용이었음을 알 수 있다.

　　위 전부개정된 「행정사법」은 2011. 3. 8. 법률 제10441호로 다시
한 번 전부개정을 맞게 된다. 다른 자격사 관련 법률에 비하여 전부개
정의 빈도가 무척 잦은 것이 특징이지만, 종전의 전부개정과 마찬가지
로 이번의 전부개정 역시 행정사자격심의위원회를 새로 두도록 개정
된 부분 외에는 크게 달라진 내용이 없다고 할 수 있다. 이후의 개정
은 다른 법률이 개정됨에 따른 부수적 개정이거나, 자격시험에 관한
사항들의 부분적 개정으로서 행정사의 직무 범위에 관해서는 달라진
것이 없다.

## 2. 현황과 문제점

　　현재 시행하고 있는 「행정사법」상 행정사의 업무는 ⅰ) 행정기관
에 제출하는 서류의 작성 업무, ⅱ) 권리의무나 사실증명에 관한 서류
의 작성 업무, ⅲ) 행정기관의 업무에 관련된 서류의 번역 업무, ⅳ)

위 ⅰ)부터 ⅲ)에 의하여 작성된 서류의 제출대행 업무, ⅴ) 인가·허가 및 면허 등 행정기관에 제출하는 신고·신청·청구 등의 대리 업무, ⅵ) 행정관계법령 및 행정에 대한 상담 또는 자문 업무, ⅶ) 법령으로 위탁받은 사무의 사실조사 및 확인 업무로 되어 있다. 그런데 2016. 9. 13. 행정자치부에서 입법예고한 행정사법 일부개정 법률안은 위와 같은 행정사의 업무 범위에 더하여 ① 이의신청·심사청구 및 심판청구 업무 및 ② 법제 등에 대한 상담 또는 자문에 대한 응답 업무와, ③ 그 밖에 위 ⅰ)부터 ⅶ)까지의 업무를 수행하기 위하여 필요한 부수되는 업무를 추가하는 내용을 포함하고 있어 변호사단체의 거센 반발을 불러일으켰다. 즉, 대한변호사협회는 위와 같은 개정안에 대하여 '지금까지도 고위직 공무원 출신 행정사들은 전관예우를 받으며 민간과 정부부처 사이의 로비창구 역할을 한다는 비난을 받아왔는데, 행정사가 행정심판 대리까지 수행하게 되면 인적 관계에 기댄 불법 로비와 행정심판 비리가 판치게 될 것'이라고 비판하면서, '행정사는 변호사가 부족하던 시대에 국민의 권익을 보호하기 위해 도입된 한시적 성격의 제도로서 이제 그 효용을 다한 행정사는 오히려 폐지되어야 한다'라고 주장하였다. 대한변호사협회에서 내세운 구체적인 반대 논거로는, 행정사의 99.5%가 시험 면제자로 법률 전문성이 없는 행정사에게 행정심판을 대리할 수 있는 권한을 부여한다면 국민의 권리보호가 위태롭게 될 우려가 크고, 행정사와 변호사를 이중으로 선임해야 하기 때문에 법률비용이 증가하게 되며, 당사자의 이해관계가 첨예하게 대립하는 분쟁사건을 처리하는 경우에는 이러한 당사자 대립상황에 관한 기본적 직무윤리가 반드시 전제되어야 하는데, 행정사에게는 이러한 직무윤리가 정립되어 있지 아니하며, 행정사 제도 본래의 취지에 벗어나는 위헌적 개정이고, 행정사는 본래 행정청의 원활한 공무집행을 보조하기 위해 있는 직업이므로, 정상적 행정행위에 있어서는 국민의 편의를 위해 조력할 여지가 있으나 하자가 있는 행정행위 — 위법·부당한 행정행위 — 의 경우 전적으로 법률전문가가 다뤄야 할 영역이며, 행정청에서의 오랜 실무경험과 전문성을 가진 공무원들이 행정사 업계로 줄줄이 빠져나가 그 능력을 국민을 위한 공무수행이 아닌 사익을 취하는 데 활용할 가능성이 높아져서 직업공무원 제도를 위태롭게 할 우려가 있고, 특정인의 이익을 위해 국가를 상대로 대립하는 자가 국민에게 봉사하고 국가에 대해 복종의무를 지는 공무원만이 수령할 수 있는 연금을 받게 되는 것은 부당하며, 로스쿨을 통하여 많은 변호사가 배출되고 있는 현실에서 행정사에게 행정심판 대리를 허용할 사회적 필요성이 없고, 전직 고위관료들이 방대한 인·허가권을 쥔 행정부처와의 인맥을 이용해 "새로운 형태의 고급 로비스트"로 활동하게 될 우려가 있으며, 퇴임 공직자와 재직 공무원 간의 부정한 결탁으로 공무원의 청렴성이 무너지고 공무원 사회 기강이 해이해질 가능성이 매우 높아진다는 점을 들고 있다.[73] 그러나 대한변호사협회의 위 반대의견서에서 구체적으로 어떤 부분이 헌법에 위반된다는 것인지는 분명하지 않다. "법적으로 법률사무 권한을 부여받은 변호사가 있는데도 별도로 행정사에게 법률서류를 작성하고 사법절차를 진행할 수 있게 하는 이유가 무엇인지, 애초에 존재목적이 다른 자격사에게 법령의 정의와 위배되는 다른 사무를 할 수 있게 하는 것이 타당한지, 이에 대한 현실적인 부작용이나 괴리는 없는지 등에 관해 종합적이고 근본적인 검토가 이뤄져야 하는데, 단순히 행정사무의 수요가 많아지고 있다는 사실만으로 행정사 자격의 본질을 바꾸는 법 개정을 하는 것은 우회적인 법 제정으로 위헌적 요소가 다분하다"라는 것이 위 대한변호사협회 의

---

73 대한변호사협회 홈페이지(http://www.koreanbar.or.kr/pages/news/view.asp?teamcode=&category=&page=1&seq=7368&types=3&searchtype=contents&searchstr=%ED%96%89%EC%A0%95%EC%82%AC) 참조(2017. 10. 15. 최종방문).

견서 중 위헌적 개정이라는 부분에서 기술하고 있는 주장의 요지이다. 그러나 이러한 내용의 어느 부분이 헌법에 위반된다는 것인지는 명확하지 않다.

이와 같은 대한변호사협회의 반대의견은 결론에 있어서는 정당할 수 있겠지만, 제시하고 있는 논거가 치밀한 법리적 논리를 바탕으로 한 것이라기보다는, 변호사들의 직역을 침탈당한다는 위기의식이 강조된 나머지, 발생할 가능성이 있는 우려만을 지나치게 강조하고 있다는 인상을 주고 있다. 대한변호사협회의 반대 논리에 대해 일부 행정사 단체에서는 이번 행정사법 개정안은 시험 및 경력 행정사들로 구성된 '공인행정사협회'에서 기존 행정사 제도의 문제점을 개선하기 위하여 일본의 행정서사 제도 및 각국의 유사 제도 등을 면밀히 검토·연구하여 행정자치부에 건의하여 받아들여진 결과물로서, 노무사, 관세사, 세무사 등 다른 전문자격사에게도 행정심판 대리를 허용하고 있는 작금의 현실에 비추어 볼 때, 오히려 행정사에게만 행정심판 대리권을 인정하지 않는 것은 명백한 모순으로서, 개정안은 오히려 '비정상'적인 현실을 '정상화'한 것이라고 반박하였다.74 그러나 대한변호사협회의 의견서가 변호사의 직역 보호라는 관점만 지나치게 앞세운 것과 마찬가지로, 행정사 단체의 위 반박의견 역시 다른 자격사 제도가 행정심판 대리권을 인정하고 있으니 행정사에게도 행정심판 대리권을 인정해야 한다는 직역 확대 관점의 논리만 앞세우고 있다.

이 연구는 제2장 제3절에서 법무사 제도의 연혁을 살펴보면서 처음에는 서류 제출의 대행으로 시작해서 일정한 행위의 대리로 직역을 확장해 나가는 자격사 규율 법제의 문제점을 지적한 바 있다. 이러한 문제의식에 입각해서 살펴볼 때, 위 행정사단체가 인용하고 있는 현상

---

74 http://m.dailyjn.com/news/articleView.html?idxno=38937에서 인용(2017. 10. 15. 최종방문).

즉, '다른 자격사 제도가 행정심판의 대리권을 인정하고 있다'는 현상
은 해당 자격사 제도의 본래 취지에 반하는 부적절한 입법으로서, 이
러한 입법이 이루어진 배경에는 수(數)를 앞세운 해당 자격사 제도의
조직적 움직임이 자리하고 있다고 볼 수 있는 것이다. 위 행정사법 일
부개정법률안의 문제점 역시 이러한 관점에서 살펴볼 필요가 있다.
즉, 변호사가 아닌 그 밖의 자격사에게 행정상 쟁송절차와 같이 다른
사람의 법률사건을 다루는 권한을 부여하는 것은 적절하지 않다는 것
이다. 그 이유를 요약하면 이와 같다. 위에서 살펴본 바와 같이 행정사
의 업무범위는 크게 나누어 ① 서류의 작성 업무, ② 행정관계법령 및
행정에 대한 상담 또는 자문 업무, ③ 작성한 서류의 제출대행 업무,
④ 법령으로 위탁받은 사무의 사실조사 및 확인 업무 등 네 가지 범주
로 분류할 수 있다. 행정사 제도는 이러한 업무 영역에서 당사자들을
조력하는 보조(輔助)적 업무를 수행하는 것을 그 본질로 한다고 할 수
있다. '보조(輔助)'라는 말의 의미는 대리보다 좁은 의미로서, 당사자를
조력하되 당사자로부터 독립적인 지위에는 이르지 못하는 정도를 의
미한다. 비록「행정사법」에서 인가·허가 및 면허 등을 받기 위하여 행
정기관에 하는 신청·청구 및 신고 등의 '대리(代理)' 업무를 행정사의
업무라고 규정하고 있지만, 그 대리할 수 있는 신청이나 청구 또는 신
고는 권리구제를 위한 신청이나 청구 또는 신고가 아니라, 인가·허가
및 면허 등을 받는 데 필요한 절차로서의 신청이나 청구 또는 신고를
가리키는 것이다. 그러므로 여기서 말하는 '대리'란 그 실질에 있어서
는 필요한 서류의 제출을 대행하는 것과 별반 다르지 않다고 보아야
한다. 위 법조항의 취지는 해당 서류를 당사자 본인이 아닌 대리인 행
정사의 명의로 제출할 수 있음을 규정한 것에 지나지 않는 것이다. 이
와 같이 해석한다면, 행정사의 업무범위는 특별한 사정이 없는 한 좁
게 해석하는 태도가 옳다고 할 수 있다. 판례도 이러한 태도에 입각하

고 있음을 보여준다. 즉, 행정사법상으로는 '행정기관에 제출하는 서류
의 작성'을 행정사의 업무범주에 포함시키고 있고, 검찰청 역시 행정기
관에 해당함이 명백함에도, 판례는, 행정사는 검찰청에 제출하는 서류
의 작성을 업으로 할 수 없다고 보고 있는데,[75] 그 이유는 「행정사법」
제2조 제1항에서 다른 법률에 따라 제한된 업무는 수행할 수 없도록
규정하고 있기 때문이라는 것이다. 즉, 다른 법률에서 특정한 자격사
에게 허용하고 있는 업무는 행정사가 수행할 수 없다는 입장을 일관되
게 유지하고 있는 것이 판례의 태도라고 할 수 있는데, 이는 행정사의
업무범위를 매우 제한적으로 보려는 태도라고 할 수 있다. 즉, 판례의
입장도 행정사의 본질적 속성을 다른 사람을 보조(輔助)하는 지위에 있
는 것으로 파악하려는 태도이지, 다른 사람을 대리하는 독립적인 지위
에 있는 것으로 파악하려는 태도는 아니라고 할 수 있는 것이다. 이와
같이 행정사의 본질이 당사자 본인을 보조하는 데에 있다고 보는 이
상, 개정안과 같이 다른 사람의 위임을 받아 독립적인 지위에서 위임
인의 법률사무를 대리하여 처리할 수 있는 권한을 행정사에게 부여하
는 것은 행정사의 본질에 반하는 것이 된다. '이의신청·심사청구·심판
청구'는 권리구제를 위한 절차로서, 이러한 절차에서 당사자를 대리한
다는 것은, 단순히 본인 대신 행정사의 명의를 붙여 대리인으로 서류
를 제출하는 수준에 그치는, '인가·허가 및 면허 등을 받기 위하여 행
정기관에 하는 신청·청구 및 신고 등의 대리(代理)'와는 전혀 그 차원을
달리하는 행위라고 할 수 있다. 만일 행정사에게 이러한 '이의신청·심
사청구·심판청구의 대리'를 허용하는 문제가 법원에서 다루어지게 된
다면 법원은 행정사에게 그와 같은 대리를 허용하여서는 아니 된다고

---

75 대법원 1987. 9. 22. 선고 87도1293 판결; 대법원 1981. 2. 10. 선고 80도31
　18 판결; 대법원 1980. 1. 29. 선고 79도1460 판결 등 일관된 태도를 유지하
　고 있다.

판시할 것이다. 위에서 살펴본 판례의 태도는 다른 법률에서 특정한 자격사에게 허용하고 있는 직무를 행정사의 직무로 포섭할 수는 없다는 것이고, '이의신청·심사청구·심판청구의 대리'는 변호사법에서 변호사라는 특정한 자격사에게만 수행을 허용하고 있는 직무이기 때문이다.

한편, 다른 자격사에게 허용되고 있는 이의신청·심사청구·심판청구는 행정사에게 허용되고 있는 이의신청·심사청구·심판청구와 본질적으로 다른 성격의 행위라는 점에서도, 다른 자격사에게 행정심판 대리권이 인정되고 있다는 이유가 행정사에게도 행정심판 대리권을 인정해야 한다는 논거가 될 수는 없다. 세무사의 경우를 예로 들어 살펴보도록 하자. 「세무사법」상 신고·신청·청구는 '조세에 관한 것'으로 한정되는데, 조세에 관한 청구란 「「국세기본법」 또는 세법에 따른 처분으로서 위법 또는 부당한 처분을 받거나 필요한 처분을 받지 못함으로 인하여 권리나 이익을 침해당한 자가 「국세기본법」 제7장(심사와 심판)의 규정에 따라 그 처분의 취소 또는 변경을 청구하거나 필요한 처분을 청구하는 것'을 포섭한다. 일반적인 신고·신청·청구는 단순하게 어떤 관념을 보고하는 의미 또는 직권발동을 촉구하는 의미에서 세무관서에 의사를 표시하는 행위가 아니라 일정한 법률효과의 발생을 목적으로 하는 매우 중요한 법률행위를 의미하는 것이다. 반면에, 행정사법상 신고·신청·청구는 그 전제가 '인가·허가 및 면허 등을 받기 위한 것'으로서, 행정관서에 대하여 전자(前者)의 일반적인 신고·신청·청구와 같이 전반적으로 자신의 권리가 침해되었음을 이유로 구제를 청구하는 경우를 포섭하지 아니함이 그 문언상 명백하다. 즉, 행정사법상 신고·신청·청구는 행정관서에 인가·허가·면허를 요구하는 정도의 행위를 가리키는 것이지, 그 요구의 결과에 따른 행정처분의 취소나 변경 등 권리구제를 위한 청구까지 포섭하는 것은 아니라고 보아야 한다. 이상에서 본 바와 같이 행정사법상 신고·신청·청구는 절차 진행상 필요한 기술적인 사항에 있어서 행정관서에 대한 의사표시로서, 권리구제를 위한 법적 절차로서의 의사표시에 해당하는 세무사법상 신고·신청·청구와는 전혀 다른 질적 차이가 있는 것이다. 위 개정법률안은 이러한 질적 차이를 무시한 채, 만연히 '신고·신청·청구'에 관하여 '이의신청, 심사청구 및 심판청구를 포함한다'는 문언을 추가함으로써 신고·신청·청구와 그 성격이 전혀 다른 이의신청, 심사청구 및 심판청구를 동일한 성격의 범주로 포섭하는 오류를 범하고 있다는 문제점이 있다.

　　행정사의 지위와 관련하여 실무상 살펴보아야 할 또 하나의 쟁점은, 행정사가 그 사무를 수행하는 대가로 받는 보수에 관하여 성공보수 약정을 할 수 있는가 하는 점이다. 성공보수란 다른 사람으로부터 수임한 업무 처리의 결과가 일정한 조건을 충족하는 경우에 지급되는 조건부 보수의 한 양태이다. 이러한 성공보수를 약정하려면 다른 사람으로부터 수임하는 업무의 내용이 단순히 의뢰인의 의사를 반영한 내용을 관련 법규에 맞도록 형식을 갖추어 처리하는 수준에 그치는 것이 아니고, 수임한 자격사가 상당히 전문적인 지식과 경험을 바탕으로 독자적으로 판단하여 처리하는 수준일 것이 요구된다고 할 수 있다. 행정사에게 성공보수가 허용되느냐의 문제는 결국 행정사가 수임한 업무를 처리함에 있어서 행정사의 전문적인 지식과 경험을 바탕으로 독자적인 판단에 따라 처리할 수 있는 지위에 있느냐 여부를 둘러싼 문제로 귀결되는 것이다. 이에 관하여는 행정사에게도 성공보수 약정이 허용된다는 입장과, 행정사에게는 성공보수 약정이 허용될 수 없다는 두 가지 입장이 가능할 것으로 생각된다. 먼저 성공보수 약정이 허용된다는 입장의 논거는 이와 같다. 행정사법상 보수약정에 관한 아무런 기준이 없는 이상 보수의 조건은 당사자와 행정사 사이의 자유로운 의사에 따라 결정할 수 있는 것으로서, 성공보수 역시 이와 같이 자유롭게 결정할 수 있는 약정의 범위에 속하는 것으로 보아야 한다. 변호사법상 변호사가 아닌 자가 법률업무를 유상(有償)으로 취급할 수 없음이 원칙이지만, 다른 법률에서 예외적으로 이를 허용하고 있는 경우에는 변호사법 위반의 문제를 삼을 수 없을 것이다. 행정사의 경우에는 행정사법상 허용되는 직무수행의 대가로 성공보수 약정을 체결하는 경우에 이를 규제할 법적 근거가 없다. 대한변호사협회에서 변호사 직역 보호라는 정책적 필요성을 내세워 행정사의 성공보수 약정이 금지되어야 한다고 주장하는 것은 별론(別論)으로 하고, 일반적인 해석론으로 그와 같은 주장이 타당성을 인정받을 수 있을 것인지는 의문이라는 것이다.

다음으로 행정사에게는 성공보수 약정이 허용될 수 없다는 입장의 논거는 이와 같다. 행정사 제도의 본래 취지는 행정기관에 제출하는 단순한 서면의 작성을 대행하거나, 일반적인 법규정에 대한 자문 제공 등에 있는 것이지, 행정관청의 인허가 등을 대리하면서 행정사의 독립적인 판단 하에 어떤 사건에서 당사자가 원하는 목적을 달성하도록 조력하는 것까지 허용하는 것은 아니다. 만일 행정사가 포괄적으로 당사자가 원하는 목적 달성을 위해 조력하는 행위를 그 업무범위로 삼을 수 있다면, 이는 변호사 제도와 정면으로 충돌하는 것으로 허용될 수 없다는 것이다. 대한변호사협회는 후자의 입장을 취하였다.[76]

이러한 논쟁은 일본에서 과거 사법서사가 취급할 수 있는 업무의 범위를 둘러싸고 벌어졌던 논란을 떠올리게 한다. 이후에 이루어진 일본 사법서사 법제의 변화를 보면 결국 사법서사의 업무 영역이 확대되는 방향으로 귀결되었다는 점에서도 알 수 있듯이, 우리나라의 경우에

---

76 「대한변협신문」509호(http://news.koreanbar.or.kr/news/articleView.html?idxno=11415) 참조(2017. 10. 15. 최종방문).

도 논란은 있을지언정 수(數)의 많음을 내세울 수 있는 행정사들의 영향력으로부터 행정사의 업무 범위를 제한하는 입장을 고수하기는 어려울 것으로 생각된다. 이 문제 역시 이 연구의 제4장에서 다루게 될 주제에 포함되는 문제이므로 해당 부분에서 다시 살펴보도록 한다.

# 외국 법률업무관련
# 자격사 제도의 연혁과 현황

## 제 1 절  총 론

이 장에서는 법률업무와 관련된 외국의 자격사 제도의 연혁과 현황을 살펴보고자 한다. 외국의 범주는 일본, 독일, 프랑스, 미국, 영국 등의 경우로 국한한다. 이들 국가들의 법률업무관련 자격사 제도의 연원(淵源)을 살펴보아야 하는 이유는 그 국가들의 제도가 서로 밀접하게 관련성을 맺으면서 영향을 주고받았기 때문이다. 특히 프랑스와 독일의 법제를 모방하여 근대적 사법체계를 수립한 일본은 개화기부터 한일병합 시기까지 우리나라의 사법체계에 매우 중요한 영향을 미쳤다. 해방 이후에는 상대적으로 미국의 영향력이 커졌다고 볼 수 있는데, 이러한 미국의 법제는 같은 common law 법제를 채택하고 있는 영국의 법제와 따로 떼어서 생각하기 어렵다. 법률업무관련 자격사 제도와 관련하여 이들 국가들의 법제가 우리 법제에 미친 영향은 과거의 사례에 그치지 않고, 지금에 이르러서도 상호간의 정보 교류를 통하여 서로 상당한 영향을 주고받고 있다고 할 수 있다. 이들 국가의 법제가 변화하고 있는 방향은 우리의 법률업무관련 자격사 제도가 어떻게 변화하여 나갈 것인지를 전망하는 가늠자가 될 수 있을 뿐만 아니라, 바람직한 방향을 모색하기 위한 단초를 제공해 줄 수도 있을 것이다.

## 제 2 절   일본의 법률업무관련 자격사 제도의 연혁과 현황

### 1. 개  관

일본에서 변호사(弁護士) 외에 부분적으로 법률사건을 대리하거나 법률사무를 취급할 수 있는 자격사군(群)으로는, 사법서사(司法書士), 변리사(弁理士), 우리의 세무사에 해당하는 자격사인 세리사(税理士), 사회보험 관련 업무도 취급한다는 점에서 우리의 공인노무사와 다소 차이가 있으나, 노무 관련 업무를 취급한다는 점에서는 우리의 공인노무사와 유사하다고 할 수 있는 사회보험노무사(社会保険労務士), 행정서사(行政書士), 토지가옥조사사(土地家屋調査士) 등을 들 수 있다. 사회보험노무사는 기업의 고용보험, 건강보험, 후생연금, 보험 등 사회보험 전반에 관계된 서류작성이나 제출을 대행하고, 취업규칙의 작성이나 조성금(우리의 지원금)의 신청 등 인사, 노무 관리에 관한 컨설팅 업무 및 기업을 경영하는 데 필요한 노무관리 및 사회보험에 관한 상담·지도 업무, 노무 관련 법령과 사회보장법령에 의거하는 심사청구서 등의 각종 서류 작성의 대행 업무, 노동분쟁에 관한 재판 외 분쟁해결절차(ADR)의 대리 업무 등을 담당한다. 일본에서는 1968. 6. 3.「사회보험노무사법(社會保險勞務士法)」이 제정되면서 비로소 시행되게 되었다. 토지가옥조사사(土地家屋調査士)는 우리에게는 생소한 제도인데, 부동산의 물리적 상황을 등기부에 정확하게 반영하기 위하여 필요한 조사와 측량, 의뢰인의 요청에 따른 부동산의 표시에 관한 등기신청절차의 대리, 부동산의 표시와 관련한 등기에 관한 심사청구의 절차 대리, 경계 특정의 절차 대리 등의 업무를 담당하는 자격사로서, 토지와 건물의 표시에 관한 등기의 전문가라고 한다.[1] 우리나라에는 아직 이러한 업무를 취급하는 자격사는 존재하지 않는다. 토지가옥조사사를 제외한 나머지 자격사들의 지위와 수행할 수 있는 직무의 범위는 대체로 우리나라의 유사 제도의 그것과 크게 차이가 나지 않는다. 다만 차이가 있다면 사법서사에게 간이재판소에서 소송을 대리할 수 있는 권한을 부여하고 있고, 변리사에게 특허소송에 있어서 공동소송대리권을 부여하고 있는 점을 들 수 있다.

　제4장 제4절에서 자세히 살펴보게 되겠지만, 일본의 사법개혁을 주도한 사법제도개혁심의회(司法制度改革審議會)는 세무소송에 있어서 법원의 허가 없이도 세무사로 하여금 변호사인 소송대리인과 함께 보좌인(補佐人)으로 법원에 출두하여 진술할 수 있는 권한을 허용해야 하며, 행정서사(行政書士), 사회보험노무사(社會保險労務士), 토지가옥조사사(土地家屋調査士) 등 다른 변호사 인접 자격사 직군(職群)의 경우에도 그 전문성을 소송에 활용할 필요성과 실적 등이 명확하게 드러나게 되는 장래에는 출석진술권 등 일정한 범위와 형태의 소송절차에 관여하는 방안을 개별적으로 검토하는 것을 향후의 과제로 삼아야 한다고 천명한 바 있다.[2] 이미 위 의견서가 발표되기 전인 2001년 「세리사법(稅

---

1　일본토지가옥조사사연합회(日本土地家屋調査士会連合会) 홈페이지(http://www.chosashi.or.jp/res/index.html) 참조(2017. 6. 22. 최종방문).

2　http://www.kantei.go.jp/jp/sihouseido/report/ikensyo/pdfs/iken‒3.pdf에 게재(2017. 6. 26. 최종방문)된 「司法制度改革審議会意見書」, 87면.

理士法)」[3]을 개정하여 조세관련 소송사건에 있어서 세리사(稅理士)[4]는 보좌인(補佐人)이 되어 소송대리인인 변호사와 함께 법원에 출석하여 진술할 수 있는 권한을 부여하기도 하였다.

　일본의 법률업무관련 자격사 제도는 우리나라 법률업무관련 자격사 제도의 뿌리에 해당하는 동시에 지향점이 되고 있다는 점에서 일본에서 이러한 자격사 제도가 어떻게 형성되고 발전되어 왔는지를 살펴보는 것은 매우 의미 있는 일이라고 할 것이다. 이하에서 각 자격사별로 연혁과 현황에 대하여 살펴보도록 한다.

## 2. 사법서사(司法書士) 제도의 연혁과 현황

　일본 사법서사 제도의 연혁에 관해서는 제2장 제3절 우리나라 법무사의 연혁에 관한 부분에서 우리나라 법무사 제도의 전신(前身)인 사법서사 제도의 연원(淵源)에 관한 문제를 논하기 위하여 이미 살펴본 바 있다. 이를 좀 더 자세히 설명하자면 이와 같다. 高中正彦 변호사에 의하면 일본의 근대적 변호사 제도의 기원은 1872년(명치 5년)에 프랑스의 제도를 본떠서 시행하게 된 '대언인(代言人)'제도라고 한다.[5] 오늘날 우리나라의 법원조직법이라고 할 수 있는 「사법직무정제(司法職務定制)」가 그 해에 제정되었다. 「사법직무정제」는 제10장에서 '증서인(證書人)', '대서인(代書人)', '대언인(代言人)'에 관하여 규정하고 있었는데, 각각이 담당한 직무 내용은 이와 같다. '증서인'은 비용을 받고 부동산의 매매와 임대차, 생전 증여를 하는 경우의 약정서에 날인하는 사무를 담당하였다. '대서인'은 비용을 받고 다른 사람의 소장을 작성하여 소송에 누락이 없도록 하는 일을 하는데 '대서인'을 사용할 것인지 여

---

3 우리의 세무사법에 해당한다.
4 우리의 세무사에 해당한다.
5 高中正彦, 전게서, 2면 참조.

부는 각 사람이 임의로 할 수 있었다. '대언인'은 비용을 받고 스스로 소송을 할 능력이 없는 자를 대신하여 소송을 수행하여 억울한 일이 없도록 하는 업무를 담당하였는데 역시 '대언인'에게 소송을 맡길지 여부는 임의적인 것이었다. 결국 이들 '증서인', '대서인' 및 '대언인'이 각각 오늘날의 공증인, 사법서사, 변호사에 해당한다고 볼 수 있다는 것이다.[6] 그러나 이 시기에는 아직 사법대서와 행정대서의 구별은 없었으며,[7] '대언인' 역시 1882년(명치 15년) 1월에 비로소 치죄법(治罪法)이 시행되었으므로 그 이전까지의 '대언인'은 민사재판의 소송만을 대리하였다고 할 수 있다고 한다. 1876년에는 「대언인규칙」이 제정되었고, 1880년에 대폭 개정되었으며, 大日本帝国憲法이 공포된 후인 1893년에는 「弁護士法」이 제정되었다.

　일본의 「사법직무정제」에서 위와 같이 사법서사와 변호사를 구별하는 체제를 채택한 것은 프랑스 법제에서 아부에(Avoué)와 아보카(Avocat)로 이원화 되어 있는 체제를 받아들였기 때문이라고 한다.[8] 당시 프랑스에서는 공정증서를 작성하는 직무를 하는 노떼(Notaire), 소송서류 등을 작성하는 Avoué, 법원의 법정에서 변론을 하는 명예로운 자유업을 수행하는 Avocat가 활동하고 있었는데, 이들을 각각 '증서인', '대서인', '대언인'이라고 번역하여 도입하였다는 것이다. Avoué는

6 高中正彦, 전게서, 2면. 한편, 日本司法書士会連合会 역시 같은 설명을 하고 있다(http://www.shiho-shoshi.or.jp/association/intro/association_history.html) (2017. 6. 22. 최종방문). 谷正之에 따르면 제2동경변호사회나 나고야변호사회 — 현재의 아이치변호사회 — 의 입장도 이러한 입장이라고 한다. 谷正之, "弁護士の誕生とその背景 —明治時代前期の代言人法制と代言人の活動—", 「松山大学論集」, 第21卷 第2号(2009. 8.), 264면 참조.
7 日本行政書士会連合会는 「사법직무정제」에 따라 대서인은 행정기관이나 경찰서에 제출하는 서류도 작성할 수 있었으므로 이를 행정서사의 기원이라고 보고 있다(https://www.gyosei.or.jp/information/introduction/consists.html) (2017. 6. 22. 최종방문).
8 谷正之, 전게 논문, 235면.

법원에서 소송을 하는 원고나 피고를 위해 당사자 본인이 소송절차를
지시하면 당사자 본인의 명의로 변론서를 작성하고 서명하며 그밖에
소송에 필요한 서류를 작성하는 권한을 보유하였다. 반면에 Avocat은
민사법원과 형사법원에 출석하여 원고와 피고를 위한 변론을 할 수 있
는 특권을 가진 자로서 법률학 학사 이상의 자격과 선서를 하여야만
Avocat의 직무를 수행할 수 있었다. 이런 점에서 Avoué은 오늘날의
사법서사(우리나라의 법무사)와, Avocat은 오늘날의 변호사와 같은 지위
에 있었다고 할 수 있다고 본다는 것이다.

　　그러나 이러한 논지는 프랑스 법제에서는 변호사와 구별되는 사
법서사라는 독특한 자격제도가 존재하지 않으며, Avoué와 Avocat 모
두 '변호사'에 해당한다[9]는 프랑스 법제의 본질을 무시한 오류를 범하
고 있다. 일본에서 다른 사람을 대신하여 법률업무를 처리할 수 있는
지위를 이원적으로 규율하는 체제는 당시의 프랑스나 영국의 체제를
본뜬 것이라고 할 수 있는데 그 기원은 로마법의 아보카토(Avocato)와
프로큐라토레(Procuratore)에서 찾아볼 수 있다.[10] 연혁적으로 로마법에
기원을 두고 변호사 제도를 발전시킨 영국이나 프랑스의 경우에는 법
률사무를 취급할 수 있는 자격사 제도로는 변호사 제도만을 시행하고
있을 뿐, 우리나라나 일본의 경우와 같이 변호사 외에 법무사(사법서사)
와 같은 별도의 변호사 인접 자격사 제도를 도입하고 있지 않다. 이러
한 점을 고려한다면 일본의 「사법직무정제」에서 규정하고 있는 '대언
인'과 '대서인'을 각각 오늘날의 변호사와 사법서사의 전신이라고 보는
입장은 그다지 올바른 입장이라고 볼 수 없는 것이다.

　　이와 다른 관점이기는 하지만, 국가에서 면허를 부여하고 관리하

---

9 권세훈, "유럽과 프랑스의 특허업무와 특허담당기관", 「유럽헌법연구」 제10호
　(2011. 12), 유럽헌법학회, 309면 참조.
10 谷正之, 전게 논문, 242면.

는 제도가 비로소 근대적 의미의 변호사와 사법서사라고 보아야 한다
는 관점에서, 일본에서도 대언인과 대서인을 변호사와 사법서사의 전
신으로 파악하는 관점에 대해 비판하는 입장이 있다. 앞에서 인용한
谷正之의 입장이 그러한데, 그가 위와 같이 「사법직무정제」에서 규정
하고 있는 '대언인'과 '대서인'을 각각 오늘날의 변호사와 사법서사의
기원으로 파악하는 입장에 반대하는 논거는 다음과 같다. 谷正之에
따르면 이들은 아무런 자격을 필요로 하지 않는 일반인이었다는 점에
서 이들을 오늘날의 변호사나 사법서사와 동일시할 수 없다는 것이
다. 「사법직무정제」에서는 '대서인'이나 '대언인'의 자격요건에 관하여
아무런 규정을 두고 있지 아니하였으며, 谷正之에 의하면 경우에 따
라서는 한 사람이 두 개의 직책을 함께 수행하는 것도 불가능하지 않
았던 것으로 본다.[11] 근대적 의미의 사법서사나 변호사 제도는 국가에
서 자격을 부여하고 관리하는 체제를 기반으로 한다고 볼 때, 아무런
자격요건도 필요로 하지 않고 일반인 누구나 수행할 수 있는 직무를
수행할 뿐인 대서인이나 대언인을 근대적 의미의 사법서사 또는 변호
사와 마찬가지로 취급하는 것은 정확한 태도가 아니라는 것이 바로
谷正之의 입장이다. 이러한 입장에서는 1876년(명치 9년) 2월 22일에
「대언인규칙(代言人規則)」이 제정·공포되면서 면허대언인제(免許代言人
制)가 시행됨에 따라 비로소 근대적인 의미에서의 변호사 제도가 일본
의 사법제도에 편입되게 되었다는 입장을 취하게 된다. 즉, 위 「대언
인규칙」에 따르면 대언인이 되기 위해서는 소정의 시험에 합격하고
면허를 받아야만 하게 되었는데, 이러한 국가면허제 대언인 제도 하
에서 배출된 대언인이 비로소 근대적인 의미에서 변호사라고 할 수
있다는 것이다. 谷正之는 「사법직무정제」에서 규정한 대언인을 변호
사 제도의 기원으로 보는 입장에 대해서 비판하기를, '아무런 법률지

---

| 11 谷正之, 전게 논문, 243면.

식이 없는 일반인이라도 누구나 대언인이 될 수 있는 상황에서 이들을 오늘날 변호사의 기원으로 삼는 것은 타당하지 않으며, 법률학을 수료하고 자격을 인정받은 법률전문가로서의 면허대언인을 비로소 오늘날 변호사의 기원으로 보아야 한다고 주장한다.[12] 이러한 견해에 따른다면 사법서사의 경우에도 국가에서 사법대서인의 자격 요건을 규정하여 그에 해당하는 자에게만 사법대서인의 자격을 인정하여 주는 「사법대서인법」이 제정되어 면허사법대서인 제도가 시행되기 전까지는 일본의 사법서사 제도는 아직 제대로 시행된 것이 아니라고 볼 수 있게 된다. 일본의 대서인의 경우, 1873년(명치 6년). 민사소송법이라고 할 수 있는 「소답문례(訴答文例)」가 공포되면서 소송관계서류는 반드시 대서인을 선임하여 작성하도록 하는 제도가 일시적으로 시행되었다. 그러나 이와 같은 대서인 강제주의는 시행 후 불과 일 년 만에 폐지되어 일시적인 시험적 제도에 그치고 말았다. 1874년(명치 7년)에 위 「소답문례」를 개정하여 대서인 선임 여부는 임의적으로 선택할 수 있도록 변경된 것이다. 이후 위 「대언인규칙」이 제정·공포된 이후에도 상당기간 동안 대서인에게 특별한 자격 요건을 요구하는 규범은 제정되지 않았다. 심지어 1886년(명치 19년) 「등기법(登記法)」이 제정되면서 대서인으로 하여금 등기사무를 취급할 수 있도록 하였음에도 불구하고 대서인의 자격에 관해서는 아무런 기준이 시행되지 않았다. 결국 이 기간 동안에는 종래와 마찬가지로 특별한 자격 요건 없이 아무나 다른 사람의 소송사건에 관한 서류를 작성할 수 있고 심지어 등기사무까지 취급할 수 있는 체제가 상당기간 유지되었다고 할 수 있다. 삿포로사법서사회(札幌司法書士会)의 설명에 따르면 대언인은 1893년(명치 26년)에 '변호사'라는 명칭으로 변경되었고, 대서인은 법의 표면에 떠오르는 일이 없이 깊고 넓게 서민들 속에서 법률실무가로 활

---

12 谷正之, 전게 논문, 264면.

동을 계속했다는 것이다.[13] 1919년(대정 8년) 4월 10일 법률 제48호로
「사법대서인법(司法代書人法)」이 제정되면서 비로소 사법대서인에 대
하여 지방재판소의 인가를 필요로 하는 근대적인 사법서사 제도가 시
작되기에 이른다. 일본사법서사회연합회(日本司法書士会連合会)는 앞에
서 인용한 해당 단체의 홈페이지에서 이 「사법대서인법」의 제정으로
비로소 사법대서인과 일반대서인이 구별되기에 이르렀다고 설명하고
있는데, 이는 종래와 마찬가지로 아무런 자격 없이 타인의 소송서류
를 작성할 수 있었던 대서인과 구별되어 지방재판소의 인가를 받는
인가대서인, 즉 사법대서인제도가 시행되었다는 의미로 이해된다.

참고로 위 「대언인규칙」의 시행 이후부터 이처럼 대서인에 관하
여 특별한 자격제도를 도입하지 않고 있던 기간 동안의 시기를 이원주
의에서 일원주의로 전환한 것이라고 평하는 견해도 있다.[14] 노명선 교
수가 어떤 의미에서 이원주의와 일원주의라는 용어를 사용한 것인지
정확하게 설명하고 있지는 않지만, 아마도 「사법직무정제」에서는 대언
인과 대서인을 구별하여 규율하는 체제를 채택하였던 반면에, 이후
「대언인규칙」에서는 대언인에 대해서만 면허제가 도입되었기 때문인
것으로 보인다. 그러나 이러한 견해는 대언인과 대서인의 본질을 정확
하게 파악한 입장이라고 볼 수 없다. 谷正之에 의하면, 「대언인규칙」
이 시행된 이후에도 대서인 제도가 폐지된 것이 아니라 종래와 마찬가
지로 그대로 존속하고 있었던 것으로 보인다. 「대언인규칙」이 시행된
이후에도 대언인이 아니더라도 다른 사람의 소송서류를 작성해 주거
나 등기사무를 취급할 수 있는 직업군이 계속 존재하고 있었다면, 과
거의 이원주의적 체제가 그대로 유지되었다고 보는 것이 정확한 관점

13 札幌司法書士会 홈페이지(http://www.sihosyosi.or.jp/about/history/) 참조(2017.
6. 22. 최종방문).
14 노명선, 『법무사제도론』, 성균관대학교출판부, 2011, 182면.

이고, 이를 일원주의로 전환되었다고 보는 것은 정확한 관점이 아니라고 할 것이다. 보다 근본적으로는 위「사법직무정제」의 체제가 이원주의를 시행한 것이라고 보는 관점 자체에 대해서 동의할 수 없다. 谷正之와 같은 입장에서 국가가 부여한 면허에 따른 특별한 지위를 보유하면서 타인의 법률사무와 법률사건의 전부 또는 일부분을 취급할 수 있는 권한을 가진 사람이 비로소 변호사나 사법서사라고 본다면, 대언인이나 대서인에게 특별한 자격을 요구하지 않았던「사법직무정제」체제 하에서의 대언인이나 대서인을 변호사와 사법서사의 전신이라고 볼 수는 없기 때문이다.

이상의 논의를 종합한다면,「사법직무정제」체제 하에서의 대언인이나 대서인을 변호사나 사법서사의 전신으로 파악하는 관점보다는「대언인규칙」과「사법대서인법」체제 하에서의 대언인과 사법대서인을 변호사나 사법서사의 전신으로 파악하는 관점이 타당하다고 할 수 있다. 아울러, 대언인과 사법대서인의 연혁적 기원을「사법직무정제」의 대언인과 대서인에서 찾는 관점 역시 적절한 관점이라고 동의하기 어렵다. 대언인과 대서인의 직무가 엄격하게 준별(峻別)되어 대언인은 대서업무를 수행할 수 없고 대서인은 대언업무를 수행할 수 없었던 것이 아니라면, 양자는 각각 수행하는 업무의 내용에 따른 구별로서의 의의 — 우리 변호사법에서 법률사건과 법률사무를 구별하는 관점과 유사하게 — 를 갖는 것일 뿐, 제도로서 대언인과 대서인을 구별하는 것은 아니라고 보는 것이 상당할 것이기 때문이다. 일본의 대언인과 대서인에 대한 이러한 관점을 우리나라의「대서인규칙」에 나타난 대서인에 적용하여 본다면, 이 역시 대한법무사협회의 관점처럼 법무사(사법서사) 제도를 도입한 것이라고 보는 것은 대단히 무리한 관점이라고 하지 않을 수 없다는 점은 이미 제2장 제2절에서 살펴보았다.

「사법대서인법」이 시행되면서부터 사법대서인은 지방재판소에 소속하여 지방재판소장의 인가와 감독을 받으며, 다른 사람의 촉탁을 받아 재판소나 검사국에 제출하는 서류를 작성하는 업무를 담당하였다. 등기사건을 처리할 수는 있었으나, 소송사건이나 비송사건의 대리 또는 감정업무 등은 취급할 수 없도록 되어 있었다고 한다.[15] 이 법이 1935(소화 10년). 4. 4. 법률 제36호 「사법서사법(司法書士法)」으로 개정되고 여러 차례의 개정을 거치면서 지금에 이르고 있다.

비교적 근래까지 사법서사의 업무범위에 관한 일본 재판소의 입장은 매우 엄격했던 것으로 보인다. 구마모토(熊本) 변호사회 회장의 질의에 대한 1954. 1. 13. 일본 법무성(法務省) 민사국장(民事局長)의 회답(回答) 민사갑제254호(民事甲第2554号)는 '사법서사가 타인으로부터 위탁받은 취지에 따라 서류를 작성하는 것은 변호사법을 위반하는 것이 아니지만, 어떤 취지의 서류를 작성할 것인지를 판단하는 것은 전문적 법률지식에 기한 것으로 변호사법을 위반하는 것'이라고 밝히고 있다.[16] 1979. 6. 11. 다카마쓰고등재판소(高松高等裁判所) 역시 '제도로서 사법서사는 변호사와 같은 전문적 법률지식을 기대하는 것이 아니라, 국민 일반이 갖고 있는 법률지식이 요구되고 있다고 해석되고, 그래서 사법서서가 할 직무상 판단작용은 촉탁한 사람의 촉탁취지 내용을 정확하게 법률적으로 표현하고 소송의 운영에 지장을 초래하지 않는 한도 내에서, 바꾸어 말하면 법률상식적인 지식에 근거한 정서(整序)적인 사항에 한하여 이루어져야 하며, 그 이상의 전문적인 감정에 속하는 사항이거나 대리 그밖에 다른 방법으로 타인 사이의 법률관계에 개입하는 것은 사법서사의 직무 범위를 벗어나는 것'이라고 판시하였다.[17]

그러나 1970년대 중반 이후 간이재판소(簡易裁判所) 사건에 대해서

---

15 노명선, 183면.
16 松永六郎, "本人訴訟の意義", 「月報司法書士」 417호(2006. 11), 日本司法書士会連合会, 17면에서 인용.
17 高松高裁 1979. 6. 11. 「判例時報」 966－129.

는 사법서사에게도 소송대리권을 부여해야 한다는 주장이 제기되기 시작했고,[18] 사법제도개혁심의회(司法制度改革審議会)의 논의과정을 거쳐 2002. 5. 7. 법률 제33호로 「사법서사법」을 개정하여 사법서사에게도 간이재판소 사건에 대한 소송대리권을 부여하기에 이르렀다. 일본의 사법제도개혁심의회는 21세기의 일본 사회에서 사법이 담당해야 할 역할을 분명히 하고 국민이 쉽게 접근할 수 있는 사법제도를 실현하며, 국민의 사법제도 참여 및 법조인의 본연의 자세와 그 기능의 충실과 강화, 기타 사법 제도의 개혁과 기반 정비에 관하여 필요한 기본적 시책에 대해 조사·심의하는 것을 목표로 일본 내각에 설치되어 1999. 7. 27.부터 2001. 7. 26.까지 2년간 활동하였고, 2001. 6. 12.자로 「사법제도개혁심의회의견서」를 발표하였다. 이 의견서에서는 변호사 인접법률직업군의 전문성을 활용한다는 관점에서 사법서사에게 간이재판소에서의 소송대리권을 부여하고, 변리사에게 특허권등의 침해소송에 있어서 변호사와의 공동 소송대리권을 허용하며, 세리사에게 세무소송에서 법원의 허가가 없이도 변호사의 보좌인으로 소송에 참여할 수 있도록 하며, 행정서사, 사회보험노무사, 토지가옥조사사 등에 대해서는 그 전문성을 소송에 활용할 수 있는 방안을 검토할 필요가 있다고 천명하였다.[19]

이러한 일련의 과정을 거치면서, 현재 일본 사법서사의 직무 범위에 속하는 사항은 다음과 같다. ⅰ) 등기와 공탁에 관한 절차의 대리 업무, ⅱ) 法務局(법무국) 또는 地方法務局(지방법무국)에 제출하거나 제공하는 서류 또는 전자(電磁)적 기록의 작성 업무, ⅲ) 法務局 또는 地方法務局의 장에 대하여 등기 또는 공탁에 관한 심사청구 절차의 대리

---

18  木下富夫, "わが国における司法書士制度の史的展開", 「武蔵大学論集」 제54권 제3호(2007. 1), 72면.

19  http://www.kantei.go.jp/jp/sihouseido/report/ikensyo/pdfs/iken-3.pdf에 게재(2017. 6. 26. 최종방문)된 「司法制度改革審議会意見書」, 86면.

업무, iv) 재판소나 검찰국에 제출하는 서류나 토지경계특정의 절차에
있어서 法務局 또는 地方法務局에 제출하거나 제공하는 서류 또는 전
자적 기록의 작성 업무, v) 위 i)부터 iv)까지의 사항에 관한 상담
업무, vi) 간이재판소 관할에 속하는 사건 중 「裁判所法(재판소법)」 제
33조 제1항 제1호에 정한 액(현재는 140만엔(円)이다)을 넘지 않는 소송
사건에 있어서 「民事訴訟法(민사소송법)」의 규정에 따른 절차(증거보전
절차 제외), 「민사소송법」 제275조의 규정에 따른 화해의 절차 또는 같
은 법 제7편의 규정에 따른 독촉절차에 있어서 청구목적의 가액이 위
「재판소법」 제33조 제1항 제1호에 정한 액을 넘지 않는 사건, 「민사소
송법」 제2편 제4장 제7절의 규정에 따른 소 제기전 증거보전절차 또는
「民事保全法(민사보전법)」의 규정에 따른 절차에 있어서 본안소송의 목
적가액이 위 「재판소법」 제33조 제1항 제1호에 정한 액을 넘지 않는
사건, 「民事調停法(민사조정법)」의 규정에 따른 절차에 있어서 조정을
구하는 사항의 가액이 위 재판소법 제33조 제1항 제1호에 정한 액을
넘지 않는 사건, 「民事執行法(민사집행법)」 제2장 제2절 제4관 제2목의
규정에 따른 소액소송채권집행의 절차에 있어서 청구의 가액이 위 「재
판소법」 제33조 제1항 제1호에 정한 액을 넘지 않는 사건에 있어서 절
차의 대리 업무, 다만 상소의 제기나 재심 및 강제집행에 관한 사항에
대해서는 대리를 할 수 없다, vii) 간이재판소 관할에 속하는 「민사소
송법」의 규정에 따른 소송절차의 대상이 되는 민사에 관한 분쟁에 있
어서 분쟁의 목적의 가액이 위 「재판소법」 제33조 제1항 제1호에 정
한 액을 넘지 않는 사건에 관한 상담 또는 중재사건의 절차 또는 재판
외 화해에 있어서의 대리 업무, viii) 필계특정(筆界特定)의 절차에 있어
서 대상토지(「不動産登記法」 제123조 제3호에 규정된 대상토지를 말한다)의
가액이 法務省令(법무성령)에서 정하는 방법에 의하여 산정하는 액의
합계액의 2분의 1에 상당하는 금액에 필계특정에 따라 통상 얻게 되는

이익의 비율 또는 법무성령에 정하는 비율을 곱하여 얻은 액이 위 재판소법 제33조 제1항 제1호에 정한 액을 넘지 않는 사건에 있어서 상담 또는 대리 업무가 그것이다. 필계란 토지의 경계를 의미하고 필계특정절차란 법원의 재판에 의하지 아니하고, 변호사, 법무사, 토지가옥조사사 등 필계조사위원의 의견에 따라 등기관이 토지의 경계를 확정 짓는 절차를 의미한다.

   이와 같이 사법서사에게 일정한 사건에 있어서의 소송대리권을 포함한 비교적 광범위한 법률업무의 처리권한을 부여하게 된 계기는 위에서 잠깐 언급했던 1999년의 사법제도개혁심의회이다. 이 심의회의 의견서에서는 변호사의 수가 대폭적으로 증가하고 여러 가지 변호사 제도의 개혁이 현실화하게 되는 장래에는 변호사 인접 자격사 제도의 취지나 의의 및 이용자의 편의와 권리보호의 요청 등에 근거하여 법률서비스 담당자의 역할을 다시 종합적으로 검토할 필요가 있겠으나, 현재로는 국민의 권리보호가 충분하지 못한 현실을 즉시 해소할 필요성을 감안하여 이용자의 관점에서 당면한 법적 수요를 충족시킬 수 있는 조치를 강구할 필요가 있다고 전제하면서, 이러한 관점에서 변호사 인접 자격사의 전문성을 활용하는 관점에서 적어도 간이재판소에서의 소송 — 간이재판소의 사물 관할을 기준으로 조정·즉결·화해 사건포함 — 에 대한 사법서사의 대리권, 특허권 등의 침해 소송 — 변호사가 소송 대리인으로 되어 있는 사건에 한한다 — 에서의 변리사의 대리권에 대해서는 소송대리능력을 고도의 신뢰성으로 담보할 수 있는 조치를 강구한 후에 이를 부여해야 하며, 세무소송에 있어서 법원의 허가 없이도 세리사로 하여금 변호사인 소송대리인과 함께 보좌인으로 법원에 출두하여 진술할 수 있는 권한을 허용해야 하며, 행정서사(行政書士), 사회보험노무사(社會保險勞務士), 토지가옥조사사(土地家屋調査士) 등 다른 인접법률전문직종의 경우에도 그 전문성을 소송에 활용할 필요성과 실적 등이 명확하게 드러나게 되는 장래에는 출석진술권 등 일정한 범위와 형태의 소송절차에 관여하는 방안을 개별적으로 검토하는 것을 이후의 과제로 삼아야 한다고 천명하였다.[20] 이미 위 의견서가 발표되기 전인 2001년에 우리의 세무사법에 해당하는 「세리사법(稅理士法)」을 개정하여 조세관련 소송사건에 있어서 우리의 세무사에 해당하는 세리사(稅理士)는 보좌인(補佐人)이 되어 소송대리인인 변호사와 함께 법원에 출석하여 진술할 수 있는 권한을 부여한 점을 고려할 때, 위 의견서에서 천명한 내용은 이미 상당한 선행 논의의 결과물로 보인다.

## 3. 변리사(弁理士) 제도의 연혁과 현황

일본 변리사(弁理士)의 기원은 1890년(명치 23년), 특허청사무관이 神田와 築地에 도쿄특허대언사(東京特許代言社)를 개설한 것에서 찾고 있다.[21] 이 특허청사무관이 공무원의 신분을 유지하면서 특허출원을 대리하는 업무를 수행한 것인지 여부는 확실하지 않다. 1899년(명치 32년)에는 불평등조약을 개정하여 외국인에게도 특허출원권을 인정하는 제도를 시행하는 특허법이 시행되고, 같은 해 파리조약에도 가입하게 되었다. 같은 해 6. 9. 칙령 제235호로 「특허대리업자등록규칙(特許代理業者登錄規則)」이 제정되어 7. 1.부터 시행되면서 특허대리업자 등록제도가 시행되게 되었다. 이 규칙에 따르면 시험을 거쳐 선발된 특허대리업자로 하여금 특허, 의장, 상표에 관한 대리업무를 영업으로 할 수 있게 하였다. 그러나 이후 명치정부가 외국인의 특허출원권에 인색한 태도를 보이면서 특허심사제도가 엄격하게 운용되자 기술 수준이 낮

---

20 전게 意見書, 87면.
21 日本弁理士会 홈페이지(http://www.jpaa.or.jp/patent-attorney/history/)(2017. 8. 1. 방문).

앉던 일본의 특허출원도 대부분 기각되는 상황이 초래되었다. 이에 일
본 정부는 1905년(명치 38년) 독일의 실용신안제도를 도입하여 현재와
같은 특허 제도의 기초가 마련되었다. 1909(명치 42년). 10. 25. 칙령 제
300호로 「특허변리사령(特許弁理士令)」이 제정되어 같은 해 11. 1. 시행
되면서부터 '특허대리업자'는 '특허변리사(特許弁理士)'라는 명칭으로 바
뀌게 되었다. '특허변리사'는 시험으로 선발하는 외에 변호사의 자격을
가진 자, 문관고등시험이나 판사검사임용시험에 합격한 자 등에게 자
동으로 '특허변리사'의 자격을 부여하도록 하였다. 이 칙령이 1921(대
정 10년). 4. 30. 법률 제100호 「弁理士法」으로 변경되면서 비로소 '변
리사(弁理士)'라는 자격사 명칭이 사용되기에 이르렀다.

　　일본의 경우 1990년대 이전까지는 독자적인 원천기술의 개발보다
는 선진기술의 응용에 주안점을 두는 산업정책을 전개한 결과 지적재
산권의 중요성이 그다지 부각되지 못하였다. 그러다가 1997년 '21세기
지적재산권을 생각하는 간담회보고서'를 계기로 특허중시정책으로 선
회하게 된다.[22] 2002년 3월에 지적재산전략회의가 발족되었고, 동년 7
월에 채택된 '지적재산전략대강(知的財産戦略大綱)'에 따라 '지적재산 입
국'이라는 개념 하에 '특허재판소'에 상응하는 실체를 만들어야 한다는
과제가 제시되었다. 2002. 11. 27. 「지적재산기본법(知的財産基本法)」을
제정하여 2003. 3.부터 시행하고 내각에 지적재산 전략본부를 설치하
여 지적재산고등재판소의 창설이 필요하다는 입장을 표명하기에 이르
렀다. 지적재산고등재판소의 기원은 1948년(소화 23년) 특허법 개정으
로 도쿄고등재판소를 전속관할로 하는 심결취소소송제도가 도입되면
서, 1950년(소화 25년) 11월에 심결취소소송사건과 지적재산권 관련 항
소사건을 집중적으로 다루는 제5특별부를 신설한 것을 기원으로 삼는

---

22 노기현, "현행 변리사의 대리권에 관한 비교법적 연구", 「유럽헌법연구」 제10
　호(2011. 12), 유럽헌법학회, 243면.

다. 1958년(소화 33년) 3월부터는 지적재산권 관련사건의 전담재판부가 특별부에서 민사부로 이관되었고 이후 4개 재판부로 증설되었으며, 2004년부터는 '지적재산부'라는 명칭으로 부르게 되었다. 또 같은 해 4. 1.부터 개정된 민사소송법이 시행되면서 '특허권 등에 관한 소송 — 技術型の訴(기술형소송) — '의 경우 5명의 재판관이 합의하는 대합의제(大合議制)를 시행하는 제6특별부가 설립되기도 하였다. 2002년에 제시된 위 '지적재산전략대강'에서는 사실상 특허재판소의 기능을 담당하고 있는 도쿄지방재판소와 오사카지방재판소의 전문부가 실질적으로 특허재판소의 기능을 담당할 수 있도록 전속재판관할을 창설하여야 한다는 과제를 제시하였다. 이와 같은 과제가 제시됨에 따라 2005년을 기준으로 지적재산권 관련 사건은 앞서 설명한 도쿄고등재판소 전담 재판부 외에 도쿄지방재판소의 4개 재판부와 오사카지방재판소의 2개 재판부, 오사카고등재판소의 1개 재판부가 집중적으로 다루게 되었다. 이후, 2004. 6. 18. 「지적재산고등재판소설치법(知的財産高等裁判所設置法)」이 제정되어 다음 해 4. 1.부터 시행됨에 따라 심결취소소송의 제1심, 민사소송 항소심, 도쿄고등재판소의 관할에 속하는 민사사건 및 행정사건 중 주요 쟁점의 심리에 지적재산권에 관한 전문적 식견이 요구되는 사건을 담당하는 지적재산고등재판소가 도쿄고등재판소의 특별지부로 출범되기에 이르렀다.[23] 한편, 2007년부터는 위와 같은 변리사의 업무에 ① 특허침해소송의 대리업무, ② 재판외 분쟁처리(Alternative Dispute Resolution, 일반적으로 ADR이라고 약칭하기도 한다)업무, ③ 국내외 지적재산권을 침해하는 물품을 수입하는 불공정 무역행위의 금지를 위한 권리자 측의 절차 대리 업무, ④ 지적재산 계약대리 등의 업무가 추가되기에 이른다.

---

23 http://www.ip.courts.go.jp/aboutus/history/index.html. 참조(2017. 8. 1. 최종방문).

일본의 변리사 제도 연혁을 살펴보면서 중요한 특징으로 파악할 수 있는 부분은, 2002년 「변리사법」 개정을 전후하여, 개정 이전에는 「특허법」 제178조 제1항, 「실용신안법」 제47조 제1항, 「의장법」 제59조 제1항, 「상표법」 제63조 제1항에 규정된 소송(심결취소소송)에 관하여 소송대리인이 될 수 있도록 하되, 특허침해소송에는 '보좌인(補佐人)'으로 참여할 수 있는 제도를 도입하였다가, 2002. 4. 17. 「변리사법」을 개정하면서 변호사와 공동으로 소송대리를 할 수 있는 것으로 변경되었다는 부분이다. 2002년의 개정에 따라 변호사와 공동으로 특허침해관련 소송에서 소송대리인이 될 수 있는 변리사를 일반 변리사와 구별하여 '부기변리사(付記弁理士)'라고 부르기도 한다.

'보좌인'이라는 지위는 매우 독특한 제도인데, 소송절차에 참여하여 진술할 수 있는 권한이 주어지나, 당사자를 대신해서 소송행위를 할 수는 없는 지위에 있다. 우리 법제에도 아직 '보좌인'이라는 용어를 사용하고 있는 경우를 찾아볼 수 있는데, 「국가정보원직원법」, 「특정범죄신고자 등 보호법」 등이 그 예이다. 일본의 경우와 달리 우리나라에서는 '보좌인'에게 소송절차에 관여하는 지위는 인정하지 않고 당사자를 조력하는 '보조인'의 지위를 인정하고 있다고 볼 수 있다. 「국가정보원직원법」 제27조는 징계위원회에 계속(係屬) 중인 직원은 다른 직원 중에서 보좌인을 선정하여 변론하게 할 수 있다고 규정하고 있고, 「특정범죄신고자 등 보호법」 제6조는 '범죄신고자등'이나 그 친족 등이 보복을 당할 우려가 있는 경우에는 직권으로 또는 '범죄신고자등' 및 그 법정대리인이나 친족 등의 신청에 의하여 '범죄신고자등'의 법정대리인, 친족 또는 대통령령으로 정하는 자 중에서 '범죄신고자등보좌인'을 지정할 수 있다고 하고, 이들 보좌인은 '범죄신고자등'을 위하여 해당 형사사건의 수사·공판 과정에 동행하거나 조언하는 등 필요한 조력(助力)을 할 수 있다고 규정하고 있다. 「특정범죄신고자 등 보호법」에서 규정하는 '보좌인'은 사실상 '보조인'에 해당한다고 할 수 있고, 「국가정보원 직원법」에서 규정하는 '보좌인'이 일본 법제의 '보좌인'과 유사한 역할을 한다고 볼 수 있으나, 근본적으로 소송절차에 관여하는 지위가 부여되지 않는다는 점에서, 일본의 '보좌인' 제도와 그 성격을 달리한다.

일본 '변리사'에게 '보좌인'의 지위를 부여한 것은 2000년 「변리사법」 개정에서 비롯된다. 일반적으로 민사소송에 있어서 '보좌인'은 당사자 또는 소송대리인과 함께 재판 기일에 법정에 출석하여 진술을 보조하는 자를 의미하는데, 재판소의 허가가 있어야 보좌인이 될 수 있다. 그러나 위 2000년 개정 「변리사법」에서는 특허침해소송에 있어서 변리사에게 '보좌인'의 지위를 부여하면서, 변리사는 특허, 실용신안, 의장 또는 상표, 국제출원 또는 국제등록출원, 회로배치 및 특정부정경쟁에 관한 사항에 대하여 재판소에서 보좌인으로서 당사자 또는 소송대리인과 함께 출두하여 진술 또는 심문을 할 수 있고, 보좌인인 변리사의 진술 및 심문은 당사자 또는 소송대리인이 스스로 한 것으로 보되, 다만, 당사자 또는 소송대리인이 그 진술을 즉시 취소 또는 변경한 때에는 그러하지 않다고 규정함으로써, 위와 같은 일반적인 민사소송에 있어서의 '보좌인'과 달리 변리사인 보좌인은 법원의 허가를 필요로 하지 않는 것으로 하고, 심문에도 참여할 수 있는 권한을 부여하였다.

그러나 위와 같이 '보좌인' 제도를 도입하고 얼마 지나지 않아 다시 2002. 4. 17. 「변리사법」을 개정하여 우리의 특허침해소송에 해당하는 '특정침해소송(特定侵害訴訟)'에 있어서 동일한 의뢰자에 대하여 변호사가 소송대리인으로 선임되어 있는 경우에 변호사와 함께 기일에 출석하여 변론할 수 있는 '부기변리사' 제도를 도입하였다. '부기변리사'가 되기 위해서는 소정의 연수를 이수하고 특정침해소송대리업무시험(特定侵害訴訟代理業務試驗)에 합격하여야 한다(일본변리사법 제6조의2).

'보좌인' 제도는 '부기변리사' 제도의 시행 이후에도 계속 유지되었

으나, '부기변리사' 제도의 이용률 증가 추세에 대응하여 그 이용률이
현저하게 감소하고 있는 추세라고 한다. 일본의 변리사 중 보좌인으로
활동한 변리사의 수와 공동 소송대리인으로 활동한 변리사의 수에 대
한 통계자료는 다음과 같다.

[그림 1] 보좌인으로 활동한 변리사의 수[24]

[그림 2] 부기변리사 수의 추이

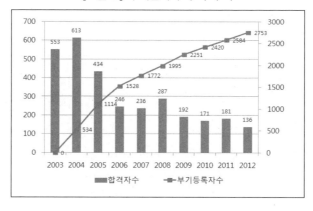

24 하홍준, "특허소송체계 개선을 위한 해외사례 조사 연구", 국가지식재산위원
회 연구용역보고서(2014), 104~107면.

'부기변리사'에게 부여된 소송대리권을 흔히 '공동 소송대리권'이
라고 부르나, 이는 정확한 표현이 아니다. 민사소송법상 공동 소송대
리인은 법정 출석, 변론, 준비서면이나 서증의 제출 등에 있어서 다른
공동 소송대리인의 소송행위와 무관하게 독자적인 소송행위를 할 수
있지만, '부기변리사'의 경우에는 반드시 변호사가 소송대리인으로 선
임되어 있을 것을 전제로 하며, 법정 출석은 물론 준비서면이나 서증
의 제출도 변호사와 연명(連名)으로만 할 수 있다는 점에서, 엄밀한 의
미의 공동 소송대리인이라고는 볼 수 없는 것이다.

　이상에서 살펴본 일본 변리사 제도의 직역 관련 변화 동향을 보
면, 초기에는 특허 등의 출원에 관한 대리권만 부여되었다가 점차 그
업무 영역이 확대되면서 심결취소소송에 있어서의 소송대리권을 확보
하고, 그 다음 단계로 '특정침해소송 — 우리의 특허침해소송 — '에 있
어서 '보좌인'의 지위를 확보한 다음, 현재 '특정침해소송'에서 제한적
소송대리권까지 확보하는 단계에 이르렀음을 알 수 있다. 향후의 동향
에 관해 확실하게 단언할 수는 없겠으나, 일본 변리사업계의 남은 과
제는 '특정침해소송'에 있어서도 '부기'라는 제한을 떼어 버리고 완전히
독립적인 소송대리권을 확보하는 것이라고 추측할 수 있을 것이다. 이
러한 일본 변리사 제도의 지속적인 직역확대 노력은 변리사의 소송대
리권을 둘러싸고 논란이 벌어지고 있는 우리나라의 현실에 시사하는
바가 크다고 할 수 있다.

## 4. 세리사(稅理士) 제도의 연혁과 현황

　일본의 조세 제도는 1887년(명치 20년) 소득세 제도가 도입되고,
1896년에 영업세법이 시행되면서 근대적 세제가 정립되기 시작했다.
근대적 세제의 시행에 따라 납세의무를 부담하는 상공업자의 입장에
서는 조세부담을 경감하기 위하여 전직 세무관리나 회계 관련 지식을

가진 이들에게 상담을 받거나 나아가 아예 세무신고를 대행해 주도록 부탁하는 일이 잦아지게 되었다. 1905년 러·일전쟁이 발발한 이후에는 국가의 영업세원 확보 노력이 강화되면서 이러한 조세대리인의 역할이 더욱 중요하게 되었다. 증대되는 조세대리인의 역할에 편승하여 과다보수, 부실대리 등 조세대리인의 횡포가 문제화되자 각 지역별로 '세무대변자취체규칙(稅務代辨者取締規則)'과 같은 형태로 세무대리인의 자격과 활동에 대한 규제가 시작되게 되었는데, 이를 오늘날 세리사 제도의 기원으로 보는 것이 일반적이다. '세무대변자취체규칙' 체제에서 '세무대변자(稅務代辨者)'로 활동하려면 경찰서의 허가를 필요로 하였다. 이후 1933년 「세무대리인법(稅務代理人法)」 제정이 1차로 시도되었으나 무산되었고, 다시 1942년에 2차로 제정을 시도하여 마침내 결실을 거두게 되었다. 그러나 '세무대리인'에 대하여 엄격한 자격을 요구하지 않고 변호사, 계리사, 3년 이상 국세사무에 종사한 공무원이나 그밖에 조세 또는 회계에 관한 학식과 경험이 있는 자이기만 하면 세무대리업 허가를 신청할 수 있도록 하였다.

1949년 미국의 샤우프(Shoup)사절단의 세제개혁 권고에 세무대리인은 세금을 경감받기 위한 교섭을 담당하는 역할보다 세무공무원이 법률에 따라 세무행정을 처리하도록 조력하는 역할을 담당하여야 하므로, 세무대리사의 자격요건을 강화하는 등의 제도 개선이 필요하다는 내용이 포함됨에 따라, 1951. 6. 15. 「세리사법(稅理士法)」을 제정하여 시행하게 되었다. 제정 「세리사법」은 종래의 세무대리인을 '세리사(稅理士)'로 명칭만 변경한 것이 아니라, 세리사가 되려는 자의 자격요건이나 선발 시험을 강화하는 내용을 담고 있다. 이후 세리사업계의 지속적인 노력이 받아들여져서 「세리사법」이 대폭적으로 정비되게 된 것은 1980. 4.의 일이다. 세리사의 직무 범위에 세무대리, 세무서류 작성, 세무상담 등 종래의 업무 외에 재무서류 작성, 회계장부 기장 대행, 그밖에 재무에 관한 사무가 추가되었다.

  현재 시행하고 있는 세리사법을 중심으로 세리사 제도에 관한 주요 내용을 정리하여 보면 다음과 같다. 세리사는 ⅰ) 세무대리 — 관세청(税関官署)을 제외하고 우리의 조세심판원에 해당하는 国税不服審判所(국세불복심판소)를 포함하는 세무관공서에 대하여 조세에 관한 법령이나 「行政不服審査法(행정불복심사법)」에 기한 신고, 신청, 청구 및 불복신청 — 이에 준하는 것으로서 정령(政令)으로 정하는 행위를 포함하며, 「주세법(酒税法)」 제2장의 규정에 따른 신고, 신청, 심사청구를 제외한다 — 에 관한 대리 또는 대행 및 당해신고 등에 따른 세무관공서의 조사 또는 처분에 관하여 세무관공서에 하는 주장이나 진술을 대리 또는 대행하는 것 — 아래 ⅱ)의 세무서류의 작성에 그치는 것을 제외한다 — (제2조 제1항 제1호), ⅱ) 세무서류의 작성, 즉 세무관공서에 대한 신고 등에 관련된 신고서, 신청서, 청구서, 불복신청서 또는 그밖에 조세에 관한 법령의 규정에 기하여 작성 — 전자(電磁)적 방법에 의한 작성을 포함 — 하여 세무관공서에 제출하는 서류 중 재무성령으로 정하는 서류를 작성하는 것(제2조 제1항 제2호), ⅲ) 세무상담, 즉 세무관공서에 대한 신고 등 위 ⅱ)에 규정한 주장이나 진술 또는 신고서 등의 작성에 관하여 과세표준 등의 계산에 관한 사항에 대하여 상담에 응하는 것(제2조 제1항 제3호), ⅳ) 이상의 업무 이외에 세리사의 명칭을 사용하여 다른 사람의 요구에 따라 세리사 업무에 부수하여 재무서류를 작성하거나, 회계장부의 기장을 대행하거나 그밖에 재무에 관한 사무를 업무로 행하는 것 — 다른 법률에서 그 사무를 업으로 하는 것을 제한하는 경우에는 그러하지 아니하다 — (제2조 제2항), ⅴ) 세리사가 다른 세리사나 세리사법인의 보조자(補助者)가 되어서 위와 같은 업무를 하는 것(제2조 제3항), ⅵ) 조세에 관한 소송에서 당사자의 보좌인(補佐人)으로 변호사인 소송대리인과 함께 법원에 출석하여 진술하는 것(제2조의2 제1호)을 업무로 한다. 세리사의 경우에도 '보좌인'이라는 독특한 지위를 부여하고 있는데, '보좌인'으로 행한 진술은 당사자 본인이나 소송대리인이 행한 것으로 취급하지만, 당사자 본인이나 소송대리인이 그 진술을 즉시 취소 또는 경정한 경우에는 그와 같이 취급되지 않는다(제2조의2 제2호). 앞에서 일본의 '변리사' 제도에 관한 부분에서 살펴본 '보좌인'의 지위와 동일하다고 할 수 있다.

　　세리사가 될 수 있는 자격 요건은 다음과 같다. ① 세리사 시험에 합격한 자(제3조 제1항 제1호), ② 제6조에 정한 시험과목의 전부에 있어서 제7조 또는 제8조의 규정에 따라 세리사 시험을 면제받은 자(제3조 제1항 제2호), ③ 변호사 — 변호사가 될 수 있는 자격을 가진 자를 포함한다 — (제3조 제1항 제3호), ④ 공인회계사 — 공인회계사가 될 수 있는 자격을 가진 자를 포함한다 — (제3조 제1항 제4호). 다만 위 ①과 ②에 해당하는 자의 경우 조세에 관한 사무 또는 회계에 관한 사무로 정령(政令)에서 정한 사무에 종사한 경력이 통산하여 2년 이상일 것을 요한다(제3조 제1항 단서). 이상을 종합하면 변호사와 공인회계사는 별도의 절차 없이 세리사의 자격이 부여되는 반면, 그러한 자격이 없는 자는 일정한 기간 세무·회계 관련 사무에 종사한 경력을 필요로 하며 세리사 시험에 합격하거나 또는 시험을 면제받아야 함을 알 수 있다. 세리사로 업무를 하려면 재무성령에서 정하는 바에 따라 성명, 생년월일, 사무소의 명칭과 소재지 그밖에 사항을 세리사명부에 등록하여야 한다(제18조).

## 5. 사회보험노무사(社会保険労務士) 제도의 연혁과 현황

　　일본의 '사회보험노무사(社会保険労務士)'는 우리나라의 '공인노무사'와 유사한 자격사로서, 기업의 고용보험, 건강보험, 후생연금, 보험 등 사회보험 전반에 관계된 서류작성이나 제출을 대행하고, 취업규칙의 작성이나 조성금(지원금)의 신청 등 인사, 노무 관리에 관한 컨설팅 업무 및 기업을 경영하는 데 필요한 노무관리 및 사회보험에 관한 상담·지도업무, 노동관련 법령과 사회보장법령에 의거하는 심사청구서 등의 각종 서류 작성의 대행, 노동분쟁에 관한 재판 외 분쟁해결절차 (ADR)의 대리업무 등을 담당한다. 1968. 6. 3. 「社会保険労務士法(사회보험노무사법)」이 제정되면서 비로소 시행되게 되었다.

「사회보험노무사법」이 제정되게 된 배경은 이와 같다. 1950년대부터 1960년대 일본 사회에서는 장차 예측되는 노동력 부족 사태 하에서 중소기업의 노무관리를 근대화하는 것이 시급한 과제로 대두되었고, 이를 위해 중소기업에 중점을 둔 노동관계 법령의 정비, 노동 및 사회보험의 적용 확대, 노동조건 개선 및 노무관리의 근대화 촉진이 중요한 정책목표가 되었다. 이러한 정책목표가 중소기업에 구현되기 위해서는 노동관계법령이나 사회보험관계법령을 정확히 이해할 필요가 있는데, 중소기업의 기업 내 역량으로 이러한 수준을 충족하기는 어려운 실정이었으므로, 이러한 문제에 대하여 적절한 조언과 지도를 할 수 있는 외부의 전문가를 필요로 하게 되었다. 이러한 시대적 요청 하에 노동관계법령 및 사회보험관계 법령에 정통하고 노무관리에 적절한 상담과 지도를 할 수 있는 능력을 갖춘 '사회보험노무사'가 제도화되기에 이른 것이다.[25]

현재 '사회보험노무사'의 직무 범위는 다음과 같다. ⅰ) 별표 제1에 열거된 노동 및 사회보험에 관한 법령에 따라 신청서 등 ― 행정기관 등에 제출하는 신청서, 신고서, 보고서, 심사청구서 재심사청구서 그 밖의 서류를 포함한다 ― 을 작성 ― 전자(電磁)적 방식 등으로 작성하는 경우를 포함한다 ― 하는 업무(제2조 제1항 제1호), ⅱ) 위와 같이

---

25 송기철, "일본의 사회보험노무사에 관한 고찰", 「보험학회지」 12권(1976), 한국보험학회, 8~9면 참조.

작성한 신청서 등에 대하여 그 제출에 관한 절차를 대행하는 업무(제2
조 제1항 제1의2호), ⅲ) 노동이나 사회보험법령에 근거한 신청, 신고,
보고, 심사청구, 재심사청구나 그 밖의 사항 ─ 후생노동성령(厚生労働
省令)으로 정하는 것에 한한다 ─ 을 대리하는 업무, 또는 당해 신청 등
과 관련하여 행해지는 행정기관 등의 조사 또는 처분에 관하여 당해
행정기관 등에 대하여 주장이나 진술 ─ 후생노동성령에서 정하는 것
을 제외한다 ─ 을 대리하는 업무(제2조 제1항 제1의3호), ⅳ)「개별노동
관계 분쟁 해결 촉진에 관한 법률(個別労働関係紛争の解決の促進に関する
法律)」제6조 제1항의 분쟁조정위원회에 같은 법 제5조 제1항의 절차 및
「장애인 고용촉진 등에 관한 법률(障害者の雇用の促進等に関する法律)」제
74조의7 제1항,「고용분야에 있어서 남녀균등과 기회 및 처우의 확보
등에 관한 법률(雇用の分野における男女の均等な機会及び待遇の確保等に関
する法律)」제18조 제1항,「육아휴업, 개호휴업 등 육아 및 가족개호를
행하는 노동자의 복지에 관한 법률(育児休業、介護休業等育児又は家族介
護を行う労働者の福祉に関する法律)」제52조의5 제1항 및「단시간근로자
의 고용관리 개선 등에 관한 법률(短時間労働者の雇用管理の改善等に関す
る法律)」제25조 제1항의 조정절차에 있어서 분쟁의 당사자를 대리하
는 업무(제2조 제1항 제1의4호), ⅴ) 지방자치법 제180조의2의 규정에 따
른 도도부현 지사(都道府県知事. 우리의 시·군·구와 같은 행정단위이다)의
위임을 받아 도도부현(都道府県) 노동위원회가 행하는 개별노동관계분
쟁 ─「개별노동관계 분쟁 해결 촉진에 관한 법률」제1조에 규정한 개
별노동관계분쟁으로서「노동관계조정법(労働関係調整法)」제6조에 규정
한 노동쟁의에 해당하는 분쟁과「행정집행법인의 노동관계에 관한 법
률(行政執行法人の労働関係に関する法律)」제26조 제1항에 규정한 분쟁
및 근로자의 모집과 채용에 관한 사항에 있어서의 분쟁을 제외한 것 ─
에 관한 절차에 있어서 분쟁의 당사자를 대리하는 업무(제2조 제1항 제1

의5호), ⅵ) 후생노동성장관으로 하여금, 개별노동관계분쟁 — 분쟁의
목적의 가액이 120만 엔(円)을 넘는 경우에는 변호사가 동일한 의뢰자
로부터 수임하고 있는 것에 한한다 — 에 관한 민간분쟁해결절차 —
「재판외 분쟁해결절차의 이용 촉진에 관한 법률(裁判外紛争解決手続の利
用の促進に関する法律)」 제2조 제1호에서 규정하는 민간분쟁해결절차를
말한다 — 에 있어서 개별노동관계분쟁의 민간분쟁해결절차 업무를 공
정하고 적확(適確)하게 행할 수 있다고 인정되는 단체로 지정하여 줄
것을 요구하는 것에 있어서 분쟁의 당사자를 대리하는 업무(제2조 제1
항 제1의6호), ⅶ) 노동이나 사회보험법령에 따른 장부서류(전자적으로
작성하는 경우를 포함하고, 신청서 등을 제외한다)를 작성하는 업무(제1항 제
2호), ⅷ) 사업장의 노무관리 그밖에 노동에 관한 사항 및 노동이나 사
회보험법령에 따른 사회보험에 관한 사항에 대한 상담에 응하거나 또
는 지도하는 업무(제1항 제3호) 등이다. 한편 분쟁해결절차 대리 업무에
는 해당 절차에서 상담에 응하는 업무(제3항 제1호), 분쟁해결절차의 개
시시점부터 종료시점까지 사이에 화해의 교섭을 행하는 업무(제3항 제2
호), 분쟁해결절차에 따라 성립한 화해에 의한 합의를 내용으로 하는
계약을 체결하는 업무(제3항 제3호) 등이 포함된다.

사회보험노무사의 자격요건으로는 사회보험노무사시험에 합격하
거나, 시험을 면제받은 자로서 노동이나 사회보험법령에 관한 후생노
동성령에서 정하는 사무에 통산 2년 이상 종사한 자이어야 하나(제3조
제1호), 변호사의 자격이 있는 자는 사회보험노무사가 될 자격이 있다
(제3조 제2호).

## 6. 행정서사(行政書士) 제도의 연혁과 현황

'행정서사(行政書士)'란 다른 사람으로부터 의뢰를 받아 관공서에
제출하는 허가 등의 신청 서류의 작성과 제출절차를 대행하고, 유언서

등 권리의무나 사실증명에 관한 서류 및 계약서의 작성, 행정상 쟁송의 대리를 업(業)으로 하는 국가자격 제도를 가리킨다.

1872년 제정된 「사법직무정제」 체제 하에서는 아직 사법대서와 행정대서의 업무가 구별되지 않고 있었음은 앞에서 이미 살펴보았다. 일본사법서사회연합회(日本司法書士会連合会)가 위 「사법직무정제」 체제 하의 '대서인'을 사법서사의 전신(前身)으로 파악하고 있는 것과 마찬가지로, 일본행정서사회연합회(日本行政書士会連合会) 역시 위 '대서인'을 행정서사의 전신(前身)으로 파악하고 있다는 점도 설명하였다. 1890년대 후반에는 대서업자의 난립을 규율하기 위하여 경시청령(警視廳令) 및 각 부현령(府県令)으로 「대서업취체규칙」이 시행되었으며, 1920년 9월에는 위와 같이 산재한 「대서업취체규칙」을 통일화하기 위하여 내무성령으로 「대서인규칙(代書人規則)」을 제정하였다. 이 「대서인규칙」이 일본에서 행정서사의 전신인 '행정대서(行政代書)'에 관하여 규율하는 최초의 통일적 법제라고 할 수 있다. 제2차 세계대전 종전 후 위 「대서인규칙」은 폐지되었고, 1951. 2. 10. 「행정서사법(行政書士法)」이 제정되었으며, 그 후 여러 차례의 개정을 거쳐 현재에 이르고 있다.

현재 시행하고 있는 「행정서사법」에 따른 행정서사의 직무 범위는 다음과 같다. 다만 다음의 직무 범위에 속하는 경우라고 하더라도 다른 법률에서 제한하고 있는 사항에 대해서는 행정서사의 직무를 행할 수 없다. ⅰ) 관공서에 제출하는 서류 — 전자(電磁)적 방식 등에 의한 기록을 포함한다 — 나, 그밖에 권리의무 또는 사실증명에 관한 서류 — 실제 조사를 바탕으로 하는 도면류를 포함한다 — 를 작성하는 업무(제1조의2 제1항), ⅱ) 위와 같이 관공서에 제출하기 위하여 작성한 서류를 관공서에 제출하는 절차 및 당해 관공서에 제출한 서류와 관련하여 「행정수속법(行政手続法. 우리의 행정절차법)」 제2조 제3호에 규정한 인허가 등 및 당해 서류의 수리에 관하여 행해지는 청문 또는 변명의 기회를 부여하는 절차, 그밖에 의견진술을 위한 절차에 있어서 당해 관공서에 대하여 하는 행위 — 변호사법이 규정하는 법률사무에 해당하는 업무는 제외한다 — 를 대리하는 업무(제1조의3 제1항 제1호), iii) 위와 같이 행정서사가 작성하여 관공서에 제출하는 서류에 관련하여 인허가 등에 관한 심사청구, 재조사청구, 재심사청구 등 행정청에 대한 불복신청의 절차를 대리하거나, 그 절차에 대하여 관공서에 제출하는 서류를 작성하는 업무(제1조의3 제1항 제2호), iv) 위와 같이 행정서사가 작성할 수 있는 계약서 그밖에 관련된 서류의 작성을 대리하는 업무(제1조의3 제1항 제3호), v) 위와 같이 행정서사가 작성할 수 있는 서류의 작성에 대한 상담에 응하는 업무(제1조의3 제1항 제4호)가 그것이다.

행정서사의 자격요건으로는 ① 행정서사 시험에 합격한 자, ② 변호사의 자격을 가지고 있는 자, ③ 변리사의 자격을 가지고 있는 자, ④ 공인회계사의 자격을 가지고 있는 자, ⑤ 세리사의 자격을 가지고 있는 자, ⑥ 국가 또는 지방공공단체의 공무원으로 행정사무를 담당한 기간 및 「독립행정법인통칙법(独立行政法人通則法)」제2조 제4항에 규정한 행정집행법인(行政執行法人) 또는 「지방독립행정법인법(地方独立行政法人法)」제2조 제2항에 규정한 특정지방독립행정법인(特定地方独立行政法人)의 임원 또는 직원으로 행정사무에 상당하는 사무를 담당한 기간이 통산하여 20년 —「학교교육법」에 따른 고등학교를 졸업한 자 또는 그밖에 같은 법 제90조에 규정한 자에 있어서는 17년 — 이상인 자 중 어느 하나의 자격을 필요로 한다(제2조). 한편 인허가 등에 관한 심사청구, 재조사청구, 재심사청구 등 행정청에 대한 불복신청의 절차를 대리하거나, 그 절차에 대하여 관공서에 제출하는 서류를 작성하는 업무를 수행하려면 일본행정서사회연합회 회칙이 정하는 바에 따라 실시하는 연수과정을 수료하여야 한다. 이 과정을 수료한 행정서사를 '특정행정서사(特定行政書士)'라고 한다(제1조의3 제2항).

앞에서도 소개하였던 것처럼 2001. 6. 12.자 사법제도개혁심의회 의견서에서는 변호사 인접 자격사 직군(職群)의 전문성을 활용한다는 관점에서 행정서사의 경우에도 그 전문성을 소송에 활용할 수 있는 방안을 검토할 필요가 있다고 천명하였다.[26] 이러한 의견이 제도화된다면 행정서사의 경우에도 행정소송 등에 있어서 보좌인 또는 제한적인 소송대리권을 인정받는 지위를 부여받게 될 것으로 보인다. 우리 행정사 업계 역시 이러한 동향에 크게 영향을 받을 것으로 전망된다.

## 7. 토지가옥조사사(土地家屋調査士) 제도의 연혁과 현황

앞에서도 설명한 것처럼 토지가옥조사사(土地家屋調査士)는 부동산의 표시에 관한 등기에 있어서 필요한 토지나 가옥에 관한 조사 및 측량, 부동산의 표시에 관한 등기신청절차의 대리, 부동산의 표시와 관련한 등기에 관한 심사청구절차의 대리, 필계특정절차의 대리, 토지경계의 불명확을 원인으로 하는 민사분쟁에 관한 민간분쟁해결절차의 대리 등의 업무 및 이상의 업무와 관련된 상담 등의 업무를 담당하는 자격사이다. 앞에서도 언급하였던 1949년 미국의 샤우프(Shoup)사절단이 일본의 세제 및 지방자치단체의 사무 등에 관한 개혁을 건의한 바에 따라 당시까지 국세이던 재산세가 지방세(市町村税)로 전환되면서, 세무서에서 관리하던 토지대장과 주택대장이 법무국(등기소)의 관할로 옮겨졌고, 이를 계기로 대장 업무의 적정을 도모하여 등기 절차를 원활하게 하고 부동산에 관한 국민의 권리를 명확하게 할 목적으로, 이러한 업무를 전문적으로 수행하는 토지가옥조사사 제도를 실시하기

---

26 http://www.kantei.go.jp/jp/sihouseido/report/ikensyo/pdfs/iken‒3.pdf에 게재(2017. 6. 26. 최종방문)된 「司法制度改革審議会意見書」, 86면.

위하여 1950. 7. 31. 「토지가옥조사사법(土地家屋調查士法)」이 제정되게
되었다.

　　일본토지가옥조사사연합회가 스스로 표방하는 바에 따르면, 토지
가옥조사사의 중요성은 부동산의 상황을 조사·측량하여 위치를 파악
하고 정확한 토지의 면적을 확정한 후 등기부에 반영하는 것에 있으
며, 토지가옥조사사는 토지대장 및 주택대장의 조사원(調查員) 제도의
흐름을 계승하고 '표시에 관한 등기'로 시대의 요청에 따라 역할이 변
화하면서 현재의 발달에 이르러 국민 생활에 필수적인 제도로 정착하
고 있다고 한다.[27]

## 8. 소 결

　　일본의 변호사 인접 자격사 직군(職群)의 변화 추이를 보면 초기에
는 일반적·포괄적으로 법률업무를 취급할 수 있는 변호사 제도가 시
행되었고, 그 이후 특정한 법률업무를 제한적으로 취급할 수 있는 사
법서사 제도가 시행되었으며, 특허 제도의 도입에 따라 변리사 제도가
시행되었고, 이후 법률수요의 확충에 따라 새로운 변호사 인접 자격사
직군(職群)이 생겨나면서 각 직군(職群)이 점점 그 업무 영역을 확대하
여 소송 또는 소송외 분쟁해결절차에서의 대리권을 확보해 나가는 추
세라고 할 수 있다. 이러한 추세는 우리나라의 경우에도 비슷한 양상
을 보이고 있으므로, 향후 우리나라 법률업무관련 자격사 제도의 직무
범위 변화 추이에 많은 시사점을 준다고 할 수 있다.

---

27 전게 일본토지가옥조사사연합회(日本土地家屋調查士会連合会) 홈페이지(http://
　　www.chosashi.or.jp/res/index.html) 참조(2017. 6. 22. 최종방문).

# 제 3 절   독일의 법률업무관련 자격사 제도의 연혁과 현황

## 1. 개 관

독일의 경우 법률업무관련 자격사 직군(職群)으로는 변호사와 변리사 및 세무사를 들 수 있다. 이밖에 법률상담사라고 번역할 수 있는 'Rechtsbeistand'라는 독특한 제도가 있으나 우리나라의 법무사나 일본의 사법서사와 비교할 만한 지위에 있는 자격사라고 할 수는 없다. 독일은 변리사나 세무사와 변호사 사이의 협업(協業)이나 합동사무소(Sozietät)와 같은 형태의 업무 수행을 허용하고 있다(독일연방변호사법 §59a). 그러나 변호사에게 변리사나 세무사의 자격을 자동으로 부여하는 규정은 두고 있지 아니하다. 법률업무에 관한 한 변호사의 직무 영역이 확고하기 때문에 일본의 경우와 같이 인접 자격사 직군(職群)에서 변호사의 직무 영역을 침탈하는 문제는 별로 알려져 있지 않다.

우리나라나 일본의 경우와 비교하면, 독일에는 법무사나 행정사와 같은 자격사는 존재하지 않으며, 우리나라의 공인노무사 또는 일본의 경우에서 볼 수 있었던 사회보험노무사와 같은 자격사 제도도 존재하지 않는다. 이들이 담당하는 사무는 모두 변호사가 담당하는 직무 범위에 포함되므로, 별도의 자격사가 필요하지 않다고 할 수 있다. 그러므로 독일의 법률업무관련 자격사 제도의 연혁과 현황을 살펴보는 부분에서는 변리사와 세무사에 관하여 살펴보는 것으로 한다. 다만 위에서 언급한 것처럼 2008년 이전까지 시행하던 「Rechtsberatungsgesetz(RBerG, 법률상담사법)」을 「Rechtsdienstleistungsgesetz(RDG, 법률서비스법)」으로 대체하면서 변호사가 아닌 자에 의한 법률서비스가 일정한 한도 내에

서 가능하게 된 점이 특기할 만하다. 이 절의 마지막에 이 부분에 관
해서도 살펴보도록 한다.

## 2. 변리사 제도의 연혁과 현황

유럽의 다른 선진국가들에 비하여 통일국가 형성이 늦었던 독일
의 경우, 기술 수준 역시 이들 국가들에 비해 후진성을 면치 못하였다.
이러한 후진성을 극복하기 위한 방편으로 독일은 특허의 수준에 이르
지 못하는 기술이라고 하더라도 권리로 보호할 필요성에서 '실용신안
(實用新案)'이라는 제도를 창안하게 되었다. 변리사 제도 역시 이러한
기술 수준의 발전에 수반하여 정립되기에 이르렀다고 할 수 있다.
1876년 디자인법이 제정되었고, 1877년 특허청이 설립되었다. 특허법
제는 1900년에 들어서면서 비로소 시작되었다고 할 수 있다. 1933년에
변리사들의 자치기관으로 변리사회(Patentanwaltskammer)가 설립되었
다. 1990년 독일 통일 후 동독의 변리사들에게도 서독의 변리사들과
동등한 자격이 부여되었다.

독일 변리사의 구체적인 직무 범위는 ⅰ) 특허, 실용신안, 의장,
지형도(Topographie), 상표, 상표 관련 법안에 의해 보호받는 그 밖의
표상(Kennzeichen), 품종 보호권 등의 출원, 관리, 방어, 취소에 관한 상
담 및 대리 업무, ⅱ) 특허청 또는 특허법원(Patentgreicht) 소관 업무
관련 소송의 대리 업무, ⅲ) 특허 무효 선언, 특허권 내지 기타 권리증
서 철회, 또는 법정 강제 특허 취득(Zwangslizenz)으로 인한 쟁송의 대
리 업무, ⅳ) 연방품종관리청(Bundessortenamt)에서 이루어지는 품종
보호 관련 쟁송절차 대리 업무, ⅴ) 산업재산권, 정보처리, 비보호 발
명 내지 각종 기술공학적 신(新)성과, 품종보호법 또는 비보호 신(新)육
종기술 등의 사안 또는 이와 관련한 법적 문제에 관한 상담 및 대리
업무, ⅵ) 의장 보호기간 연장 사건의 대리 업무, ⅶ) 위 ⅴ)의 사건과

관련한 중재재판소(Schiedsgerichten)에서의 대리 업무 및 위 ⅰ)부터 ⅳ)까지의 사건에 관한 행정상 쟁송절차의 대리 업무 등이다. 소송의 대리라고는 하지만, 특허법원이라는 특수법원에서 주관하는 소송의 경우로 국한되므로, 특허침해를 이유로 하는 민사소송에 대해서까지 대리권이 인정되는 것은 아니다.

  변리사가 되기 위해서는 종합대학에서 공학이나 과학을 전공한 졸업자로서 소정의 기간 동안 변리사 실무수습을 받고 변리사 시험에 합격할 것이 요구된다. 그러나 일정한 경력을 가진 공무원의 경우에는 시험이 면제되기도 한다. 변리사 시험은 특허청에서 주관한다. 독일변리사법(Patentanwaltsordnung, 이하 PAO라고 약칭함)[28]에서 규정하고 있는 내용을 보면, 독일 변리사는 변호사와 별도의 선발절차에 의해 선발되고(PAO §5), 지식재산 관련 법률 서비스와 특허청 및 특허법원 관련 업무에 대한 사건을 대리할 수 있다고 되어 있다(§3). 그러나 모든 법률문제에 관하여 포괄적인 대리권과 조력권을 갖는 변호사의 권리는 변리사 제도에 의해 영향을 받지 않는다[§3(5)]고 규정함으로써, 변리사의 업무 중 법률업무에 관해서는 변호사가 이를 수행할 권한이 있음을 명확하게 하고 있다. 한편 민사소송에 있어서는 필수적 변호사대리 제도가 시행되고 있기 때문에, 지적재산권과 관련한 손해배상 사건에 대한 소송대리권은 변호사에게 전속되고, 변리사에게 이러한 소송을 대리할 권한을 부여하고 있지는 않다. 위 §3에서 특허법원에서의 소송이란 특허무효소송과 같은 유형을 가리키는 것이다. 독일은 특허청의 특허결정에 대한 불복소송과 특허무효소송 등은 특허법원의 관할에, 특허침해소송은 민사법원의 관할에 속하는 것으로 규율하고 있다.

---

28 http://www.buzer.de/gesetz/2859/index.htm 참조(2017. 10. 15. 최종방문).

## 3. 세무사 제도의 연혁과 현황

독일의 경우 우리의 세무사에 해당하는 'Steuerberater'라는 자격사 외에 연혁적으로 '세무대리인'이라고 번역할 수 있는 'Steuerbevollmachtigter'라는 자격사가 존재하였다. 'Steuerberater'라는 용어를 사용한 최초의 법률은 1933년의 '세무사의 자격허가에 관한 법률(Gesetz über die zulassung von Steuerberater)'이다. 이후 1961년 '세무사와 세무대리인의 법적인 관계에 관한 법률'에서는 세무사와 세무대리인의 이원적 체제를 인정하였다.[29] 양자 사이에는 선발시험의 응시자격에 필요한 교육요건과 시험의 난이도에 있어서 차이가 있었으나 세무업무를 수행함에 있어서는 별반 차이가 없었다고 한다.[30] 'Steuerbevollmachtigter'는 1972. 8. 11. 세무사법의 개정으로 폐지되었으나, 개정 전에 'Steuerbevollmachtigter'의 자격을 취득한 자는 계속 세무대리 업무를 수행하는 것이 가능하도록 유예를 두었다. 'Steuerberater'의 경우 국가가 직접 면허를 부여하지 않고 국가의 위임에 따라 세무사협회에서 면허를 부여한다.

세무사 외에도 변호사나 공인회계사는 세무 관련 업무를 수행하는 것이 가능하다. 그러나 세무 관련 업무를 수행하는 변호사라고 하더라도 세무사의 명칭을 사용할 수는 없다. 공인회계사의 경우도 마찬가지이다. 실무상 공인회계사는 세무사 면허를 받는 경우가 다수라고 한다.[31] 별도의 자격이 없더라도 일상적인 영업거래의 기장 업무 등은 누구라도 대행할 수 있다.

세무사가 되려면 세무사 시험에 합격하거나 일정한 경력 또는 EU 내의 다른 회원국에서 세무 업무를 취급할 수 있는 자격을 취득하면

---

29 김완석, "독일의 세무사제도", 「계간 세무사」(1994), 한국세무사회, 27면.
30 박명호·기은선·김정아, "외국의 세무사제도 연구", 한국조세연구원(2007), 39면 참조.
31 전게 "외국의 세무사제도 연구", 38면 참조.

된다.[32] 세무사 시험 응시자격요건은 ① 정규 대학을 졸업하고 2년간 실무경력이 있는 자, ② 전문대학을 졸업한 후 4년간 실무경력이 있거나, 실무와 관련된 교육과정을 이수한 자일 것을 필요로 한다. 다만, 7년 이상 세무행정 경력을 가진 일정 직급 이상의 공무원은 학력 요건을 필요로 하지 않는다. 10년 이상 세무행정 경력 또는 15년 이상 일반 행정 경력이 있는 일정 직급 이상의 공무원은 시험이 면제된다. 10년 이상 주(州)의 세무관청이 관리하는 조세분야의 경력이 있는 교수나 판사의 경우에도 시험이 면제된다. 공인회계사나 선서회계사는 약식 시험을 통과하면 세무사의 면허를 받을 수 있다. 약식 시험은 필기시험 2과목과 구술시험으로 진행된다.[33]

세무사가 수행할 수 있는 업무로는 ⅰ) 장부의 기장 및 결산 업무에 대한 조력 업무, 장부기재사항 및 대차대조표와 손익 산정에 관한 감사 업무, ⅱ) 조세행정청의 조세형사소송절차 및 과태료 절차에 있어서 변호인의 업무, ⅲ)기업의 설립에 있어서 법 형식을 선택하는 업무, 위치 결정, 합병, 기업분할 및 경영과제, 조직상담, 전산상담, 보조금에 대한 상담, 특허 상담 등 경영상담 업무, ⅳ) 세무사의 업무와 직접 관련되는 법률상담 업무, ⅴ) 조세확정절차, 조세집행절차를 포함한 조세징수절차, 외부조사, 법원 이외에서 법률구조를 받는 절차 등 조세행정절차의 대리 업무 및 조세소송절차의 대리 업무 등이다.[34]

## 4. Rechtsbeistand(법률상담사) 제도의 연혁과 현황

'Rechtsbeistand'는 우리나라에 정식으로 번역된 용어가 아직 없으나, 그 직무의 속성상 법률상담사로 번역할 수 있는 자격사이다.

---

32 전게 "외국의 세무사제도 연구", 34면 참조.
33 전게 "세무사 자격제도 역사적 고찰을 통한 개선방안", 119면.
34 전게 "외국의 세무사제도 연구", 36면 참조.

「Rechtsberatungsgesetz(RBerG, 법률상담법)」 제1조에 정한 바에 따라 제한 없이 또는 특정한 법률분야에 제한적으로 다른 사람에게 법률적 조언을 제공하는 것을 업으로 한다. 「Rechtsberatungsgesetz(RBerG)」는 1935년에 제정되었고 2008년에 「Rechtsdienstleistungsgesetz(RDG, 법률서비스법)」으로 대체되었다. 「Rechtsberatungsgesetz(RBerG)」는 원칙적으로 변호사가 아니면 법률상담업을 할 수 없도록 제한하였다. 이에 대하여 2004년 독일 연방헌법재판소는 법률상담법의 기본 태도가 「독일기본법」에 위반하는 것은 아니라고 하면서도, 다년간의 법관경력을 보유한 사람이 무상으로 법률상담을 하는 것을 금지하는 것은 비례의 원칙에 반한다고 판시하였다. 이에 따라 「Rechtsberatungsgesetz」가 「Rechtsdienstleistungsgesetz」으로 대체되기에 이른 것이다. 「Rechtsdienstleistungsgesetz」에서는 재판상 법률서비스는 재판절차를 규율하는 민사소송법이나, 형사소송법 등 기존의 절차법에서 규율하도록 하고 「Rechtsdienstleistungsgesetz」에서는 재판외의 법률서비스만을 규율함을 목적으로 하였다. 변호사가 아닌 자라도 등록을 함으로써 법률상담의 형태로 학문적인 감정의견의 제출이나 중재·조정활동 및 방송매체에서 일반인을 대상으로 하는 법적 문제의 논의 등의 법률서비스를 제공할 수 있도록 하였다. 무상(無償)으로 제공하는 법률서비스나 직업단체나 이익단체 또는 조합이 자신의 구성원을 위해 업무의 범위 안에서 제공하는 법률서비스 및 공적 또는 공적으로 승인된 지위에서 제공하는 법률서비스에는 등록도 필요하지 않는 것으로 하였다. 주된 업무가 아니라 자신이 수행하는 사무에 부수적인 형태로 법률서비스를 제공하는 경우에도 등록을 필요로 하지 않는다.

## 제 4 절   프랑스의 법률업무관련 자격사 제도의 연혁과 현황

### 1. 개 관

　　프랑스의 경우 변리사에 해당하는 직군(職群)이 존재하기는 하나, 이들은 특허나 상표의 출원만을 대리할 수 있을 뿐, 소송을 대리할 수 있는 권한이 인정되지 않는다. 프랑스의 경우 변리사 해당 직군(職群)은 '특허대리인'과 '상표대리인'으로 나뉘는데 각각 선발시험도 달리한다. 출원사무의 경우 법률업무적 성격이 상당히 희박하기 때문에 프랑스의 변리사를 이 연구의 범주인 법률업무관련 자격사의 하나로 파악할 필요성은 거의 없는 것으로 생각된다. 한편 세무사의 경우에도 프랑스에는 우리나라의 세무사 제도처럼 국가에서 공인하는 자격사 제도가 존재하지 않는다. 대신 변호사, 공인회계사, 회계감사인, 공증인 등이 조세 관련 업무를 수행하고 있다. 조세소송의 조력이나 대리는 변호사에게만 허용된다.[35] 장부 작성 등과 같은 세무대리 업무의 경우 특별한 자격을 요구하지 않으므로 누구나 이를 대리할 수 있지만, 실제로는 회계지식에 정통한 공인회계사가 장부 작성을 대리하거나 간단한 세금신고서의 작성을 대행하는 업무를 수행하고 있다. 장부 작성이나 세금신고서 작성 대행 외에도 재무관리, 회계자문, 감사업무 등은 공인회계사의 업무 영역에 해당한다. '공증인(公證人)'은 재산의 이전에 필요한 서류를 작성하는 업무를 수행하면서 부수적으로 해당 업무와 관련한 조세상담 업무를 수행할 수 있다. 부동산등록세나 상속세, 증여세를 계산하고 세무서에 납부하는 업무도 대행한다. 그러나 법인세나 소득세는

---

35 전게 "외국의 세무사제도 연구", 49면.

'공증인'의 업무와 관련성이 없으므로 이에 대한 업무는 수행하지 않는다.[36] 이런 수준의 업무는 법률업무의 범주에 포함시키기에 적절하지 않다. '회계감사인'은 주식회사 및 주식합자회사의 법정 감사역을 가리키는 용어인데, 프랑스에는 별도의 감사 제도가 존재하지 아니하여 이사가 업무 감사를 함께 담당한다. 회계감사 업무 역시 이 연구에서 다루고 있는 법률업무의 범주에 포함시키는 것은 적절하지 않다.

결국 프랑스의 경우 변호사 외에 법률문서 작성 등 제한적으로 법률업무를 수행할 수 있는 직군(職群)은 별도로 존재하지 않는다고 볼 수 있다. 그러나 변호사라고 포섭할 수 있는 직군(職群)이 비교적 다양하게 분화되어 있으므로 프랑스의 법률업무관련 자격사 제도의 연혁과 현황을 살펴보기 위해서는 변호사 제도의 연혁과 현황을 살펴볼 필요가 있다.

## 2. 1971년 변호사법 이전 시기

1971년 변호사법이 제정되기 전까지 프랑스에서 법률업무와 관련한 직군으로는 'Agent d'affaires',[37] 'Officier ministériel'[38]와 '변호사'가 존재하였다. 변호사는 다시 Avocat, Avoué 및 공정증서를 작성하는 Notaire 등으로 나뉘어 있었다.[39] Agent d'affaires는 일반적으로 보수

---

36 전게 "외국의 세무사제도 연구", 51면.
37 법무부, 『각국의 변호사제도』(2001), 203면에서는 'Agent d'affaires'를 법률대행사로 번역하였으나, 'Agent d'affaires'는 법률업무만을 취급하는 지위에 있지 아니하고 일반적으로 다른 사람의 업무를 대행 또는 대리할 수 있는 지위에 있었으므로 법률대행사라고 번역하는 것은 적절하지 않다고 보아, 이 연구에서는 원어대로 표기하였다.
38 전게 『각국의 변호사제도』(2001), 203면에서는 'Officier ministériel'를 '사법공공직무자'라고 번역하였는데, 이 연구에서도 그 번역을 따르도록 한다.
39 본문의 '변호사'는 전게 『각국의 변호사제도』의 표현을 그대로 옮긴 것인데, 여기서 말하는 '변호사'가 Avocat와 Avoué를 가리키는 것인지 아니면 그 이전에 존재하다가 사라진 Agréé를 가리키는 것인지, 그것도 아니라면 현대의 변호사에 해당하는 일반명사인 Barreau를 가리키는 것인지 명확하지 않다. 이 연구에서는 프랑스의 변호사를 가장 일반적인 유형인 Advocat으로 상정하도록 한다.

를 받고 일정한 업무를 대행 또는 대리하는 자를 의미하는데, 이 중에는 법률업무를 대리하는 경우도 있었다. Agent d'affaires 중 법률업무를 취급할 수 있는 직군으로는 'l'agréé présles tribunaux de commerce(상사법원변호사)', 'le conseil juridique(법률상담사)', 'le conseil fiscal(세무사)', 'l'expert comptable(회계사)', 'l'agent genéral d'assurance(보험사)' 등이 존재하였다.[40] 상사법원변호사(l'agréé présles tribunaux de commerce)는 상사법원에서 당사자를 대리하여 소송을 제기하고 변론하는 직무를 담당하였다. 법률상담사(le conseil juridique)의 업무는 본래 변호사의 직무에 속하는 업무였으나, 20세기 이후 법령의 증가와 법 영역의 세분화로 인하여 법률상담 업무가 해당 법 영역의 전문가 등에게 넘어오면서 자연발생적으로 법률상담사(le conseil juridique)라는 직군(職群)이 등장하게 되었다. 1971년 변호사법 제정 이전까지는 소송대리에 있어서도 소장을 작성하여 제출하는 Représenter[41]와 법정에서 당사자를 대리하여 변론하는 변호사(Avocat)로 이원화되어 있었다.

## 3. 1971년 변호사법 시기

1971년 제정된 변호사법에서 변호사는 지방법원 대소사와 상사법원변호사의 직무를 흡수하는 한편 지방법원 대소사와 상사법원변호사에게 변호사의 자격을 취득할 수 있도록 허용하였고, 법률상담사에 대해서도 법적 근거를 마련하여 규율할 수 있도록 하였다. 이를 '소통합'이라고 부르기도 한다.

---

40 전게 『각국의 변호사제도』(2001), 204면에서는 이들을 각각 상사법원변호사, 법률상담사, 세무사, 회계사, 보험사로 번역하였다. 이하 이 연구에서도 이들에 대해서는 그러한 번역을 따르기로 한다.

41 전게 『각국의 변호사제도』(2001), 204면에서는 Représenter를 '대소사(代訴士)'라고 번역하였다. 이 연구에서도 이 번역을 따르기로 한다.

## 4. 1990년 개정 변호사법 시기

1990년 변호사법을 개정하여 법률상담사의 직무가 변호사의 직무로 흡수되었다. 이때에도 일정한 요건 하에 법률상담사가 변호사의 자격을 취득할 수 있는 길을 마련하였다. 1990년의 변호사법 개정을 통하여 프랑스에서 법률업무를 수행할 수 있는 자격사로는 변호사가 원칙적인 존재가 되었다. 이를 '대통합'이라고 부른다.

그러나 변호사가 아니더라도 법률업무를 수행할 수 있는 지위에 있는 직군으로, '주된 법률종사자(le professionnel juridique à titre principal)'와 '부수적 법률종사자(le professionnel juridique à titre accessoire)'라는 체제를 유지하는 것이 프랑스 법제의 특징이라고 할 수 있다. '주된 법률종사자'는 법에서 특별한 자격을 규정하여 그 직무의 본질상 당연히 법률상담이나 법률문서 작성 등 법률업무를 수행할 수 있는 직군이다. 이런 점에서 '법정(法定)법률종사자(le professionnel juridique reglementé)'라고 부르기도 한다. 반면에 '부수적 법률종사자'는 본래 다른 직무를 수행하면서 그에 부수하여 법률업무도 수행할 수 있는 직군(職群)이나, 이들 역시 변호사법이 요구하는 일정한 자격 요건과 윤리수준을 충족하여야 법률업무를 취급할 수 있다.[42] '주된 법률종사자'에 해당하는 직군으로는 변호사, 최고행정법원(Conseil d'Etat)·파기원의 변호사, 항소법원 대소사, 공증인, 집행관, 동산경매관, 법정관리인, 청산인 등이 있다. 변호사를 제외한 나머지 직군(職群), 즉 최고행정법원(Conseil d'Etat)·파기원의 변호사, 항소법원 대소사, 공증인, 집행관, 동산경매관, 법정관리인, 청산인 등은 사법공공직무자(Officier ministériel)에 해당한다. 집행관, 동산경매관, 법정관리인, 청산인 등은 특정한 직무와 관련하여서만 제한적으로 법률업무를 취급할 수 있다. '부수적 법률종사

---

42 전게 『각국의 변호사제도』(2001), 207면 참조.

자'에 해당하는 직군(職群)으로는 회계사, 부동산중개사, 건축사, 은행원, 보험사 등이 있는데, 이들은 그 소관사무와 본질적으로 직접적 관련성이 있는 법률업무만을 취급할 수 있다.

## 5. 소 결

이상에서 살펴본 바와 같이 프랑스에서 법률업무와 관련한 직군으로는 '주된 법률종사자'와 '부수적 법률종사자'가 거론되고 있다. 그러나 '부수적 법률종사자'의 경우 그 직무의 본질적 내용이 법률업무에 속한다고 보기 어렵고, 부수적으로 수행하는 법률업무 역시 국가가 관리하는 면허제도에 기반을 두고 있는 것은 아니라고 할 수 있다. 국가가 관리하는 면허 제도에 기반을 두고 있지 아니하다는 점은 '주된 법률종사자'의 경우도 마찬가지이다. 결국 이들을 이 연구에서 설정한 법률업무관련 자격사의 범주에 포함시킬 필요성은 별로 없다고 할 수 있다. 그러므로 프랑스에서 법률업무를 취급할 수 있는 자격사 제도로는 변호사 제도만을 고려하더라도 충분할 것이다.


# 제 5 절   미국의 법률업무관련 자격사 제도의
# 연혁과 현황


## 1. 개 관

미국법에서는 변리사나 세무사와 같은 자격사 외에도 Legal Secretary, Legal Assistant, Paralegal, Freelance Paralegal, Contract Paralegal, Independent Paralegal, Legal Clerk, Document Clerk 등 다양한 유형의 법률업무관련 직군(職群)이 거론되고 있다. Legal Secretary는 전통

적 의미의 사무직원을 가리킨다. 1960년대와 1970년대에 접어들어 변호사 수임료가 급격히 상승하게 되면서 변호사 수임료를 감당할 수 있는 재정적 능력이 부족한 공공의 수요에 부응하기 위해서 Paralegal이나 Legal Assistant가 등장하게 되었다. 이들은 일정한 교육과 실무경험을 바탕으로 고객들에게 보다 직접적으로 문서작성 등 제한된 법률서비스를 제공할 수 있게 되었다. 초기에 법률사무소에서만 근무하던 Paralegal은 1970년대 이후 기업, 병원, 정부 기관, 은행, 법률 클리닉 등 다양한 영역에서 근무하고 있다. Paralegal의 근무영역이 확장되면서 Freelance Paralegal이나 Contract Paralegal과 같이 다소의 독립성이 부여되는 Paralegal 유형이 생겨나게 되었다. 이들은 변호사의 감독하에 직무를 수행하지만 어느 하나의 변호사에게 소속하지 않고 몇 개의 법률사무소에 소속할 수도 있었다. 이들의 업무 영역이 확장되면서 일부는 자신들을 Legal Clerk 또는 Document Clerk이라고 부르기 시작했다. 일반인은 이들이 어떤 권한을 갖는지 명확히 알지 못했고 경우에 따라서는 피해를 입는 경우도 생겨났다. 이러한 현상에 대응하여 법적 규제가 필요하게 되자 캘리포니아(California)주에서는 1998년 법률서비스를 제공하기 위한 기본 자격요건을 규정하는 법률을 제정하게 되었고 이들을 'Legal Document Assist'라고 부르게 되었다.[43]

결국 미국에서 변호사를 제외한 법률업무관련 직군(職群)은 크게 법률사무소에 소속되어 있는 Paralegal과 특정한 소속 없이 자신의 업무를 수행하는 Legal Document Assist로 나누어 볼 수 있다. 물론 Legal Document Assist는 캘리포니아주 법률에 따른 명칭이고, 독립적으로 직무를 수행하는 Paralegal이 모두 Legal Document Assist인 것은 아니지만 가장 대표적인 독립적 Paralegal 유형이 Legal Document

---

43 http://legaldocumentassistant.blogspot.kr/2007/12/whats-in-name.html(2017. 6. 20. 최종방문).

Assist이므로 이 설의 마시막 부분에서는 일반직인 Paralegal과 Legal Document Assist에 관해서 좀 더 자세하게 살펴보도록 한다.

## 2. 변리사 제도의 연혁과 현황

미국에서 특허 관련 사무나 쟁송을 대리할 수 있는 자격사 제도가 언제 어떻게 기원하였는지 정확하지는 않지만, 현재 미국의 특허 관련 사무와 쟁송을 대리할 수 있는 전문자격사에 관해서는 그 취급하는 업무가 법률업무의 성격을 갖느냐 그렇지 않느냐 여부에 따라 이원적인 체제를 채택하고 있다. 이러한 체제는 미국의 특허 관련 법제의 특징에서부터 기인하는 것이라고 할 수 있다.

미국의 특허에 관한 등록절차는 특허청(USPTO[44])이 주관한다. 특허청의 심사관은 특허권의 침해나 무효여부를 판단하는 권한은 보유하고 있지 아니하다. 단지 특허를 재심사하여 출원된 특허에 대하여 거절할 권한을 가질 뿐이다. USPTO의 결정에 불복하는 특허권자(출원인 포함)는 특허항소심판위원회(BPAI[45])에 심판을 청구할 수 있다. 특허항소심판위원회의 심판은 행정절차이며, 이에 대하여 불복하는 경우에는 연방순회항소법원(CAFC[46]) 또는 컬럼비아특별구 연방지방법원(U.S. District Court for the District of Columbia)에 소송을 제기할 수 있다. 컬럼비아특별구[47] 연방지방법원(U.S. District Court for the District of Columbia)의 소송은 제1심에 해당하여 항소심은 CAFC가 담당하게 된다. CAFC는 법관 외에 관련전문분야를 전공하거나 특허청에서 3년 이상 근무한 심사관 중에서 선발한 기술보좌관(Technical Assistant)을 두어 재판을 보조하도록 한 점이 특징이라고 할 수 있다. 기술보좌관은 대학 학부

---

44 United States Patent and Trademarks Office의 약자.
45 Board ofPatentAppealsand Interference의 약자.
46 CourtofAppealsfor FederalCircuit의 약자.
47 워싱턴 D.C.

에서 과학 또는 공학을 전공한 자들이지만, 모두 정규 로스쿨 과정을 이수한 변호사자격 소지자들이다.48 이러한 점에서 법관에 의한 재판을 받을 권리를 침해할 우려가 있다는 비판을 받고 있는 우리 특허법원의 기술심리관과는 본질적으로 다른 지위를 갖는다고 볼 수 있다. 이들의 지위는 정년이 보장된 정규직 공무원이다.

CAFC의 판결에 대한 상소는 대법원이 담당한다. 이에 반하여 특허의 무효에 관한 소송이나 특허침해를 원인으로 하는 민사소송은 모두 연방지방법원 — 미국의 특허법은 연방법이기 때문에 그에 관한 특허의 유·무효나 특허침해에 관한 쟁송은 연방법원의 관할에 속하게 된다 —, CAFC, 연방대법원으로 이어지는 3심제를 적용하고 있다. BPAI는 특허의 유·무효나 권리범위를 판단할 권한을 보유하지 않기 때문에 이러한 쟁점들은 특허침해와 관련된 소송에서 항변이나 반소 등의 형태로 다루어지게 된다. 이러한 체계를 도해하면 다음과 같다.49

[그림 3] 미국 특허재판의 체계

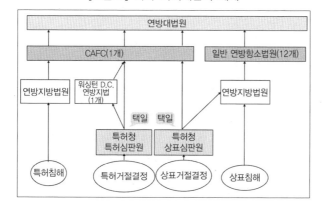

48 이인실, 특허쟁송제도에 관한 연구, 고려대학교대학원 박사학위논문, 106면.
49 임호순, "미국에서의 특허침해소송과 특허무효절차", 「발명특허」 제35권 제12호(2010. 12.), 한국발명진흥회, 20면에서 재인용.

　　이러한 특허쟁송절차의 이원화에 바탕을 두고 미국 특허쟁송의 대리 제도 역시 분화되어 있는 것이 미국 특허쟁송의 기본적인 체계라고 할 수 있다. 특허변호사(Patent Attorney)가 아닌 일반 변호사(Attorney)는 특허청에 대한 대리권이 인정되지 않는다. 즉 특허청에서 대리할 수 있는 자격은 변리사(Patent Agent)와 특허변호사로 제한된다. 특허변호사는 특허청뿐만 아니라 일반 법원에서도 소송을 대리할 권한을 갖는다. 그러나 변리사는 일반 법원에서 소송을 대리할 권한을 갖지 않는다. 일반 변호사는 특허청에서는 대리할 권한이 없지만, 일반 법원에서는 대리할 권한을 갖는다. 이와 같은 체제 하에서는 당연하게도 변호사의 자격을 취득하면 변리사의 자격을 자동으로 부여하는 제도는 존재하지 아니한다. 특허청에서 대리를 하려면 특허청에서 주관하는 시험에 합격해야 하는데 이 과정은 특허변호사에게도 동일하게 요구된다.

　　변리사는 이공계 대학 수준의 학력을 가진 자 중에서 특허청에서 시행하는 변리사 시험에 응시하여 합격하여야 한다. 미국 특허청에서 4년 이상의 특허심사관 경력을 가진 자는 특허변리사 시험을 면제받을 수 있다. 변리사는 반드시 변호사의 자격을 보유할 것을 필요로 하지 않는다. 단지 특허청에서 특허실무를 수행하기 위하여 등록을 필요로 할 뿐이다. 미국 특허청은 변리사에 관하여 "one who is not an attorney but is authorized to act for or in place of the applicant(s) before the Office, that is, an individual who is registered to practice before the Office"라고 규정하고 있다.[50] 변리사는 상표에 관한 업무를 제외하고는 특허청에 대하여 특허에 관한 모든 업무를 대리할 수 있다. 특허청의 결정에 대한 항고심판에 대해서도 대리권이 인

---

50　https://www.uspto.gov/learning-and-resources/glossary#sec-a 중 agent (patent) 부분 참조(2017. 8. 1. 최종방문).

정된다. 그러나 이러한 절차는 모두 행정상 쟁송절차에 해당하므로 미
국의 변리사는 소송절차에 관해서는 대리권을 갖는다고 할 수 없다.
소송절차에 관한 대리권은 변호사에게 전속된다. 변호사 중에서 특허
변호사는 특허청의 행정상 쟁송절차에서도 대리권을 갖는 반면, 일반
변호사는 일반 법원의 소송절차에서만 대리권을 갖는다.

## 3. 세무사 제도의 연혁과 현황

미국의 경우 누구라도 세무관련 업무를 수행할 수 있으며 특별한
자격을 요구하지 않는다. 그러나 예외적으로 연방조세업무 중 국세청
에 대한 대리행위를 하려면, 국세청에 대리인으로 등록한 자이거나,
공인회계사 또는 변호사의 자격이 있을 것을 필요로 한다. 국세청에
대리인으로 등록하려면 국세청에서 실시하는 자격시험에 합격한 자,
또는 5년 이상 국세청에서 세법 관련 업무 경력이 있는 자로서 국세청
의 자격심사를 거친 자라야 한다. 국세청에 대한 대리행위란 국세청에
제출하는 서류의 작성, 작성한 서류의 제출, 국세청과의 협의, 청문절
차에서 의뢰인을 대리하는 행위를 포함한다.[51]

## 4. Paralegal 제도의 연혁과 현황

### 가. 미국법상 Paralegal 제도

Paralegal이란 법률사무소에 소속되어 변호사들을 보조하는 직업
군을 가리키며, 통상 '법률보조원'이라고 번역되는데, 우리의 사무직원
에 해당한다고 볼 수 있다. 예외적으로 전체 Paralegal 중에서 5% 정
도는 법률사무소에 소속되지 않고 독자적으로 활동한다고 한다.[52] 그
러나 미국 대부분의 주는 변호사의 자격이 없는 자가 독자적으로 법률

---

51 전계, "외국의 세무사제도 연구", 32면 참조.
52 전계, "외국의 세무사제도 연구", 111면 각주 135) 참조.

업무를 취급하는 것을 허용하지 않고 있으므로, 이렇듯 독립적인 Paralegal들의 활동은 비변호사의 법률사무 취급을 엄격하게 금지하지 않는 캘리포니아 주나 워싱턴 주 등 극히 일부에 국한되어 있다고 할 수 있다.

영국과 미국의 법률사무소 모두 Paralegal 제도를 운영하고 있는 데, 그 활동범위가 다소 상이하다. 미국의 Paralegal에게는 극히 제한된 예외를 제외하고는 원칙적으로 법률문서의 작성이나 소송대리가 허용되지 않는다. 미국의 Paralegal은 단순한 사무의 보조가 아니라 전문적 영역을 구축하고 있다는 점에서 통상의 사무직원과 구별된다고 설명하기도 한다.[53] 구체적으로는 로펌에서 주로 별도의 독자적인 업무공간을 제공받으며, 속기 등 보조적 사무는 담당하지 않고 오히려 다른 직원의 보조를 받으며, 다른 직원에 비하여 상대적으로 높은 보수를 받고, 대부분 대학을 졸업하고 전문화된 교육과정이나 업무경력을 가진 자들로서 업무능력에 대한 평가나 교육과정이 소속 변호사에 대한 과정과 유사하다는 것이다.[54] 그러나 이러한 설명에 의하더라도 미국의 Paralegal이 다른 사무직원과 구별되는 본질적 자격이나 직위는 아니라는 점을 알 수 있다. 이러한 점에서 미국의 Paralegal을 별도의 독립된 변호사 인접 자격사나 법률업무관련 직군(職群)으로 파악하는 것은 무리라고 하겠다.

미국에서 1,000여 개의 대학이 Paralegal을 위한 교육과정을 개설하고 있는데 이를 이수하게 되면 Associate Degree를 취득할 수 있고, Certified Paralegal(또는 Certified Legal Assitant) 자격시험에 응시할 자격이 부여된다. 그러나 Certified Paralegal나 Certified Legal Assitant 자격시험은 National Association of Legal Assitant(NALA로 약칭)이나

53 노명선, 전게 109면.
54 노명선, 전게 111면 각주 133) 참조.

American Alliance Certified Paralegal(AAPC라고 약칭), 또는 National Federation of Paralegal Assitants(NFPA라고 약칭) 등과 같은 민간기구에서 주관하는 시험으로, 주관하는 기관별로 시험방법이나 자격증의 유효기간 등이 서로 다르며, 이 시험에 합격하여 자격증을 취득한다고 하더라도 특별한 법적 지위가 부여되는 것은 아니다.

### 나. 독립적 직무수행이 허용되는 예외적 Paralegal 제도

미국의 경우 법률사무소에 소속되어 변호사의 업무를 보조하는 일반적인 Paralegal과 달리 독립적으로 자신의 업무를 수행할 수 있는 예외적인 Paralegal 제도가 시행되고 있는 경우도 있는데, 캘리포니아주의 Legal Document Assist 제도가 가장 대표적이다. Legal Document Assist란, 변호사 없이 당사자소송을 하고 있는 자에게 조력하는 서비스를 제공할 수 있는 자로서 'Document Technician', 'Legal Document Preparer', 'Legal Technician', 'Online Legal Document Provider', 'Legal Document Clerk'이라고 불리기도 한다.[55] Paralegal의 일종이지만 일반적인 Paralegal과 달리 독자적으로 업무를 수행할 수 있다. 미합중국 전역에서 일반적으로 허용되는 것은 아니고 극히 일부 주에서 예외적으로 시행하고 있는 제도이다. 1985년 오레건(Oregon)주의 Oregon Scrivener's Act에서 기원하나, Legal Document Assist를 공식 제도화한 한 것은 캘리포니아주가 최초이다.[56] 캘리포니아주는 SB1418이라고 알려진 새로운 주법(州法)을 통해 2000. 1. 1.부터 인증된 비(非)변호사로 하여금, '스스로 소송'을 하고 있는 사람들에게 법률문서를 준비해 주는 서비스를 제공하게 되었는데, 이 인증된 비(非)변호사를 Legal Document Assist라고 부른다. 그 이전에는 이른바 독립된 Paralegal이

---

55 https://en.wikipedia.org/wiki/Legal_document_assistant(2017. 6. 20. 최종 방문).
56 위 사이트 참조.

고객에게 직접 법률문서 준비서비스를 제공할 수 있었지만, 'Business and Professions Code Section 6450'의 개정으로 Legal Document Assist만이 이러한 서비스를 제공할 수 있게 되었다.[57] 캘리포니아 주 외에도 몇몇 주에서 이와 유사하게 변호사가 아닌 자에게 예외적으로 법률문서 작성권한을 부여하고 있는 경우가 있다. 워싱턴(Washington) 주는 'Admission and Practice Rules' 12에서 'Limited Practice Officer'에게 매우 제한된 범위 내에서 법률관련 문서를 선택하고 완성하는 권한을 허용하고 있고,[58] 플로리다(Florida) 주에서도 'Legal Document Paralegal'에게 공란으로 되어 있는 법률양식을 판매하거나 타이핑해서 법률양식을 완성하는 업무 및 일반적으로 출간된 법률정보를 판매할 수 있도록 하고 있으나, 법률양식을 완성하는 방법을 조언하는 것은 금지하고 있다.[59]

　　Legal Document Assist는 ⅰ) 변호사에 의해 출판되었거나 승인된 법률자료를 고객에게 제공하고, ⅱ) 고객의 지시에 따라 고객의 법률문서를 준비해주고, ⅲ) 고객의 문서를 적절한 법원에 제출하는 권한을 갖는다.[60] 다툼 없는 이혼서류, 파산, 유언 등 주로 정형화된 법률업무에 관한 서류의 작성과 제출 권한만을 가지나, 법률적 자문을 하는 것은 금지되며, 소송대리권도 허용되지 않는다. Legal Document Assist가 제공하는 법률문서에는 반드시 변호사가 어떤 양식이 필요함을 명시하여 승인한 자세한 안내가 들어있어야 한다. 정형화된 법률사무의 경우 변호사에게 위임하는 것보다 저렴한 비용으로 Legal Document

57 https://www.linkedin.com/pulse/paralegal−vs−california−legal−document− assistant−sandra−mccarthy(2017. 6. 20. 최종방문).

58 http://www.courts.wa.gov/court_rules/?fa=court_rules.display&group=ga &set=apr&ruleid=gaapr12(2017. 6. 20. 최종방문).

59 http://www.faldp.org/About−FALDP−Contact−FALDP.html(2017. 6. 20. 최종방문).

60 https://calda.org/visitors/#NewProfession(2017. 6. 20. 최종방문).

Assist를 이용할 수 있다는 점이 Legal Document Assist의 효용성이라고 설명하고 있다.[61]

이상에서 살펴본 바와 같이 미국의 Legal Document Assist는 우리의 법무사와 유사한 지위에 있으나, 수행할 수 있는 법률업무의 범위에 있어서 법무사의 그것보다 더 엄격한 제한을 받고 있음을 알 수 있다. 이와 같이 엄격한 제한을 고수하는 이유는 미국의 경우에도 루이지애나(Louisiana) 주와 푸에르토리코(Puerto Rico) 주를 제외하고는 변호사가 아닌 자에 의한 법률업무 처리가 엄격하게 금지되고 있기 때문이다.

## 5. 소 결

미국의 경우 법률업무를 수행할 수 있는 권한은 원칙적으로 변호사에게 전속된다. 특허관련 법률업무의 경우에는 모든 변호사가 당연히 수행할 수 있는 것이 아니고 특허변호사라는 제한된 자격사에게만 허용되지만, 특허변호사도 본질적으로 변호사의 자격을 가진 위에 특허청에서 대리할 수 있는 권한을 부여받았다는 점에서 변호사로 파악하지 않을 이유가 없다. 세무업무에 있어서도 세무관련 법률사무는 변호사의 업무 영역에 속한다. 그러나 특허관련 업무에 있어서는 특허청에서 이루어지는 업무와 법원에서 이루어지는 업무가 나뉘어 특허청에 대해서는 변리사와 특허변호사가, 법원에 대해서는 특허변호사와 일반변호사가 대리권을 보유한다. 또 변호사 외에 Paralegal이라는 제도를 활용하여 양식에 따른 법률문서의 작성 등 간단한 법률사무를 취급할 수 있도록 하고 있다. 이 Paralegal 제도가 우리의 법무사 제도와 유사하다고 할 수 있으나, 아직 대부분의 주에 보편화되어 있는 제도는 아니라고 할 수 있으며, 그 권한 범위도 우리의 법무사에 비해서는

| 61 위 사이트 참조.

현저히 직다고 할 수 있다.


# 제 6 절   영국의 법률업무관련 자격사 제도의
연혁과 현황


## 1. 개  관

영국에서 법률관련 업무를 취급할 수 있는 직업군(群)은 다른 나라의 경우와 마찬가지로 크게 변호사와 비(非)변호사로 나누어 볼 수 있다. 그러나 다른 나라에서 거의 찾아볼 수 없는 영국 변호사 제도의 가장 큰 특징은 변호사가 바리스터[Barrister(法廷辯護士)]와 솔리시터[Solicitor(事務辯護士)]로 이원화되어 있다는 점이다. 전통적으로 Solicitor는 의뢰인과 직접 접촉하면서 법률문서와 증거자료를 준비하는 업무를 하고 이를 Barrister에게 전달하면 Barrister가 법정에서 변론을 수행하는 구조로 되어 있었다. 그러나 Barrister와 Solicitor의 업무 영역 구분은 점점 옅어지는 추세에 있다. Solicitor는 Magistrates' Court(치안법원), County Court(지역법원)[62]의 법정에서 변론할 수 있는 지위를 보유하고 있었다. 이에 더하여 1990년 Courts and Legal Services Act를 통해 Solicitor Advocate 제도가 시행되면서 이 자격을 취득한 Solicitor는 High Court(지방법원)에서도 변론할 수 있게 되었다. 1999년에는 The Law Society of England(영국법조협회)에서 정한 요건을 갖춘 경우에는 모든 법원에서 변론이 가능하도록 확대되었다. 한편 Barrister는

---

62  영국 사법체제 하에서 High Court가 우리나라의 지방법원에 해당하고, County Court는 우리나라의 지원이나 시·군 법원에 해당한다고 할 수 있다. 이에 따라 이 연구에서는 High Court를 지방법원, County Court를 지역법원이라고 번역하였다.

원칙적으로 의뢰인과의 직접 접촉이 금지되었으나 예외적으로 Public Access Scheme 인증을 받으면 의뢰인을 직접 접촉할 수 있도록 허용되었다.

Solicitor를 법무사와 유사한 직업군으로 보는 견해가 없는 것은 아니나, 그 양성과정이나 Barrister와의 관계 등을 고려할 때, 이러한 견해는 수긍하기 어렵다. Barrister와 Solicitor는 공통적으로 법과대학을 졸업하거나 다른 대학의 학사를 마친 후 1년간의 석사과정 — Post Graduate Diploma in Law, PgDL로 약칭하기도 함 — 을 이수하거나 인증된 교육기관에서 교육을 받은 후 공통자격인증시험 — Common Professional Examination, CPE로 약칭하기도 함 — 을 통과하게 된다. 이후 Barrister를 지망하는 경우에는 4개의 Inn of Court(법조원) 중 한 곳에 등록하고 Bar Profession Training Course를 통과하여 Call to the Bar를 받은 후 1년간 Pupilage라고 하는 Barrister수습 과정을 이수하여야 한다. Inn of Court는 일반적으로 법조원이라고 번역된다. Barrister로 구성되는 법조(the Bar)를 구성하는 기관으로서 Barrister 및 Barrister가 되려는 학생(student), 수습생(pupil)을 관장한다. Inn of Court는 중세 professional advocate들의 거소에서 연원하는, 세계 최고(最古)의 법률가단체라고 할 수 있다.[63] 반면 Solicitor를 지망하는 경우에는 Legal Practice Course를 통과하여 2년간의 수습기간(training course)를 거친 후 다시 3년간 로펌의 직원이나 Solicitor의 파트너로 활동한 후에야 비로소 단독으로 Solicitor의 직무를 수행할 수 있게 된다.[64]

이와 같이 Barrister와 Solicitor의 선발 제도 및 양성 과정과 그 이후의 업무 권한 등을 고려한다면, Solicitor를 우리나라의 법무사와 비교하는 것은 무리한 견해라고 하지 않을 수 없다. 오히려 영국 사법제

---

63 전게 『각국의 변호사제도』, 79면.
64 노명선, 전게서, 128면.

도에서 법무사와 유사한 제도로는 Paralegal 제도를 들 수 있다. 영국의 Paralegal은 미국의 Paralegal과 유사하면서도 다른 특징을 갖고 있는데, 특히 Paralegal 중에서도 일정한 요건을 갖춘 자들을 Legal Executive라고 하여 소액사건의 소송대리권을 부여하고 있다.

변리사 중 일정한 교육과 실무수습을 받은 자에게 제한적이나마 지적재산권 관련 소송을 대리할 수 있는 권한을 부여하는 '소송인가 변리사 제도'가 시행되고 있기도 하다. 한편 세무대리 업무와 관련하여 살펴보자면, 영국에서는 세무대리 업무를 수행하는 자격에 관하여 특별한 제한을 두고 있지 않으며 국가면허제도도 시행하고 있지 않다. 이하에서 영국의 변리사, 세무사, Paralegal, Legal Executive에 관하여 차례대로 살펴보도록 한다.

## 2. 변리사 제도의 연혁과 현황

영국은 영국 또는 다른 지역에서 특허출원하거나 또는 특허를 획득하기 위한 목적으로 또는 특허출원 또는 특허와 관련하여 특허청장에 대한 절차를 이행할 목적으로 타인을 위하여 대리인으로서 업무를 수행함에 있어서 반드시 변리사(Patent Agent) 또는 변호사의 자격을 필요로 하지 않는다.[65] 그러나 등록된 자가 아니면 변리사 또는 특허변호사(Patent Attorney)라는 명칭을 사용할 수 없다.[66] 영국의 변리사는 이공계 학위를 소지한 자 중에서 시험을 거쳐 선발되고 시험에 합격한 후 2년 이상 변리사로부터 실무수습을 거쳐야 변리사 등록이 가능하게 된다. 한편, 3년 이상 변리사협회(CIPA)의 정식회원으로 등록된 변리사 중, 동 협회가 주관하는 소송교육 과정을 이수하고 정식 소송자격을

---

65 Copyright, Designs and Patents Act Art. 274(Persons permitted to carry on business of a patent agent).

66 Copyright, Designs and Patents Act Art. 276(Persons entitled to describe themselves as patent agents).

갖는 자의 지도 하에 6개월 이상의 실무수습을 거치게 되면, 변리사협
회로부터 '소송인가장(Litigation Certificate)'을 받을 수 있고, 특허지방법
원, 지방법원, 특허법원 및 항소법원에서의 특허, 디자인, 기술정보에
관련되는 저작권, 상표사건 등에 대한 '소송 수행권(rights to conduct
litigation)'이 인정된다. 또 지적재산권 소송에 부수되는 가처분과 관련
된 예비심리에 출석하여 변론을 할 수도 있다. 이와 같은 '소송인가 변
리사'의 지위는 특허관련 소송에 있어서 Solicitor의 지위와 동일하게
취급되어 Solicitor와 공동으로 대리인이 될 것을 요구받지는 않는다.
그러나 특허법원 이외의 법원이나 항소법원 등에서 변론을 할 수 있는
권한은 주어지지 않는다.

    영국 변리사에게 주어지는 소송대리권의 본질을 정확하게 파악하
려면 먼저 영국의 사법체계를 이해할 필요가 있다. 영국의 재판제도는
3심제를 채택하고 있는데, 1심은 High Court라고 불리는 지방법원이
주로 담당하며 ― 행정사건이나 소액사건 등을 담당하기 위한 County
Court(지역법원)와 같은 별도의 법원도 존재한다 ― , 2심은 Court of
Apeal이라는 항소법원이 담당하고, 최종심은 1명의 대법원장, 1명의
부대법원장, 10명의 대법관으로 구성되는 대법원이 담당하는데, 대법
원의 명칭은 종래 'House of Lords'라는 명칭에서 'Supreme Court'로
변경되었다.[67] 특허침해 사건을 포함한 특허소송의 경우 High Court의
'Chancery Division(형평법부문)'에 'Patent Court(특허법원)'를 두어 처리
하였다. 특허청의 결정에 대한 불복사건도 'Patent Court'가 1심을 담당
하였다. 그러나 'Patent Court' 체제 하에서 특허소송에 과도한 비용이
소요되고 절차가 지연된다는 비판이 제기되자 1990년 'Patent County
Court'(특허지역법원. Patent County Court는 '지역법원'이라기보다 '지방법원'

---

67 정차호, "영국 특허지방법원(Patents County Court)의 개혁", 「지식재산연구」
   제7권 제4호(2012. 12), 한국지식재산연구원, 145~146면.

이라고 번역하는 것이 더 직절하다. 그러니 영국 사법체제 하에서 'High Court'가 우리나라의 지방법원에 해당하고, 'County Court'는 우리나라의 지원이나 시·군 법원에 해당한다고 할 수 있다. 이에 따라 이 연구에서는 'County Court'를 지역 법원이라고 번역하였으므로, 통일성을 유지하기 위하여 'Patent County Court' 역시 특허지역법원이라고 번역하였다)이 별도로 설립되기에 이른다. 통상 적인 'County Court'는 소액사건을 관할하는 지역법원으로 특정한 지역 을 관할하는 것이 일반적이지만, 'Patent County Court'는 잉글랜드와 웨일즈 전역을 관할하며, 런던에 소재한다. Patent County Court 설치 초기에는 디자인사건과 특허사건만 취급하였으나, 2005년 이후에는 상표사건과 저작권사건도 다루고 있다. 'Patent County Court'가 설치 되면서 변리사는 'Patent County Court' 사건을 대리할 수 있는 지위를 획득하였다. 'Patent County Court' 설치 후에도 특허청의 결정에 대한 불복사건은 'Patent Court'에 전속한다. 'Patent Court'의 심리범위는 특 허청의 결정에 대한 당부 판단으로 제한되어 있다.

　　이상과 같은 영국의 사법체계를 고려할 때, 영국 변리사의 지위 및 '소송인가 변리사'의 지위는, 변리사에게 특허청에 하는 출원을 대 리하는 권한 및 특허청의 결정이나 특허무효 등의 소송에 관한 소송대 리권을 부여하고 있는 다른 나라의 경우와 유사하다고 할 수 있다. 오 히려 소송인가 변리사가 되기 위해서는 일정한 교육과 실무수습을 이 수하여야 한다는 점에서 그러한 요건을 요구하지 않는 우리나라의 경 우보다 더 엄격한 요건 하에 제한적으로 소송대리권을 부여하는 체제 를 채택하고 있다고 할 수 있다.

## 3. 세무사 제도의 연혁과 현황

　　영국에는 누구나 별다른 제한 없이 세무관련 업무를 수행할 수 있 다. 주로 공인회계사, Solicitor, 퇴직 조세검사관 등이 이러한 업무를 담당한다. 따라서 '세무사'라는 별도의 자격사 제도가 존재하지 않고 다만 세무대리 업무를 수행하는 이들이 모여 설립한 민간단체에서 인증하는 제도가 있을 뿐이다. 이러한 민간단체로는 'Associtaion of Taxation Technicians' — 조세전문가협회라고 번역할 수 있을 것이다. ATT라고 불린다 — , 'Chartered Institute of Taxation' — 공인조세협회라고 번역할 수 있을 것이다. CIOT라고 불린다 — 등이 있다. 1930년 설립된 'Chartered Institute of Taxation'의 경우에는 'Confederation Fiscale Europeenne' — 유럽세무연합이라고 번역할 수 있을 것이다. CFE라고 불린다 — 의 일원이기도 하다. 'Chartered Institute of Taxation'의 회원이 되려면 해당 단체가 실시하는 시험에 합격하여야 한다.[68]

## 4. Paralegal 제도의 연혁과 현황

영국의 Paralegal이란 일반적으로 Solicitor에게 고용되어 그 사무를 보조하는 직원을 가리킨다. 이들은 실체법과 절차법에 대한 지식을 필요로 하는 보조적인 법률사무를 수행하기 위하여 교육과 훈련을 받은 자이지만 자격을 갖춘 Solicitor, Barrister 또는 후술하는 Legal Executive[69]가 아닌, 실질적인 법률 업무를 수행하기 위해 교육 및 훈련을 통해 자격을 갖춘 직군(職群)을 말한다. Paralegal은 독립적으로 고객에게 법률서비스를 제공할 수 없는 것이 원칙이지만, PPR(Professional Paralegal Register)과정을 거쳐 인증을 받으면 자신의 고객에게 직접 법률서비스를 제공할 수 있다.[70]

Paralegal은 양성과정에 있어서 Barrister나 Solicitor와는 커다란

---

68 전게 "외국의 세무사제도 연구", 41면 참조.
69 2013년 이후에는 'Chartered Legal Executive'로 명칭이 변경되었으나, 실체가 달라진 것이 아니므로 편의상 'Legal Executive'로 계속 기술하도록 한다.
70 http://www.nationalparalegals.co.uk/what_is_a_paralegal(2017. 6. 21. 최종 방문).

차이가 있다. 반드시 대학교육을 받을 것을 요하지 않으며, 영국 공인 Paralegal협회(Chartered Institute of Legal Executives, CIlex로 약칭[71])가 실시하는 시험에 합격하면 Paralegal의 자격을 취득한다. 이들은 주로 Solicitor에게 고용되어 법률사무를 보조하는 직무를 수행한다.

## 5. Legal Executive 제도의 연혁과 현황

영국의 Paralegal 제도에 있어서 가장 큰 특징은 일정한 요건을 갖춘 Paralegal에게 Legal Executive라는 자격을 부여하고 이들에게 제한적이나마 하급법원에서 변론권을 인정하고 있다는 점이다. 대체로 Solicitor에게 고용되어 8년 이상 실무경력을 쌓고 25세 이상이 되면 Fellow 자격시험을 통과하여 Legal Executive가 될 수 있다. 이들은 하급법원의 소액사건에서 Solicitor와 거의 대등한 수준의 변론권을 갖는다.[72]

결국 영국의 사법제도에서 제한적이나마 독립적인 변론권을 갖는 법률업무관련 직군(職群)은 Barrister, Solicitor 외에 Legal Executive까지 삼원적 체제로 되어 있다고 할 수 있다. 일부에서는 앞에서 언급한 Paralegal까지 포함하여 4원적 체제로 주장하기도 한다.[73]

---

71 2012년 이전까지는 'Institute of Legal Executives'라는 명칭을 사용하고 'Ilex'라고 약칭하였으나 2013년 왕실헌장에 편입되면서 현재와 같은 명칭으로 바뀌었다(http://www.cilex.org.uk/about_cilex)(2017. 6. 21. 최종방문).

72 http://www.cilex.org.uk/about_cilex/about-cilex-lawyers(2017. 6. 21. 최종방문).

73 "Paralegals have, in recent years, taken on a new significance with the virtual eradication of Legal Aid, meaning that Consumers are unable to afford the fees of solicitors. Consequently, there is an increasing demand for less costly access to justice, and well trained and qualified Paralegals with experience are filling this gap. Paralegals are truly the 'Fourth Arm of The Legal Profession'." 위 사이트에서 인용.

## 6. 소 결

영국의 경우 비록 근래에 들어 그 명확한 경계는 상당부분 허물어지고 있지만, Solicitor와 Barrister라는 이원적 변호사 체제는 원칙적으로 변호사 아닌 다른 인접 자격사가 법률업무를 수행하는 것을 예상하지 않고 있는 체제라고 할 수 있다. 오히려 특허법원에서의 소송대리권조차 모든 변리사에게 개방되어 있지 않고 일정한 교육과 수습을 받은 변리사에게만 제한적으로 허용되고 있는 점, 세무대리 업무에 관하여는 특별한 자격사 제도를 운용하고 있지 않은 점 등을 고려한다면 법률업무에 관한 한 변호사가 이를 수행하여야 한다는 원칙이 잘 확립되어 있는 예라고 할 수도 있을 것이다. 다만 이러한 엄격한 변호사 독점권의 부여는 다른 나라에서 그 예를 찾아보기 어려운 Legal Executive 제도의 발달을 초래한 원인이 되었다고 볼 수 있다. 즉, 비교적 간단한 법률사건이나 법률사무의 처리에 있어서, 변호사라는 전문자격사의 조력까지는 필요하지 않다고 하더라도 법률업무에 관하여 다소간 지식과 경험을 가진 이의 조력을 받도록 체제를 구비하는 것이 국민의 사법접근권을 확충하는 방편이 될 수 있다는 상식적인 관념이 변호사의 업무를 보조하던 Paralegal의 지위에서 벗어나 독립적으로 제한적인 법률업무 수행권한을 부여받는 Legal Executive의 발달을 가져온 것이다. 이러한 점은 변호사와 인접 자격사 직군(職群) 사이에 심각한 수준의 직역 갈등을 경험하고 있는 우리나라의 문제에 대한 해결방안 모색에 있어서 상당한 시사점을 주고 있다고 할 수 있다.

# 한국 법률업무관련 자격사 제도의 발전방향

## 제1절 총 론

제2장에서 살펴본 바와 같이 우리나라 법률업무관련 자격사의 직무 영역을 살펴보면, 일반적·포괄적으로 법률사건을 대리하고 법률사무를 취급할 수 있는 변호사의 직무영역과 특정한 법률사건 및 법률사무에 한정하거나 또는 특정한 법률사무에 한정하여 이를 취급할 수 있는 인접 자격사 직군으로 크게 나누어 볼 수 있다. 변호사 인접 자격사 직군(職群)에 포함시킬 수 있는 자격사의 종류와 그 자격사 취득자의 규모에 있어서 우리나라는 일본과 비슷한 수준이고, 다른 외국 — 프랑스, 독일, 미국, 영국 — 과 비교하면 현저하게 종류가 다양하고 취득자의 수가 엄청나다. 2016년 말 기준으로 우리나라 법무사는 6,777명, 변리사는 9,247명, 세무사는 12,572명, 공인노무사는 5,000명, 행정사는 280,243명에 달하고 있다. 2016년 말을 기준한 변호사의 수는 23,154명이나, 아래 그림에서 알 수 있듯이 그 증가추세는 세계 어느

나라에서도 그 유례를 찾기 이려울 정도로 급격하다. 이처럼 변호사의 수가 연차적으로 급격하게 증가하는 것과 함께 인접 자격사 직군(職群)의 수적 증가 및 그 수를 바탕으로 하는 직역 확대 추세는 전체적으로 우리나라에 있어서 변호사 제도의 존립을 위태롭게 할 수 있다는 위기의식을 갖게 한다.

[그림 4] 연간 변호사 수 증가 추이

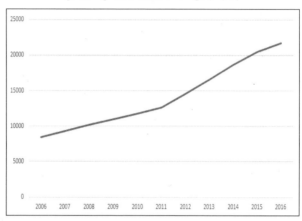

　　우리나라 법률업무관련 자격사 제도의 역사는 이러한 변호사 인접 자격사 직군(職群)의 지속적인 직무영역 확장의 역사라고 할 수 있다. 이러한 양상은 비단 우리나라에 국한된 현상은 아니라고 할 수 있다. 이러한 양상은 때로는 직역 간의 갈등으로 표출되기도 하고, 때로는 직역 간의 통합이나 흡수 등의 형태로 해소되기도 한다. 문제는 갈등으로 표출되는 직역 간의 대립 양상은 국가경제적으로나, 법률서비스를 이용하여야 하는 주체인 국민의 입장에서나 그다지 바람직하지 않다는 점에 있다. 발전적 해결을 위한 건설적 갈등이 아닌 소모적이고 분열적인 갈등의 표출은, 그로 인한 사회적 비용이 커지기 전에 이를 해소시킬 수 있는 출구를 모색할 필요가 있다.

　견해에 따라서는 변호사 직역에 대하여 법률이 규율하고 있는 제한을 '진입장벽'이라고 파악하고 변호사 직역의 위기의식이나 법률업무관련 자격사 직군(職群) 사이의 갈등에 있어서 출구를 모색할 것이 아니라 아직도 '진입장벽'을 더 낮추어야 한다는 관점을 제기하기도 한다. 편의상 이를 '진입장벽 철폐론'이라고 부르기로 한다. '진입장벽 철폐론'이 내세우는 '진입장벽' 철폐의 효과는 '진입장벽'을 철폐함으로써 국민의 선택권이 다양화되고 법률업무관련 자격사 사이의, 그리고 동일한 자격사 상호간의 경쟁을 촉발시킴으로써 이들이 제공하는 법률서비스의 수준을 제고할 수 있다는 논거를 내세운다.

　한편 직역 사이의 갈등을 해소하기 위한 출구를 모색하는 방안으로는 크게 두 가지 즉, 현재의 추세를 그대로 이어가야 한다는 입장 — 이 방안은 현상유지를 지향하므로 현재보다 더 강한 수준에서 진입장벽의 철폐를 추구하는 입장과 구별할 필요가 있을 것이다 — 과, 인접 자격사 직군(職群)을 변호사 제도로 통·폐합해야 한다는 입장으로 나뉜다. 선행 연구에서는 현재와 같이 여러 유형의 자격사 제도를 병치(竝置)시키면서 각 자격사 직군(職群) 사이에 일정한 범위에서 제한된 소송대리를 허용함으로써 소비자들에게 선택권을 부여하는 방안도 통·폐합 방안의 하나처럼 기술하고 있으나,[1] 이는 잘못된 관점이라고 할 것이다. 이러한 방안은 법률업무관련 자격사 직군(職群)을 통·폐합하는 것이 아니라 각 자격사 직군(職群)을 그대로 유지하면서 오히려 해당 자격사별로 일정한 범위 내에서 직역의 확대를 허용하자는 입장이므로, 통·폐합 방안이 아니라 현재의 추세를 그대로 이어나가야 한다는 방안에 해당하는 것이라고 보는 것이 옳다.

---

1 안경봉·장재옥·신홍균·윤태영, "법조인접직역 업무조정 및 통폐합 방안 연구", 법무부용역보고서(2010), 33면 참조.

　　현재의 추세를 그대로 이어나가야 한다는 입장은 아직도 변호사 직역의 '진입장벽'이 높은 수준이기 때문에 공급을 확대하여 이 '진입장벽'을 낮추어야 한다는 관점을 기반으로 한다. 이 입장에 대한 검토를 위해서는 변호사 직역의 '진입장벽'이 상당성을 갖는지 여부를 검토해 보아야 한다. 선행 연구에서는 '진입장벽'의 상당성을 뒷받침하는 논거를 법률업무관련 자격사의 연원(淵源)에서 찾으려는 입장과, '진입장벽'이 갖고 있는 효과에서 찾으려는 입장을 각각 상정하면서, 지식경제에서 전문직 서비스가 차지하는 비중을 감안할 때에 지식경제의 활성화에 미치는 영향을 탐구하고자 하는 맥락에서는 연원탐구방법보다는 '진입장벽'이 갖고 있는 효과를 분석하는 방법이 더 적절하다고 한다.[2]

　　확실히 연원탐구방법은 장래에 '진입장벽'이 여전히 타당성을 가져야 하는 당위성을 제대로 설명하지 못하는 문제점이 있다. 따라서 위와 같은 방법론의 구분 자체가 별로 의미가 없다고 할 수 있다. 문제는 '진입장벽'이 상당성을 갖고 있다고 평가할 수 있을 것인지에 있는 것이다. 이에 대하여 선행 연구에서 검토한 논거들을 다시 되새겨 보는 것은 의미가 있을 것이다. 그러나 '진입장벽'이 타당하지 않다는 결론이 내려진다고 하더라도 그렇다면 모든 '진입장벽'을 허물어야 할 것인가에 대한 해답은 즉각적으로 도출되지 않는다. 연원적 이유에서도 그렇지만, '진입장벽'이 갖고 있는 순기능의 측면을 전혀 배제할 수는 없기 때문이다. 따라서 '진입장벽'의 타당성 여부에 대한 논증과는 별개로, 변호사 직역의 '진입장벽'이 어느 정도 상당성을 갖는다면, 변호사와 인접 자격사 직군(職群) 사이에서 직역을 둘러싼 갈등을 해소할 수 있는 방안이 무엇인가를 살펴보는 일은 더욱 의미가 있을 것이다.

　　앞에서도 언급한 것처럼 이러한 방안으로 지금까지 거론되어 온

2 전게 "법조인접직역 업무조정 및 통폐합 방안 연구", 22면 참조.

방안은 변호사직역과 변호사 인접 자격사 직군(職群)의 통·폐합 방안
이라고 할 수 있다. 이 부분에 있어서도 선행 연구는 오류를 범하고
있다. 즉, 기존의 법무사, 변리사 등 종래의 자격자들에게는 기득권을
존중하여 그대로 법무사, 변리사 등의 업무 수행을 허용하되, 신규배
출은 중단하자는 방안과, 법무사 등 인접 법률가 전원에게 또는 일정
한 요건을 구비한 자에게 변호사 자격을 부여하고, 요건을 구비하지
못한 자에게는 기존 자격증에 기한 직역에 계속 종사하게 하면서, 이
들의 신규 배출을 중단시키는 방안을 별개의 방안처럼 기술하고 있는
데, 위 두 방안은 실질적으로 같은 방안에 불과하다.

　　이하에서는 이러한 관점을 바탕으로 과연 '진입장벽'의 철폐를 추
진해야 하는 것인지 여부를 먼저 살펴보고, '진입장벽'의 상당성 논거
에 대한 선행 연구의 검토 방법이 타당했는지를 살펴본 다음, 변호사
인접 자격사 직군(職群)과의 통·폐합 방안에 대한 논의와 MDP 도입론
에 관하여 살펴본다. 이를 통하여 변호사를 포함한 우리나라 법률업무
관련 자격사 직군(職群)이 어떤 양상으로 발전해 나가야 할 것인지 그
방향을 가늠할 수 있게 될 것이다. 이에 따라 모색된 우리나라 법률업
무관련 자격사 직군(職群)의 발전 방향은 이 장의 마지막인 제6절에서
개진한다.


# 제 2 절  진입장벽 철폐론


## 1. 개  관

　이 장의 제1절에서 변호사 직역에 대하여 법률이 규율하고 있는
제한을 진입장벽이라고 파악하고 이를 비판하는 입장을 진입장벽 철

폐론이라고 부르기로 하였다. 진입징벽 철폐론은 예전부더 제기되어 왔으나, 1994년 세계화추진위원회 출범 이후에 본격화되었고, 이에 관한 근래의 선행 연구로는 2009년 2월에 나온 한국개발연구원(KDI)의 "전문자격사제도 개선방안 연구"라는 연구보고서를 들 수 있다. 이 연구에서 진입장벽 철폐론에 관하여 검토함에 있어서도 위 연구보고서를 중점적 대상으로 살펴보게 될 것이다.

대표적으로 진입장벽 철폐론이 제시하는 논거는 공급의 확대를 통한 공급자 상호간의 경쟁 도모, 그리고 이를 통한 서비스의 질적 향상과 서비스 가격의 하향화이다. 그러나 진입장벽을 더 낮춤으로써 가져올 수 있는 이러한 효과에 대한 설명은 피상적이다. 아직 가지 않은 길 — 진입장벽 철폐 — 에 대한 논의는 먼저 유사한 길을 걸어갔던 외국의 선례를 참고할 필요가 있다. 외국의 선례에 관해서는 이 장의 제4절에서 검토하게 될 것이다. 여기에서는 진입장벽의 필요를 지지하는 이론적 논거와 그러한 논거에 대한 진입장벽 철폐론의 비판을 살펴보고, 진입장벽 철폐론이 제기하는 비판이 적절한 것인지 검토해 보고자 한다.

## 2. '자격'의 규제 기능

'자격'이란 어떤 행위를 할 수 있는 지위라고 설명할 수 있는데, 좀 더 구체적으로 살펴보자면, '자격'은 '면허(免許)'와 '인증(認證)'으로 나누어 볼 수 있다. '인증'은 피인증자가 일정한 기능이나 지식을 보유하고 있음을 인증권한을 가진 기관에서 확인하여 주는 자격을 의미한다. 인증을 받지 않더라도 해당 업무에 종사하는 데에는 별반 지장이 없는 것이 원칙이다. 반면에 '면허'는 어떤 업무에 종사하고자 하는 경우에 일정한 자격이 없으면 해당 업무에 종사하지 못하는 자격을 가려킨다. '업무독점형 자격'이라고 할 수 있다. 이와 같이 '업무독점형 자격'은 특정한 자격을 보유한 자만이 해당 업무를 수행할 수 있도록 한 다는 면에서 진입장벽의 기능을 담당한다. 진입장벽은 다른 말로 '시장 진입규제'라고 표현할 수도 있다. '업무독점형 자격'은 또한, 자격을 보 유한 자에 대해서는 그 자격에 필요로 하는 여러 가지 행위들을 할 것 을 적극적으로 요구하거나 또는 어떤 행위들을 하지 말 것을 소극적으 로 금지하는 기능을 담당하는데, 이를 '영업행위규제'라고 표현할 수도 있을 것이다. 그러나 '영업행위규제'는 직역문제와는 직접적 관련성을 갖지 않는다. 자격사의 직무수행에 대한 규제이기 때문이다. 따라서 직역문제와 관련하여 살펴보아야 할 규제는 '시장진입규제'로서의 진 입장벽이다.

## 3. 진입장벽의 논거

어떠한 자격에 대한 진입을 규제할 필요가 있다고 보는 입장을 설 명의 편의상 '진입장벽 필요론'이라고 부르기로 한다. 진입장벽을 필요 로 하는 이유에 대해서는 공익적 관점과 사익적 관점에서 모두 설명이 가능하다. 전자(前者)의 관점을 '공공이익론(公共利益論)'의 관점이라고 하고, 후자(後者)의 관점을 '사적 이익론(私的利益論)'의 관점이라고 할 수 있다.[3]

### 가. 공공이익론

공공이익론의 관점에서는 시장의 실패를 막고 공공의 이익을 극 대화시키기 위해서는 시장진입을 규제할 필요가 있다고 설명한다. 시 장이 실패하는 원인으로는 정보의 비대칭성, 부정적 외부효과, 진단과 처방의 동시적 담당 등이 거론된다.

---

3 이 항목에서 살펴보는 진입장벽 철폐론의 논거는 선행 연구로 언급한 고영선 외, "전문자격사제도 개선방안 연구"(2009. 2) 및 안경봉 외, "법조인접직역 업무조정 및 통폐합 방안 연구"(2010)에 제시하고 있는 내용을 정리한 것으 로서 개별적인 출처 표시는 생략한다.

### (1) '정보의 비대칭성과 역선택'론

소비의 대상이 되는 재화와 용역은 소비자가 구매하기 전에 미리 그 품질을 판단해 볼 수 있는 것과 구매를 하고 나서 소비를 해 보아야 비로소 그 품질을 판단해 볼 수 있는 것으로 나뉜다. 그러나 어떤 재화나 용역은 소비를 하고 난 후에도 그 품질에 대한 판단이 곤란한 것이 있다. 전문직으로부터 받는 서비스가 바로 이러한 경우에 해당한다고 할 수 있다. 재판에서 패소를 한 경우를 예로 들어 본다면, 패소의 원인이 소송을 대리한 변호사가 무능하기 때문이었는지 아니면 애초에 사안 자체가 패소할 수밖에 없는 것이었는지 여부는 판단하기가 곤란하다. 이러한 판단이 곤란한 이유는 소비자의 입장에서는 이를 판단할 수 있는 충분한 정보를 갖고 있지 못하기 때문이다. 이러한 상황을 '정보의 비대칭성'이라고 한다. 이러한 '정보의 비대칭성'은 시장에서 '역선택(逆選擇)'을 유발하게 된다. 즉, 소비자의 입장에서는 자신이 지불한 가격에 상응하는 서비스를 제공받을 수 있을 것인지 확신할 수 없으므로, 자신이 적정하다고 생각하는 가격보다 낮은 가격을 지불하려는 경향을 보이는 것이다. 이러한 소비자의 행태는 시장에서 고품질의 서비스를 도태시키는 원인이 되고, 고품질 서비스의 도태가 추세가 되고 나면, 이러한 추세는 서비스 수준의 저하를 초래하고 서비스 수준의 저하는 다시 소비자가 지불하려는 가격을 하향시키는 악순환을 반복하게 한다. 이러한 악순환의 반복은 결국 시장의 붕괴를 가져오게 되므로, 정부에서 시장의 붕괴를 막기 위해 서비스의 품질을 통제하는 한편으로 시장 진입을 규제할 필요가 있게 된다. 이와 같은 정부의 진입 규제 개입은 서비스 가격을 높은 수준에서 유지할 수 있게 만들어 준다. 이상이 정보의 비대칭성과 역선택론의 내용이다.

### (2) '부정적 외부효과'론

변호사가 기업이 체결한 계약의 법적 문제점을 제대로 알려주지

못해서 해당 계약이 무효로 되는 경우에 그 무효로 인한 피해는 해당
기업뿐만 아니라 중간재 공급자, 유통업자, 소비자 등 해당 기업과 직
접적 또는 간접적으로 관련을 맺고 있는 수많은 사람들에게까지 미치
게 된다. 이러한 효과를 '부정적 외부효과'라고 한다. 정부에서는 이러
한 '부정적 외부효과'가 발생할 수 있는 가능성을 차단하고 공급자의
서비스 품질을 보장하기 위해서 공급자 진입을 규제하는 방법을 채택
하고자 한다는 것이 부정적 외부효과론의 요지이다.

### (3) '공공이익 비교·형량'론

'공공이익 비교·형량'론이란, 정부에서 전문 자격사의 직역에 진
입 규제를 도입하는 이유로는 시장의 실패를 방지하기 위한 필요성 외
에 다른 공공이익을 비교·형량하여 다른 공공이익이 더 큰 경우에도
진입규제를 도입할 필요성이 있다는 것이다. 변호사 직역에 대한 진입
을 규제함으로써 변호사 제도를 안정시키고 이를 통하여 법치주의를
확립하고 적법절차 원칙을 구현할 수 있게 된다면 후자(後者)의 공익이
변호사 직역 진입규제로 인한 공익의 감소보다 현저히 크다고 할 수
있기 때문에 진입규제가 용인될 수 있다는 것이다. 공익은 '사회적 효
용'이라는 말로 바꿀 수도 있다.

### 나. 사적 이익론

공공의 이익보다는 전문자격사들의 사적 이익을 보호하기 위한
목적에서 진입규제가 이루어진다는 관점을 사적 이익론이라고 한다.
공공이익론이 진입규제의 당위성을 설명하는 데 주안점을 두는 반면,
사적 이익론은 진입규제의 원인에 대해서 설명하는 데 주안점을 둔다.
특히 전문자격사들의 사적 이익을 추구하려는 이기심이 진입규제를
만들어낸다고 보는 입장이어서 진입규제에 대해 부정적인 시각을 드
러내는 이론적 접근방법이라고 할 수 있다.

### (1) 공공선택이론

'공공선택이론(public choice theory)'에서는 전문자격사들은 규제로부터 얻는 이익이 훨씬 크고 일반 소비자들에 비해 숫자가 적기 때문에 결집이 용이하고, 이를 통하여 입법자들에게 로비활동을 벌임으로써 규제를 만들어내도록 한다고 설명한다.

### (2) 규제포획이론

'규제포획이론(regulatory capture theory)'에서는 규제를 담당하는 정부가 전문자격사들에 대하여 충분한 정보를 갖고 있지 못한 반면, 전문자격사들은 정부에 서비스를 제공하는 과정에서 자신들의 이익에 부합하는 방향으로 정보를 왜곡할 수 있기 때문에 이들에게 '포획당한' 정부는 전문자격사들의 이해에 부합하는 규제를 만들어내게 된다고 설명한다.

## 다. 진입장벽 철폐론

진입장벽 철폐론자들은 진입규제를 전문자격사들의 이기심의 발로라고 파악하는 사적 이익론은 말할 것도 없거니와, 시장의 실패 방지 또는 더 큰 공공 이익의 보호 필요성이라는 당위성을 강조하는 공공이익론조차 진입규제의 당위성을 제대로 납득시키지 못한다고 비판한다. 그러한 비판의 이론적 근거가 되는 것이 이른바 '도덕적 해이'의 문제 및 '진단과 처방의 동시적 담당으로 인한 처방의 왜곡' 등이다.

### (1) '도덕적 해이'론

정보의 비대칭성으로 우월적 지위에 있는 전문자격사는 자신이 제공하는 서비스의 수준과 무관하게 높은 가격을 요구할 수 있다. 또는 소비자로 하여금 불필요한 고품질의 서비스를 선택하도록 유도하기도 한다. 이와 같이 공급자에 의하여 유도된 수요는 주로 의사나 변호사와 같은 경우에 많이 발생할 수 있다. 이러한 도덕적 해이의 문제를 해소하려면 진입장벽을 없애야 한다는 것이 '도덕적 해이'론의 요지이다.

## (2) '진단과 처방의 동시적 담당'론

전문자격사의 경우 진단과 처방을 한꺼번에 담당하기 때문에 시장실패가 발생할 수 있다는 이론이 '진단과 처방의 동시적 담당' 문제이다. 이 문제는 근본적으로는 정보의 비대칭성으로부터 비롯되는 현상이기는 하지만, 필요 이상의 처방을 진단함으로써 서비스에 대한 수요를 임의적으로 높일 수 있게 된다. 변호사가 승소 가능성을 과장하여 소송을 권유하는 경우도 여기에 해당한다. 이러한 진단과 처방의 동시적 담당으로 인하여 시장이 실패할 가능성은 다음과 같은 경우에 더 높아지게 된다. 당사자가 비용을 직접 부담하지 않는 경우, 변호사 보수의 타임차지(time-charge) 방식과 같이 서비스에 대한 대가가 서비스의 양에 따라 지불되는 경우, 서비스가 기술적으로 어려워서 소비자가 그 서비스의 수준을 진단하기 어렵거나, 서비스 이용 빈도가 낮아서 서비스의 적정성을 학습하기 어려운 경우 등이 그와 같은 경우이다. 그러므로 시장의 실패를 막기 위해서는 진단과 처방을 동시에 담당하지 못하도록 주체를 분리시켜야 한다는 것이 '진단과 처방의 동시적 담당'론의 요지이다.

## (3) '공급확대를 통한 질적 향상 도모'론

진입장벽 철폐론의 입장에서는 위와 같이 진입장벽이 초래하는 부작용을 없애기 위해서는 진입 장벽을 철폐하고 과감하게 전문자격사의 공급을 확대하여 공급자 사이에 경쟁을 활성화하고 소비자에게 가능한 한 충분한 정보를 사전에 제공하여야 한다고 본다. 공급자 사이에 경쟁이 활성화되면 공급자는 시장에서 살아남기 위해서 보다 저렴한 가격에 보다 수준 높은 서비스를 제공하지 않을 수 없게 된다는 것이다. 아울러 소비자에게 충분한 정보가 제공된다면, 소비자는 자신이 선택하려는 공급자가 어느 정도 수준의 서비스를 제공해 줄 수 있는지, 그리고 그 서비스의 대가로 지불해야 하는 가격은 어느 정도 수준이 적정한지를 스스로 판단할 수 있게 되므로, 능력이 뒤떨어지는 공급자를 시장에서 도태시킬 수 있게 된다. 이를 통해 공급자가 제공하는 서비스의 질을 향상시킬 수 있다는 것이 이 논지의 내용이다.

### 라. 진입장벽 철폐론에 대한 검토

이상과 같이 자격사에 대하여 시행하고 있는 진입장벽에 대하여 그와 같은 진입장벽의 당위성을 옹호하는 관점에서 제시하는 논거와, 진입장벽의 철폐를 주장하는 이들이 이러한 논거를 반박하면서 진입장벽의 철폐를 위해 내세우는 논거에 대하여 각각 살펴보았다. 진입장벽 필요론에서 내세우는 논거 중 사적 이익론은 실제로는 진입장벽 철폐론의 입장에서 진입장벽 필요론을 비판하기 위해 만들어낸 논거라고 보는 것이 적절하다. 따라서 사적 이익론은 비판받는 것이 당연하며, 구태여 이러한 비판에 대하여 반론하기 위한 검토도 필요하지 않을 것이다. 그러나 진입장벽 필요론의 논거 중 공공이익론의 일부 관점은 충분히 나름의 타당성을 갖고 있다고 본다. 그러므로 진입장벽 철폐론이 공공이익론에 대하여 제기하는 비판이 어느 정도나 타당한지 검토하고 이와 더불어 진입장벽 철폐론이 제시하는 논거에 대해서도 검토할 필요가 있다.

### (1) '도덕적 해이'론 검토

먼저 이른바 '도덕적 해이'론에 관하여 살펴본다. 이 논거는 정보에 있어서 비대칭적으로 우월적 지위에 있는 전문자격사가 자신이 제공하는 서비스의 가격을 주도적으로 결정할 수 있다는 관점을 바탕으로 한다. 그러나 이러한 관점은 공급자인 전문자격사의 수가 극히 적어서 거의 독점적 지위를 차지하고 있는 경우에나 가능한 관점이다. 우리나라 변호사업계의 현실을 보자면, 이른바 '전관'에 속하는 일탈적 양태의 경우 또는 극소수 일부 대형로펌의 경우를 제외하고는 그러한 관점이 전혀 적용되지 않고 있다고 할 수 있다. 법학전문대학원 체제로 변호사 선발 방식을 변경한 이후, 과도기의 점진적인 적응과정도 없이 일시에 변호사로 배출된 엄청난 수의 변호사들은 전혀 자신이 제공하는 서비스의 가격을 주도적으로 결정할 수 있는 지위에 있지 못한 것이 현실이다. 대형로펌의 경우에도 근래에는 의뢰인에 해당하는 대기업들이 이른바 로펌쇼핑(law-firm shopping)을 하거나, 수임 제안 설명회를 개최하는 방법 등으로 변호사 보수 결정에 주도권을 행사하고 있다. 이러한 현실을 고려한다면, 적어도 우리나라 법률시장에서는 위와 같은 '도덕적 해이'의 문제는 발생하고 있지 않다고 보아야 한다.

## (2) '진단과 처방의 동시적 담당'론 검토

다음으로 '진단과 처방의 동시적 담당'론에 대해 살펴본다. 이 논거는 정보의 비대칭성에 기초하여 전문자격사가 문제점을 진단하고 그에 대한 처방을 동시에 내리면서 문제점을 과장하고 적극적으로 과도한 처방을 유도하여 서비스의 가격을 상승시킨다는 관점을 바탕으로 한다. 이러한 현상은 당사자가 비용을 직접 부담하지 않는 경우 또는 변호사 보수의 타임차지(time-charge) 방식 등에서 더 심하게 나타난다는 것이 이 이론의 설명이다. 그러나 우리나라는 아직 법률비용보험이 일반화되어 있지 않기 때문에 변호사에게 지불하는 법률비용은 당사자 본인이 부담하여야 한다. 소송에서는 패소자가 소송비용을 부담하도록 명할 수 있지만, 실제 당사자가 지출한 법률비용 중 매우 적은 부분만 반영되고 있다. 타임차지 방식은 일부 대형로펌에서 대기업을 상대로 법률자문을 제공하는 경우에 적용되는 사례가 있기는 하나 극히 예외적이고, 보편적인 방식이 아니다. 타임차지 방식을 적용하는 경우에도 상한제를 적용하여 변호사가 사용한 시간이 아무리 많더라도 변호사 보수는 일정 금액을 넘어서지 않도록 제한을 두는 경우가 거의 대부분이다. 우리나라에서 변호사와 의뢰인 사이에 가장 일반적인 방식은 정액보수제 방식 또는 정률보수제 방식이라고 할 수 있다. 이러한 현실을 고려한다면, 변호사가 진단과 처방을 동시에 담당하면서 불필요한 소송을 부추기거나 서비스의 가격을 왜곡시킬 우려는 적어도 작금의 우리나라에서는 수긍할 수 있는 우려라고 보기 어렵다.

### (3) '공급확대를 통한 질적 향상 도모'론 검토

마지막으로 전문자격사의 공급을 확대하여 전문자격사 상호간에 경쟁을 활성화시키면, 저렴한 가격을 지불하고도 높은 수준의 서비스를 제공받을 수 있을 것이라는 논거에 대하여 살펴본다. 이러한 관점은 경제학에서 가격결정에 관한 초보적인 이론이라고 할 수 있는 '수요와 공급의 법칙' 이론에 바탕을 둔 것이다.

그러나 '수요와 공급의 법칙' 이론은 고전경제학에서 다른 여러 가지 요소들을 배제하고 단지 '수요'와 '공급'이라는 두 가지 요소만으로 한정하여 가격 결정의 원리를 간명하게 설명하기 위하여 고안한 이론이다. 현실에 있어서 가격의 결정은 '수요'와 '공급'이라는 단순한 두 가지 요소만으로 이루어지지 않는다. 공급을 늘려 공급자 상호간에 경쟁을 활성화시키면 서비스의 수준을 높일 수 있다는 관점 역시 허상에 불과하다. 흔히들 변호사의 수가 가장 많다고 거론되는 미국의 현실을 보면, 변호사 보수의 결정에 있어서 '수요와 공급의 법칙' 이론이 전혀 타당하지 않으며, 변호사 공급의 확대가 변호사가 제공하는 법률서비스의 수준을 높이지도 않는다는 사실을 쉽게 알 수 있다. "변호사망국론(辯護士亡國論)"의 진원지가 바로 미국인 것이다. 적정한 수입을 얻지 못해서 사무실조차 갖추지 못하고 공중전화 부스를 연락처로 삼고 활동하는 변호사, 교통사고 사건을 수임하기 위해 구급차보다도 더 빨리 현장에 달려간다는 이른바 앰뷸런스 체이서(Ambulance Chaser) 변호사가 상당수 미국변호사의 현실이다. 지금처럼 급격하게 변호사의 공급을 늘려나가는 추세를 계속 이어갈 경우 우리나라의 현실이 이렇게 되지 말라는 보장은 어디에도 없다.

### (4) 소  결

이상에서 살펴본 바와 같이 진입장벽이 부당하므로 철폐해야 한다고 주장하는 입장에서 제시하는 논거들 즉 '도덕적 해이'론이나, '진단과 처방의 동시적 담당'론 또는 '공급확대를 통한 질적 향상 도모'론은 모두 그러한 이론이 제시된 국가에서는 나름의 타당성이 있어 제시된 이론일 수 있겠지만, 우리나라의 변호사 제도에 대하여 그대로 적용하는 것은 매우 부적절한 이론이라고 할 수 있다. 이러한 섣부른 이론으로 우리나라 법률업무관련 자격사 제도를 재단(裁斷)하려는 발상은 위험천만하기 그지없다고 할 것이다.

보다 근본적으로, 변호사가 아니면 법률사건이나 법률사무를 취급할 수 없도록 하는 현행 변호사법이 과연 진입의 '장벽'이라고 보아야할 것인지 여부를 깊게 생각해 보아야 한다. 변호사에게 법률사건이나 법률사무를 독점적으로 — 인접 자격사 직군(職群)의 수나 업무 영역이 날로 늘어나고 있는 현실에서는 더 이상 독점이라고 볼 수도 없게 되었지만 — 취급할 수 있도록 법률이 규정하게 된 것은, 특정한 자격사 직군(職群)을 보호하기 위한 '장벽'을 설치한 것이 아니라, 국가제도와 헌법질서를 유지하고 보호하기 위한 안전장치를 마련한 것이다. 즉 변호사 제도는 국가제도로서의 사법제도를 유지하고, 우리나라 헌법의 기본질서인 법치주의와 적법절차의 원리를 확립하기 위해서 필수불가결한 제도이다. 이러한 변호사 제도가 유지되고 정상적으로 기능하기위해서는 변호사가 되려는 자들을 대상으로 하는 엄격한 훈련과정을 마련하고, 그 훈련과정을 거친 이들을 다시 철저하게 검증하는 선발절차를 거쳐 이를 통과한 이들에게만 자격을 부여하는 체제가 당연하다고 할 수 있다. 이러한 입장은 이른바 진입규제 필요론에서 제시하는 '공공이익 비교·형량'론의 관점이라고 할 수 있겠다. 이 부분에 관하여 절을 바꾸어 살펴보도록 한다.


# 제 3 절    법률업무 자격제한 필요성

이 절에서는 위에서 살펴본 바와 같이 법률사건이나 법률사무를 취급할 수 있는 지위를 일정한 과정을 거쳐 선발된 자격사에게 제한적으로 부여하는 제도가 어째서 정당한 것인지 여부를 살펴보고자 한다. 이는 제2절에서 살펴본 진입규제 필요론 중 공공이익 비교·형량론을 변호사 제도에 적용시키고자 하는 것이다.

## 1. 개  관

먼저 위에서 살펴본 선행 연구의 내용 중 진입규제가 필요하다는 관점에서 그 당위성의 논거로 내세운 부분을 살펴본다. 앞에서도 간략히 지적하였지만, 선행 연구에서 진입규제 필요론의 관점인 것처럼 소개한 부분 중 사적 이익론의 관점은 배제하도록 한다. 이는 진입장벽 철폐론자의 관점에서 진입규제의 부당성을 드러내고자 제시하는 논지이기 때문이다. 또, 사적 이익론은 그 논지 자체로도 수긍하기 어려운 입장을 개진하고 있다. 그와 같이 특정한 자격사 집단의 사적 이익이 진입규제 여부를 법률로 규율하는 국가의 입법정책을 좌우한다고 보기는 어렵기 때문이다. 오늘날 국가의 입법정책을 좌우하는 요소로 자격사 집단의 영향력보다는 시민단체의 그것이 훨씬 더 강력하게 된 현실을 고려할 때, 사적 이익론의 논지는 타당성을 인정받기 어렵다고 할 것이다.

## 2. 진입규제 필요론의 논거 검토

### 가. '정보의 비대칭성과 역선택'론 검토

변호사가 제공하는 법률서비스의 경우 서비스를 제공받기 전은 물론 서비스를 제공받고 난 후에도 그 서비스의 품질에 대한 판단이 곤란하다는 것이 '정보의 비대칭성'론이다. 이 논지를 소송사건에 적용 시켜 보면, 소송사건에서 패소한 원인이 변호사가 무능하기 때문이었는지 아니면 애초에 사건 자체가 승소할 수 없는 사안이었는지 여부를 의뢰인의 입장에서는 판단하기가 어렵다는 것이다. 그러나 이러한 정보의 비대칭성이 곧 진입규제를 정당화시켜주는 것은 아니고, 정보의 비대칭성에 대한 소비자의 대응 태도가 이른바 '역선택(逆選擇)'이라는 현상으로 나타나기 때문에 진입규제가 필요하다는 것이 이 논지의 핵심이다. 즉 정보의 비대칭성을 전제로 소비자는 자격사로부터 제공받는 서비스가 자신이 지불하는 가격에 상응하리라는 신뢰가 없으므로, 그러한 신뢰의 결여에 기반을 두고 자신이 지불하는 가격을 낮추려는 태도를 갖게 된다는 것이 이른바 '역선택'의 문제이다. 소비자의 역선택에 직면한 전문자격사는 부득이하게 자신이 제공하는 서비스의 수준을 낮출 수밖에 없게 되고, 소비자의 역선택이 만연하게 되면, 어느 전문자격사도 더 이상 높은 수준의 서비스를 제공하려 하지 않게 될 것이다. 이 상태에 이르게 되면, 결국 높은 수준의 서비스는 존재의 기반을 상실하게 되므로 시장에서 도태될 수밖에 없게 되어 결국 해당 전문자격사 직군(職群)에서 제공하는 서비스의 수준은 지속적으로 하향하는 추세를 보이게 될 것이다. '낮은 가격의 지불 → 낮은 서비스의 제공 → 더 낮은 가격의 지불 → 더 낮은 서비스의 제공'이라는 악순환이 반복적으로 이루어지게 되는 것이다. 전문자격사 직군(職群)에서 제공하는 서비스의 질이 추세적으로 저하되는 상태에 이르게 되면, 이는 결국 해당 자격사가 제공하는 서비스 시장의 실패를 의미하는 것이다. 시장의 실패란 그와 같은 자격사 제도를 통하여 달성하고자 하는 소비자의 복리가 달성될 수 없다는 것을 의미한다. 국가로서는 이러한 시장의 실패를 용인할 수 없으므로 결국 시장에 개입하여 전문자격사들이 제공하는 서비스의 품질을 일정한 수준 이상으로 유지하도록 통제를 할 수밖에 없게 된다. 이러한 통제를 이른바 영업행위규제라고 부를 수 있을 것이다. 변호사법에서 자유직업인인 변호사에 대하여 매우 높은 수준의 윤리적 의무를 요구하고 있는 이유가 바로 이와 같이 서비스의 품질을 일정한 수준 이상으로 유지하기 위한 국가의 영업행위규제의 필요성에 있다고 볼 수 있다. 국가에서는 이와 같이 전문자격사의 영업행위를 규제하는 대신 그 보상으로 해당 전문자격사에 대한 진입을 규제하는 장치를 마련하여 전문자격사가 소비자들로부터 받을 수 있는 가격을 일정 수준 이상으로 유지할 수 있도록 도와주게 된다. 이상이 '정보의 비대칭성'에서 비롯되는 '역선택'으로 인한 서비스 시장의 실패를 방지하기 위하여 국가가 진입을 규제할 필요가 있다는 논지의 내용이다.

　　법률업무관련 자격사 제도의 연혁을 살펴보면, 자격사 제도가 확립되기 전에 누구라도 다른 사람의 법률업무를 대행할 수 있었던 시기에는 이들 대행업자들의 무분별한 난립과 탈법적 대행의 만연 등이 사회문제화 되었고 이를 위해 일정한 자격을 취득한 자만 다른 사람의 법률업무를 대행할 수 있도록 제한하고 그러한 자격이 없이 다른 사람의 법률업무를 대행하는 자를 단속하는 법규가 마련되면서 해당 자격사 제도가 정립되어 나가는 과정을 확인할 수 있었다. 이러한 연혁적 연구에 입각해서 살펴본다면, 소비자의 역선택을 방지하기 위해서 자격사 제도에 진입규제를 설치할 필요가 있다는 논지는 경험적으로 타당성을 인정받을 수 있다고 할 수 있다. 물론 여기서의 국가란 주권자인 국민을 총칭하는 관념의 국가가 아니라 정책을 결정하고 집행하는 권력으로서의 국가를 의미한다고 할 것이다. 그러나 이러한 논지만으로는 전문자격사 중에서도 특히 변호사의 경우 진입규제를 마련한 주체인 국가권력에 대하여 견제하고 비판하고 감시하는 활동을 적극적으로 전개하여 왔음에도 진입규제가 철폐되지 않고 있다는 점을 명쾌하게 설명해 주지 못한다.

### 나. '부정적 외부효과'론 검토

전문자격사가 그 직무를 충실하게 수행하지 못하는 경우 그 충실하지 못한 직무수행의 결과는 해당 자격사에게 업무를 위탁한 의뢰인 본인에게만 미치는 것이 아니라, 그 의뢰인과 연결되어 있는 수많은 관련자들에까지 미치게 된다. 이와 같이 전문자격사의 업무수행 결과는 파급 효과가 매우 크므로 그 파급 효과의 부정적 측면을 차단하거나 최소화하기 위해서 국가가 자격사의 서비스 수준을 관리할 필요성이 있고, 그러한 관리를 수인하는 자격사에게 보상으로 진입규제를 마련하여 주는 것이다. 이상이 '부정적 외부효과'론의 논지이다.

국가권력이 자격사의 서비스 수준을 관리하기 위하여 개입하는 원인에 관한 설명을 달리할 뿐, 국가의 관리를 수인(受忍)하는 보상으로 자격사에게 독점적 지위를 부여하는 진입규제를 마련하는 것이라는 논지는 위에서 살펴본 '역선택'의 논지와 다르지 않다. 그러므로 '역선택'론이 안고 있는 문제점에 대한 지적, 즉 진입규제를 마련한 국가권력 자신에 대하여 견제하고 비판하고 감시하는 자격사를 국가권력이 진입규제로 보호하는 이유를 제대로 설명하지 못한다는 비판을 '부정적 외부효과'론에 대해서도 마찬가지로 제기할 수 있다.

'부정적 외부효과'론에 대해서는 또 다른 문제점도 지적할 수 있다. 국가권력의 입장에서는 '부정적 외부효과'를 차단하기 위한 방편으로 해당 자격사의 '서비스 수준을 관리'하는 개입도 선택할 수 있겠으나, '서비스 수준을 관리'하는 개입이 아닌 다른 방안을 선택하는 것도 가능하다는 점이다. 국가권력이 직접 나서거나 또는 해당 자격사 직군(職群)의 다른 자격사나 인접 자격사를 활용하여 소비자에게 충분한 정보를 제공하는 방안도 고려해 볼 수 있을 것이다. 소비자에게 선택의 폭을 넓혀 준다면 부정적 외부효과는 상당부분 차단될 수 있을 것이다.

'부정적 외부효과'론에 대해서는 또 국가권력이 자격사의 서비스 수준을 사전에 관리하는 것은 현실적으로 불가능하고 결국 서비스가 이루어지고 난 후에 문제가 있으면 비로소 이에 대하여 제재를 부과하는 방법으로 사후적인 관리를 도모할 수밖에 없다는 한계를 지적할 수도 있을 것이다. 이와 같이 사후적 관리가 불가피하다면 구태여 진입규제를 마련하여야 할 이유는 없다. 진입규제가 없더라도 제재 부과를 통한 사후적 관리는 얼마든지 가능하기 때문이다. 물론 그러한 사후적 관리로는 적정한 서비스 수준을 담보하기가 어렵다는 근본적인 한계가 있는 것도 사실이다. 엄벌주의를 시행하는 것이 범죄를 예방하는 데에 별다른 효과가 없다는 형사정책학계의 연구결과를 생각한다면, 제재 위주의 사후적 관리로는 자격사의 서비스 수준을 담보하기 어렵다는 점은 자명하다고 할 것이다.

### 다. '공공이익 비교·형량'론 검토

진입을 규제하는 경우에 발생할 수 있는 사회적 효용의 감소 효과로는 다음과 같은 경우를 들 수 있다. 진입 규제는 ① 공급자의 수를 인위적으로 줄임으로써 서비스의 시장 자격을 높이고 공급물량을 줄인다. ② 공급자 사이에 가격 경쟁을 금지하는 최저가격제의 경우 역시 소비자의 효용을 감소시킨다. ③ 광고의 규제는 서비스의 종류나 품질 또는 가격 등에 대한 정보가 충분히 제공되지 못하도록 함으로써 소비자의 선택비용을 높이는 원인이 되고, 공급자에게 혁신의 동기를 박탈시켜서 새로운 서비스나 나아가 새로운 유형의 공급자가 등장하는 것을 방해한다. ④ 자격사가 설치하는 사무소의 수를 규제하는 경우에는 자본과 능력을 갖춘 자격사로부터 서비스를 제공받을 수 있는 기회를 제한시켜서 소비자들로 하여금 보다 높은 가격에 보다 낮은 서비스를 감수할 수밖에 없도록 만든다. ⑤ 다른 자격사와의 동업을 금지하는 경우에는 규모의 경제가 구현되지 못하게 된다는 것 등이다. 그러나 이러한 사회적 효용의 감소에도 불구하고 진입을 규제하여 자격사 제도를 안정시킴으로써 얻을 수 있는 사회적 효용이 더 크다면 국가권력의 입장에서는 진입규제를 선택해야 한다는 것이 '공공이익 비교 · 형량'론이다.

　　이 논지의 한계는 비교 대상이 되는 여러 공공이익을 계량적으로 비교할 수 없다는 점이다. 사회적 효용은 '정성(定性)적 요소'이므로 이를 '정량(定量)적 요소'로 치환하여 서로를 비교하는 것이 용이하지 않은 것은 사실이다. 그러나 이러한 한계는 자격사 제도의 진입 규제를 살펴보는 분야에서만 문제되는 한계는 아니다. 서비스의 품질을 평가하는 것부터가 정량적인 요소가 아니라 정성적인 요소라는 점을 생각해야 한다. 정성적인 요소를 정량적인 기준에 따라 높은 수준이다, 낮은 수준이다 평가하는 것 자체가 타당하지 않은 비교인 것이다. 더구나 사람의 생명과 신체, 재산을 다루는 법률서비스와 관련지어 생각해 본다면 그 서비스의 수준을 정량적으로 평가한다는 것은 애당초 불가능한 접근이라고 할 수 있다. 이러한 관점에서 이 연구에서는 '공공이익 비교 · 형량'론에 입각해서 법률업무관련 자격사 중 변호사에 관하여 적용하고 있는 진입 규제를 정당한 것으로 평가하는 입장을 취하고자 한다. 그렇다면 변호사에게 진입 규제를 정당화시켜 주는 공익적 요소는 어떠한 것이 있는지를 살펴보는 것이 다음 순서가 될 것이다.

## 3. 변호사 제도의 사회적 효용

변호사 제도가 갖는 사회적 효용에 대해서 생각해 보기 위해서는 우선 근대 이후의 헌법을 전제로 하여야 한다. 근대 이후의 헌법을 전제로 하는 이유는 근대국가라면 당연히 갖추어야 할 요소들을 헌법적 질서로 채택하고 있는 헌법을 당연한 것으로 전제할 필요가 있기 때문이다. 예를 들어서 사람의 생명을 존중하는 것을 지고(至高)의 가치로 여기는 것은 당연히 근대 헌법의 속성이라고 할 수 있는데, 이 근거에 대해 논증하려고 하는 것은 이 연구의 범주를 벗어나는 것이기 때문이다. 이러한 관점에서 근대 헌법의 여러 가지 요소 중 자유민주주의와 법치주의가 대한민국 헌법의 기본 원리 중 하나라는 점과, 자유민주주의를 구현하기 위한 불가결의 전제로 기본적 인권이 보장되어야 하고 법치주의의 실질적 구현을 위해서 적법절차의 원리가 보장되어야 한다는 점은 자명한 전제로 취급하고자 한다.

적법절차의 원리가 구현되기 위해서는 변호사 제도가 필수불가결의 전제가 된다. 변호사 제도를 통해 모든 국민에게 변호인의 조력을 받을 권리가 보장되어야 하기 때문이다. 비록 대한민국 헌법은 제12조 신체의 자유에 관한 부분에서 구금된 피고인에 대하여 변호인의 조력을 받을 권리가 있다고만 규정하여 형사절차와 관련하여 변호인의 조력을 받을 권리를 규정하고 있으나, 우리 헌법재판소와 대법원은 이 조항의 적용 범주를 적극적으로 확장하고 있다. 즉, 헌법재판소는 위 헌법 조항에 따라 변호인의 조력을 받을 권리는 구속된 피고인뿐만 아니라 피의자 그 중에서도 불구속 피의자에 대해서도 보장되는 것이라고 판시하였으며,4 대법원은 국가권력과의 관계에서 문제가 되는 경우에는 그 절차의 성격을 가리지 않고 변호인의 조력이 보장되어야 함을

4 헌재 2004. 9. 23. 2000헌바138.

천명한 바 있다.[5] 변호사가 아니면 원칙적으로 변호인이 될 수 없으므로 변호인의 조력을 받을 권리란 다른 말로 표현하자면 변호사의 조력을 받을 권리라고 표현할 수도 있다. 이렇듯 변호사의 조력을 받을 권리가 대한민국 헌법의 기본원리를 구성하는 이상, 헌법제정권력으로부터 헌법적 가치를 국정에 구현하도록 권한을 위탁받은 국가권력은 변호사 제도를 보호하고 발전시켜야 하는 책무를 진다고 보아야 한다. 적법절차의 원리 내지 법치주의의 확립이라는 공공적 가치는 변호사의 자격을 갖지 않은 자에게 법률사건이나 법률사무를 취급할 수 없도록 규제함으로써 초래될 수도 있는 사회적 비효용을 상쇄하더라도 훨씬 더 중요한 가치라고 할 것이다. 이러한 관점에서 변호사 제도는 적극적으로 보호되어야 할 당위성을 갖는 것이다.

대한민국 변호사법은 이러한 가치를 변호사 제도 속에서 구현하기 위하여 변호사의 지위를 다음과 같이 규정하고 있다. 즉, 변호사법 제2조 제1항과 제2항을 종합하면, 대한민국 변호사는 사회정의와 인권옹호를 기본 사명으로 하는 공공성을 지닌 법률 전문직으로서 독립하여 자유롭게 그 직무를 수행하는 존재이다. 즉, 대한민국 변호사의 기본적인 속성에는 ① 공공성, ② 전문성, ③ 독립성, ④ 자유직업성의 네 가지 요소를 꼽을 수 있는데, 이러한 네 가지 요소들은 변호사 자격에 대한 국가의 특별한 관리 — 진입규제 철폐론자들의 표현을 빌자면 '진입장벽' — 를 정당화하는 근거가 된다. 변호사는 '공공성'에 입각하여 사회정의와 인권옹호를 위해 성실하게 그 직무를 수행할 의무를 부담한다. 사회정의와 인권옹호를 위해서는 국가권력을 견제하고 감시하며 비판하는 활동이 불가결한 전제가 된다. 대한민국 헌법으로부터 국정을 수행할 권한을 위탁받은 국가권력은 헌법에서 부여된 범위 내에서 그 권력을 적정하게 행사하여야 할 의무를 부담하므로, 비록 변호사 제도가 국가

5 대법원 2012. 10. 18. 선고 2010두12347 전원합의체 판결.

권력과 대치하는 상황에 놓이게 되더라도 국가권력의 상위에 있는 헌법의 요청에 따라 변호사 제도를 보호하고 유지하여야 할 책무를 부담하게 되는 것이다. 이것이 '역차별론'이나 '부정적 외부효과'론으로는 설명할 수 없는, 변호사 제도를 국가가 보호하고 유지시켜야 하는 당위의 논거가 되는 것이다. 변호사가 제공하는 법률서비스의 수준을 높이고, 법률서비스의 가격을 낮춤으로써 얻을 수 있는 소비자의 효용가치는 이러한 변호사 제도의 사회적 효용가치와 비교할 바가 되지 못한다.


# 제 4 절   변호사 인접 자격사 직군(職群)의 통·폐합 논의


## 1. 개  관

이상과 같이 변호사 제도의 사회적 효용이 변호사 제도의 진입 장벽을 철폐하여 얻을 수 있는 법률서비스의 수준 제고나 법률서비스 가격의 인하라는 효용성과 비교할 수 없을 만큼 크다고 할 경우, 변호사 직역과의 사이에 갈등과 충돌을 빚고 있는 법률업무 인접 자격사 직군(職群)을 어떻게 취급해야 하느냐가 중요한 현안으로 떠오르게 된다. 이 절에서는 이 현안에 대한 대응방안 중의 하나로 논의되고 있는 법률업무 인접 자격사 직군의 통·폐합 논의에 관하여 살펴보고자 한다. 이러한 논의는 이미 외국에서는 상당한 정도로 진행이 되었고, 우리나라의 경우에도 2008년 대한변호사협회에서 자격사 제도의 통·폐합 방안을 제시한 이래, 2010년에는 법무부 발주 용역으로 "법조인접직역 업무조정 및 통폐합 방안 연구"가 이루어지기도 하였으며, 2016년에는 대한변호사협회가 주최한 '법의 지배를 위한 변호사대회'에서 다시 이 문제가 거론되기도 하였다. 그러나 관련 자격사단체의 소극적인 태도로 더 이상 진척을 이루지 못하고 답보상태에 있는 것이 현실이기도 하다. 이하에서는 먼저 위와 같이 대한변호사협회가 제시한 내용의 소개 및 선행 연구를 소개하고 나서, 외국에서 이미 시행한 바 있는 변호사 인접 자격사 직군(職群)의 통·폐합 사례와, 이와 달리 변호사 인접 자격사 직군(職群)의 통·폐합이 이루어지지 못하고 변호사 인접 자격사 직군(職群)의 직역이 확대 — 변호사의 직역 축소 — 된 사례에 대해서도 차례대로 살펴보도록 한다.

## 2. 대한변호사협회의 통·폐합방안

대한변호사협회는 2008. 12. 15. '로스쿨 도입에 따른 변호사 업무의 선진화 방안'이라는 주제로 심포지엄을 개최하였는데, 이 심포지엄에서 제2주제발표를 맡은 당시 대한변호사협회 기획이사가 '로스쿨 도입과 법률서비스 제도 선진화 방안'이라는 주제를 발표하면서, 우리나라 민사사건의 74%는 변호사가 필요 없는 소액사건이고 전체 민사사건의 변호사 선임 비율은 40%에 미치지 못하는 현실에서 로스쿨 제도가 도입됨에 따라 향후 변호사 시장은 거의 파탄지경에 직면하게 될 것이라고 우려하고, 이러한 우려를 해소하기 위해 변호사 업무를 보완하는 성격을 가지는 유사법조직역의 신규 배출을 중단하고, 유사법조직역을 변호사 제도로 통합해야 한다고 주장하였다.[6] 그러나 이 방안에서는 유사법조직역의 신규배출을 중단해야 한다는 논지만 제시되었을 뿐, 기존 유사법조직역 종사자들을 어떻게 처우할 것인지 — 이들에게 변호사 자격을 부여할 것인지 아니면 종래의 유사법조직역 업무를 계속 수행하게 할 것인지 — 에 대한 구체적인 내용을 결하고 있다. 위

---

6 심포지엄에서 논의된 구체적인 내용은 대한변협 「인권과 정의」 제389호 (2009. 1. 1.)에 소개되어 있다.

심포지엄 직후 대한변호사협회에서 발행하는 「대한변협신문」에서는 이 심포지엄 개최사실을 뉴스로 게재하면서 "한편 일부 언론에서는 이번 심포지엄에서 이정한 기획이사가 '유사법조직역의 통·폐합 필요성'에 대해 발표한 것을 마치 "대한변협에서 유사법조직역 자격제도를 폐지하고 기존 자격자에게 변호사 자격을 주는 방안을 논의하고 있다"는 내용으로 잘못 보도해 물의를 일으킨 바 있다"라고 보도함으로써, 위 심포지엄에서 제시한 방안이 유사법조직역의 자격사들에게 변호사 자격을 부여하겠다는 입장은 아니라는 입장을 밝혔다.[7] 그러나 「대한변협신문」의 이러한 입장은 사실 솔직하지 못한 측면이 있다. 위 주제발표에서는 유사법조직역의 통합 사례로 프랑스를 거론하였는데, 프랑스의 경우 유사법조직역을 통합하면서 통합 이전의 유사법조직역 종사자들에게 변호사 자격을 취득할 수 있도록 하였기 때문이다. 결국 대한변호사협회가 2008년 12월에 제시한 방안은 유사법조직역의 신규 배출을 중단하되 종래의 유사법조직역에 대해서는 변호사 자격을 부여함으로써 이후에는 변호사자격자만이 법률업무를 취급할 수 있도록 하겠다는 방안이었던 것으로 요약된다.

이와 같은 대한변호사협회의 유사법조직역 통·폐합 방안에 대한 해당 직역의 반응은 다음과 같았다. 변리사단체는 명백하게 반대 입장을 표명하였다고 한다. 「법률신문」은 "변리사업무는 변호사업무와 달리 기술적 전문성이 요구된다"면서 "전문성을 인정하지 않은 채 직역만 통합하자는 것은 실현불가능하다"는 것이 대한변리사협회 관계자의 입장이라고 보도했다.[8] 관세사협회의 입장은 유보적이었다고 한다. 「법률신문」 기사에 따르면, "관세사의 경우 전문성 있는 업무가 많아

7 「대한변협신문」 2008. 12. 23. 입력(http://news.koreanbar.or.kr/news/articleView.html?idxno=3459) 참조(2017. 10. 15. 최종방문).
8 「법률신문」 2008. 12. 9. 입력(https://www.lawtimes.co.kr/Legal-News/Legal-News-View?serial=44125) 참조(2017. 10. 15. 최종방문).

변호사와 통합되기 어렵다는 것이 기본입장"이라면서 "다만 변호사업
계가 향후 구체적인 통합방안을 만들어 논의를 제안한다면 논의에 참
여할 수 있다"고 말해 가능성을 열어 두었다는 것이다.[9] 한국세무사회
관계자는 "변협의 공식적인 입장을 들어본 후 회의 입장을 검토하도록
하겠다"고 말했다고 한다.[10] 법무사단체는 공식적으로 어떤 반응을 보
였는지 알려지지 않았다.

## 3. 2016년의 논의

앞에서도 언급했던 것처럼 2016. 8. 29. 개최된 대한변호사협회의
제25회 법의 지배를 위한 변호사대회에서는 심포지엄 주제의 하나로
"유사직역 갈등과 대처 방안"이라는 주제가 다루어졌다. 그러나 여기
에서 다루어진 주제는 대한변호사협회의 공식적인 입장이라고 보기
어려우므로 단지 논의의 내용을 소개하는 수준에 그치고자 한다. 보도
된 내용에 따르면 주제발표를 맡은 최승재 변호사는, 현재 변호사와
유사법조직역 사이의 갈등은 실상 변호사의 업무인 것을 파편화해 유
사직역이 나눠가진 데 따른 현상이라고 진단하면서, 국민의 편의를 위
해 현재의 복잡한 자격증 체제를 변호사와 회계사 중심으로 통합·개
편해야 한다고 주장했다고 한다.[11]

그러나 이러한 방안이 과연 현실성이 있는 것인지는 의문이다. 변
호사의 업무를 파편화해서 유사직역이 나누어가진 것이라는 현실진단
은 외국의 법률업무관련 자격사 제도의 연혁을 살펴볼 때 그다지 타당
성을 갖기 어려운 주장일 뿐만 아니라, 이미 변호사보다 훨씬 많은 수

---

9 「법률신문」 2008. 12. 18. 입력(https://www.lawtimes.co.kr/Legal‐News/Legal
 ‐News‐View?serial=44322) 참조(2017. 10. 15. 최종방문).
10 전게 「법률신문」 2008. 12. 9. 입력 기사 참조.
11 「법률저널」, 2016. 9. 20. 입력(http://www.lec.co.kr/news/articleView.html?id
 xno=41919) 참조(2017. 10. 15. 최종방문).

의 자격사가 해당 업계에 종사하고 있는 현실에서, 이들을 모두 없애
야 한다는 주장이 과연 얼마나 설득력을 가질 수 있을 것인지 알 수
없기 때문이다. 위 심포지엄에 지정토론자로 나선 이전오 교수는 고착
화된 기득권, 광범위한 이해관계자, 국회 및 국민의 인식 등을 고려한
다면 이들 자격사를 없애는 것은 어려울 것이라고 전망했다고 한다.[12]
오히려 이러한 전망이 현실적이라고 할 것이다. 이전오 교수의 입장은
MDP 제도를 도입해야 한다는 입장으로 보이는바, 이에 대해서는 제5
절에서 다시 자세히 살펴보게 될 것이다.

## 4. 외국의 변호사 인접 자격사 직역 통·폐합 사례

### 가. 개 관

우리나라 법률업무관련 자격사 사이의 갈등을 해소하기 위한 방안
을 모색하기에 앞서, 우리나라보다 먼저 이러한 문제를 접하고 해결책
을 시도한 외국의 전례를 살펴보는 것은 우리에게 시사점을 줄 수 있을
것이다. 이하에서는 프랑스, 영국의 사례를 차례대로 살펴보도록 한다.

### 나. 프랑스의 통·폐합 사례

제3장 제4절 프랑스의 법률업무관련 자격사 제도의 연혁과 현황
부분에서 살펴본 바와 같이 프랑스의 법률업무관련 직역의 조정은
1971년의 소통합과 1990년의 대통합이라는 두 차례의 커다란 전기를
통하여 이루어졌다. 소통합 이전까지 프랑스 법제에서 법률업무를 취
급할 수 있는 자격사의 양태를 보면, 'Agent d'affaires',[13] 'Officier

---

12 전게 「법률저널」, 2016. 9. 20. 입력 기사 참조.
13 법무부, 「각국의 변호사제도」(2001), 203면에서는 'Agent d'affaires'를 법률대
   행사로 번역하였으나, 'Agent d'affaires'는 법률업무만을 취급하는 지위에 있
   지 아니하고 일반적으로 다른 사람의 업무를 대행 또는 대리할 수 있는 지위
   에 있었으므로 법률대행사라고 번역하는 것은 적절하지 않다고 보아, 이 연
   구에서는 원어대로 표기하였음은 전술하였다.

ministériel(사법공공직무자)'와 '변호사'가 존재하였다. 변호사는 다시
Avocat, Avoué 및 공정증서를 작성하는 Notaire 등으로 나뉘어 있었
다. Agent d'affaires는 일반적으로 보수를 받고 일정한 업무를 대행 또
는 대리하는 자를 의미하는데, 이 중에는 법률업무를 대리하는 경우도
있었다. Agent d'affaires 중 법률업무를 취급할 수 있는 직군으로는
'l'agréé prèsles tribunaux de commerce(상사법원 변호사)', 'le conseil
juridique(법률상담사)', 'le conseil fiscal(세무사)', 'l'expert comptable(회
계사)', 'l'agent genéral d'assurance(보험사)' 등 매우 다양한 제도가 존
재하고 있었다.

　소통합은 1971년 변호사법을 제정하면서 지방법원 대소사와 상사
법원변호사의 직무를 변호사의 직무로 통합시킨 것을 가리킨다. 소통
합의 기본 취지는 소송당사자들의 편의 도모에 두었다. 대통합은 1990
년 변호사법을 개정하면서 법률상담사의 직무를 변호사의 직무로 통
합한 것을 가리킨다. 소통합과 대통합의 통합 방식은 종래의 변호사
인접 직역에서 종사하던 이들에게 변호사의 지위를 부여하면서 신규
종사를 금지시키고 변호사 제도로 흡수시키는 방식이었다. 폐합은 아
니고 통합이라고 보아야 옳다.

　위와 같은 대통합 이후에도 프랑스의 법률업무관련 자격사 제도는
계속적인 통합 논의가 이어지고 있다. 우선 2008년 '프랑스 경제성장을
위한 Attali 보고서'에서는 최고행정법원(Conseil d'Etat)·파기원의 변호사
독점권을 폐지하여야 한다는 의견을 제시하였다. 또 2009년 'Darrois보
고서'에서는 변호사와 대소사의 완전 통합, 사내변호사와 변호사의 통
합, 변호사의 영리업무 허용 등의 주제를 다루었다. 변호사와 변리사의
통합에 대해서도 검토하기는 하였으나, 공학전공계열 지원자가 감소할
우려가 있으므로 신중한 검토가 필요하다고 유보하였다.[14]

14 전게 "법조인접직역 업무조정 및 통폐합 방안 연구", 54면 참조.

## 5. 진입규제 완화 사례

### 가. 개 관

변호사의 직역은 그대로 둔 채 변호사 인접 자격사 직군(職群)의 직역을 확대하는 방법으로 변호사 직역에 대한 진입규제를 완화한 대표적인 사례로는 일본과 영국의 경우를 들 수 있다.

### 나. 일본의 진입규제 완화 연혁

### (1) 개 요

제3장 제2절의 일본의 법률업무관련 자격사 제도의 연혁에 관하여 살펴보면서 언급하였던 것과 같이, 일본에서 종래 변호사가 독점적으로 처리할 수 있었던 법률업무에 관하여, 변호사 인접 자격사 직군(職群)에 그 진입을 허용함으로써 진입규제를 완화시킨 것은 어느 하나의 사건이 계기가 되었다고 하기보다는 관련 자격사단체의 지속적인 직역확대 노력의 결과라고 할 수 있다. 이러한 점에서 다른 나라의 사례보다도 일본의 사례는 우리에게 시사하는 바가 더욱 크다고 할 수 있다.

### (2) 사법제도개혁심의회

일본에서 획기적으로 법률업무관련 자격사 직군(職群)의 직역에 관한 검토와 개혁이 이루어진 것은 1999년부터 2년간 활동하였던 사법제도개혁심의회의 활동에서 비롯되었다고 할 수 있다. 사법제도개혁심의회의 발족 이후 각 법률업무관련 자격사 직군(職群)의 단체에서는 사법제도개혁심의회에 대하여 다음과 같은 요구사항을 피력하였다. 사법서사단체의 요구사항은 ① 가사심판·가사조정 사건의 대리권, ② 민사집행사건의 대리권, ③ 소비자파산사건에 있어서 사법서사의 활용, ④ 법률상담과 재판외 교섭 권한 등 네 가지이다. 변리사단체는 특허침해사건에 대한 독립적인 소송대리권의 부여를 요구하였다. 세리사단체에서는 조세소송에 있어서 소송대리인과 함께 출석하여 변론할 수 있는 보좌인의 지위를 요구하였다. 행정서사단체에서는 ① 허가 및 인가 신청의 대리권, ② 권리의무관계 업무로서의 계약서 작성 대리권, ③ 행정수속법에서의 청문절차 대리권과 행정불복심사법에서의 불복신청 대리권, ④ 행정소송사건에서 보좌인이 되는 권한, 재판외 분쟁처리절차 관여권과 법률상담 관여권 등을 요구하였다. 사회보험노무사는 ① 화해·중재사건의 대리권, ② 간이재판소의 소송대리권, ③ 법원에 계속 중인 소송사건의 보좌인이 되는 권한, ④ 노동분쟁사건에서의 대리권, ⑤ 노동조합 교섭시 회사측 대리권 — 노동분쟁개입금지 철폐 — 를 요구하였다. 이와 같은 변호사 인접 자격사단체의 요구사항에 대하여 일본변호사연합회에서는 자민당 소속 사법제도특별조사회에 의견을 개진하였다. 개진한 의견의 주요 내용은 다음과 같다. 변호사법에서 변호사에게 독점적으로 법률사건과 법률사무를 취급하도록 권한을 부여한 취지는 변호사의 직역을 보호하기 위한 것이 아니라, 변호사를 통하여 양질의 신뢰할 수 있는 법률 서비스를 국민에게 제공하는 것을 보장하기 위함에 있는 것이며, 이것을 안이하게 완화하는 것은 문제가 있고, 변호사 과소지역이나 소액사건에 관한 문제는 변호사 개혁을 통해 해소해 나갈 예정이라는 것이다.

　위 사법제도개혁심의회는 2년간의 활동을 정리하면서 위와 같은 변호사 인접 자격사 직군(職群) 단체의 요구사항을 반영하여 보고서를 발간하였다. 심의회는 이 보고서에서, 종래의 법률서비스가 이를 이용하는 국민의 입장에서 국민의 권리를 옹호하기에 충분하지 못한 면이 있음을 지적하면서, 국민의 당면한 법적 수요를 충족시키기 위해서 변호사 인접 자격사의 전문성을 활용하는 방안을 강구할 필요가 있다는 제안을 하였다. 이에 따라 사법서사에게 간이재판소에서의 소송대리권을 부여하는 방안, 변리사에게 특허침해 소송에 있어서 변호사와 공동으로 소송대리권을 부여하는 방안, 세리사에게 조세소송에서 소송대리를 하는 변호사의 보좌인 지위를 부여하는 방안 등의 입법이 추진되거나, 위원회의 활동기간 도중에 입법화되었다. 이 밖에도 행정서사, 사회보험노무사, 토지가옥조사사 등에 대해서도 장차 그 전문성을 소송에 활용할 수 있는 방안을 검토할 필요가 있다는 내용도 위 제안에 포함되어 있다. 특히 '재판외분쟁해결절차 — Alternative Dispute Resolution, 일반적으로 ADR이라고 약칭해서 사용한다 — 에 있어서 이들 변호사 인접 자격사 직군(職群)이 가진 전문성의 활용을 적극 도모하여야 한다고 권고하였다. 한편 변호사와 다른 인접 자격사 직군(職群) 사이의 협업에 관해서는 의뢰자의 편리 향상을 도모하는 관점에서 원스톱 서비스(종합적 법률·경제관계사무소)를 적극적으로 추진하고, 그 실효를 높이기 위한 방책을 강구하여야 한다고 제안하기도 하였다. 종합적 법률·경제관계사무소 도입 논의가 바로 MDP 도입 논의에 해당한다.

(3) 소 결

사법제도개혁심의회의 위 보고서 내용은 변호사 직군(職群)을 대표하는 일본변호사연합회의 의견이 거의 반영되지 않았고, 변호사 인접 자격사 직군(職群) 단체의 요구 중 상당부분이 반영된 것이다. 아울러 즉시 반영되지 아니한 나머지 요구사항도 시간을 두고 검토할 필요가 있다는 전향적 입장을 표방한 것이라고 할 수 있다. 결국 변호사단체의 입장에서는 완패에 가까운 결과라고 하지 않을 수 없다. 물론 위 사법제도 개혁에 병행하여 법률원조활동을 체계화하는「총합법률지원법」을 마련하면서 그 법률에서 변호사단체가 중요한 역할을 담당하게 되었지만, 이는 법률업무를 처리할 수 있는 자격의 범주에 관한 문제와는 비할 바가 되지 못한다고 할 수 있다. 우리나라의 경우에는 법률원조에 해당하는 법률구조사업마저 법무부의 관리·감독을 받는 법률구조공단이 관장하고 있는 실정임을 고려한다면, 변호사 직역과 변호

사 인접 자격사 직군(職群) 사이의 갈등을 합리적으로 해소하는 방안의
마련이 무엇보다 시급한 과제라고 할 수 있을 것이다.

### 다. 영국의 진입규제 완화 사례

영국의 진입규제 완화 사례는 변호사 직군(職群)이라고 할 수 있는
Barrister와 Solicitor 사이의 직역 개방 및 변호사와 변호사 아닌 법률
업무관련 자격사 직군(職群) 사이의 동업 및 변호사를 포함하여 법률업
무관련 자격사와 비(非)법률업무관련 조직의 동업 허용 등을 특징으로 한
다. Barrister와 Solicitor 사이의 직역 개방에 관해서는 제3장 제6절에서
이미 살펴보았다. 한편 1985년의 Adminisration of Justice Act은 Solicitor
의 영역이던 부동산 거래분야에 공인중개사(Licensed conveyancers)의 진
입을 허용하였다.

그러나 대대적인 법조직역의 개혁 작업은 2007년 Legal Services
Act의 제정으로 촉발되었다. Legal Services Act의 주요 내용은 일정한
요건 하에 다른 자격사 간의 공동사무소 — Multi Disciplinary Practice,
MDP라고 약칭하기도 한다 — 의 설립을 허용하게 된 것이었다. 물론
아래에서 자세히 살펴보게 되겠지만, Legal Services Act는 단지 다른
자격사 간의 공동사무소 개설뿐만 아니라 다른 직종 간의 공동사업까
지 규율하는 내용을 포함하고 있다. 이러한 공동사무소 형태에서는 변
호사와 변호사 아닌 자가 파트너십을 구축하고 법률서비스에 한정되
지 않은 포괄적인 서비스를 제공할 수 있게 된다. 공동사무소의 구성
원은 반드시 변호사이거나 법률업무관련 자격사일 것을 요하지 않는
다. 이른바 원스톱 서비스를 지향하는 조직이라고 할 수 있다. 물론 법
률업무관련 자격사 상호간의 공동사무소 형태도 허용된다.

## 6. 결  론

이상과 같이 변호사와 변호사 인접 자격사 직역 사이의 갈등을 조

정하는 방향에 있어서 어느 하나의 직역으로 통·폐합이 이루어진 사
례는 프랑스의 경우를 제외하고는 찾아보기 어렵다. 그 밖의 다른 사
례들은 모두 변호사의 직역에 대한 다른 자격사의 진입을 완화하는 방
향으로 개혁이 이루어지거나, 변호사와 변호사 아닌 변호사 인접 자격
사 또는 심지어 변호사와 비(非)법률업무관련 직군(職群)과의 공동업무수
행을 허용하는 방향으로 이루어졌음을 알 수 있다. 공동업무수행의 양
태는 이른바 Multi Disciplinary Practice — 보통 MDP로 약칭한다 — 의
도입이라고 할 수 있다. 위에서는 영국의 MDP사례를 소개하였지만,
이러한 MDP 사례는 영국에서만 찾아볼 수 있는 것이 아니다. 또 아직
가시적으로 제도가 구현되지는 않았더라도 MDP에 관한 논의는 많은
국가에서 이루어지고 있기도 하다. 우리나라도 그 예외가 아님은 위에
서 이미 관련 논의를 소개한 바에서 잘 나타나고 있다. 이하에서는 이
와 같이 여러 나라에서 전개되고 있는 MDP 논의를 좀 더 구체적으로
살펴보고자 한다.

# 제 5 절   MDP 도입론

## 1. MDP의 정의

MDP란 Multi Disciplinary Practice의 약칭이다. 서로 다른 자격사
사이 또는 다른 직군(職群) 사이에서 이루어지는 동업을 의미하는 용어로
사용된다. MDP와 관련된 용어로는, 법률업무관련 자격사 사이의 동업을
의미하는 Legal Disciplinary Practice — LDP라고 약칭하기도 한다 — 와
다른 직군 사이의 동업을 의미하는 Alternative Business Structure —
ABS라고 약칭하기도 한다 — 가 있다. LDP의 개념은 2004년 영국에서

사법개혁을 주제로 한 Clementi 보고서에서 제시되었고, ABS의 개념은 2007년 영국의 Legal Service Act에서 등장하였다. 물론 MDP나 LDP라는 용어가 이 보고서와 법률에서 처음 등장한 개념은 아니다. 그 이전에도 이러한 용어를 사용하지 않은 것은 아니었으나, 이 보고서와 법률을 계기로 MDP와 LDP가 단순한 논의의 단계를 넘어서 구체적인 제도로 이어졌다는 점을 고려할 때, MDP나 LDP의 개념에 있어서 이 보고서와 법률이 차지하는 위치가 중요하다고 할 수 있다.

논자에 따라서는 MDP와 LDP를 구별해야 한다는 입장을 취하기도 한다.[15] 엄격하게 구분하자면, LDP는 법률업무관련 자격사 상호간의 동업을 의미하는 반면, ABS는 반드시 자격사 상호간으로 제한되지 않는 자유직업 상호간의 동업을 의미한다. 그러나 논자에 따라서는 MDP를 LDP나 ABS와 혼용해서 사용하기도 한다. 동업 주체의 범주를 기준으로 한다면 LDP가 가장 좁은 범주를 설정하고 있고, MDP가 중간 정도, ABS가 가장 넓은 범주를 설정하고 있다고 할 수도 있다. 이 세 가지 용어는 법률로 그 개념범주가 명확하게 정의되는 것이 아니기 때문에 엄격하게 구별해서 사용해야만 하는 것은 아니다. '법률관련' 자격사라고 하더라도 '법률관련'의 범주를 어떻게 설정하느냐는 논자마다 서로 입장에 차이가 있을 수 있기 때문이다. 동업이 논의되는 자격사 직군(職群) 중에서 가장 명백하게 Legal Disciplinary에 해당하지 않는 자격사로는 공인회계사를 들 수 있을 것이다. 그러므로 변호사와 공인회계사의 동업을 논하면서 이를 Legal Disciplinary Practice라고 칭하는 것은 명백한 오류이다. 그러나 이처럼 명확하게 범주가 구분되는 경우를 제외한다면, 이 연구에서 논하는 대부분의 자격사 직군(職群)은 다소간 정도의 차이는 있을지언정 모두 어느 정도는 법률업무와

15 최승재, "한국형 MDP의 도입 방향", 「人權과 正義」 제412호(2010), 대한변호사협회, 49~50면.

관련성을 갖는 자격사들이라고 할 수 있다. 예를 들어 세무사의 경우 독일이나 영국은 세무사라는 자격이 존재하지만 국가면허 제도는 시행하지 않고 있고 프랑스나 미국은 세무사라는 자격제도가 존재하지 않는다. 독일은 국가면허는 아니지만 법률에 근거를 둔 자격사라는 점에서 영국과 같은 민간자격 세무사와는 구별되는 제도라고 할 수 있다. 반면, 일본이나 우리나라는 국가면허 방식의 세무사 자격제도를 시행하고 있다. 이렇듯 국가마다 서로 법제가 다른 실정에서 서로 다른 법제를 고려하지 않은 채 일률적으로 '법률관련'의 범주를 설정하는 것은 불가능하다. 설정이 불가능한 '법률관련'의 범주를 가지고 LDP와 MDP를 엄격하게 구별하라고 요구하는 것은 무리라고 하지 않을 수 없다.

LDP를 포함하여 자격사 상호간의 동업을 가리키는 용어로 가장 일반적으로 사용되는 용어는 MDP라고 할 수 있다. ABS는 영국의 2007년 영국의 Legal Service Act에 의해 제도화된 개념이기는 하지만, 아직 보편적으로 제도화가 진행되는 단계에까지 이르지는 못하고 논의의 수준에 머물러 있다고 할 수 있다.

## 2. 외국의 MDP 도입 사례와 논의

### 가. 영국의 MDP 도입 사례

#### (1) 개  요

영국의 MDP 논의는 2001년 the Office of Fair Trading(공정거래위원회)의 보고서에서 촉발되었다. The Office of Fair Trading는 이 보고서에서 영국 변호사협회가 1년 이내에 변호사와 비(非)변호사 사이의 보수분배를 금지하는 조항과 같이 위 협회의 규정 중 MDP에 장애가 되는 조항을 철폐하지 않는다면 벌과금을 부과하겠다고 공표하였다. 그럼에도 불구하고 영국 변호사협회의 MDP 도입을 위한 적극적인 노력이 별다른 가시적 성과를 보이지 않자, 영국 국무성은 David Clementi경에게 영국 법조직역의 규율에 관한 보고서를 제출할 것을 명하였다. 이에 따라 2004. 12. 15. 제출된 보고서가 유명한 'Clementi 보고서'이다. 보고서의 정식 명칭은 "Review of the Regulatory Frameworks for legal Services in England and Wales"이다. 이 보고서의 F장 Alternative Business Structure에서 MDP 문제를 기술하고 있는데, 그 내용은 다음과 같다. 즉, 1단계로 Barrister와 Solicitor 상호간 및 변호사와 변호사 인접 자격사 직군(職群) 상호간의 동업 형태인 LDP를 먼저 시행하고, 추후 안전장치가 확실하게 갖추어진다면 변호사와 비(非)법률업무 직군(職群) 상호간의 동업 형태인 MDP를 실시하도록 권고한다는 것이 그 내용이다. 이후 Clementi 보고서의 내용을 법제화하기 위한 노력의 결실로 제정된 법률이 2007년의 Legal Service Act이다. Legal Service Act에서는 위 Clementi 보고서와 달리 LDP와 MDP를 한꺼번에 허용하는 입장을 채택하였다.

(2) Clementi 보고서

　Clementi 보고서의 MDP는 LDP와 MDP의 단계적 추진을 특징으로 한다. 주요 내용은 다음과 같다. 먼저 LDP단계에서는 Barrister와 Solicitor 상호간 또는 이들 변호사와 인접법률업무 직종 상호간의 동업을 허용한다. 영국의 경우 LDP가 가능한 변호사 인접 자격사 직군(職群)에 속하는 자격사로는 Legal Executive, Lisensed Conveyancer, Patent Agent, Trademark Agent 등을 생각할 수 있다. LDP의 목적은 법률서비스 이외의 다른 서비스를 제공하는 데 있는 것이 아니라, 법률서비스의 수준을 높이는 데 있다. LDP에서 관리자(partner, owner, director)는 변호사로 한정되지 않으므로 변호사가 아닌 자이더라도 관리자가 될 수 있으나, 변호사가 관리자의 다수를 점하여야 한다. LDP의 외부소유자(outside owner)는 다음과 같은 요건 하에 허용될 수 있

다. 외부소유자는 소유적격여부의 심사(fit-to-own-test)를 받아야 한
다. 뿐만 아니라 고객이 입은 손실에 대하여 배상책임도 부담한다.
LDP에는 법률업무책임자(Head of Legal Practice), 재정 및 행정업무책임
자(Head of Finance and Administration)를 두어야 하는데, 법률업무책임
자는 변호사이어야만 한다. 재정 및 행정업무책임자는 변호사일 것을
요구하지 않는다. LDP의 변호사도 이해충돌 방지의무를 부담한다.
LDP의 변호사는 LDP의 외부소유자와 반대의 이해관계를 갖는 사건을
수임할 수 없다. 외부소유자는 LDP가 수임한 구체적인 사건에 대하여
간섭하거나 고객의 서류 또는 정보에 접근할 수 없다. MDP의 경우 외
부소유자와 변호사의 고객 사이에 이해관계가 충돌할 우려가 있으므
로 먼저 LDP를 시행하고 나서 이해충돌의 문제를 해소할 수 있는 안
전장치가 갖추어진 후에 MDP를 허용하는 것이 타당하다.

### (3) Legal Service Act

Legal Service Act는 제5장에서 Alternative Business Structure
(ABS)에 관하여 규정을 두고 있다. 그 주요 내용은 다음과 같다. ABS
체제 하에서는 LDP와 MDP가 모두 가능하다. ABS에서 지정된 영업활
동을 수행할 수 있는 조직체이기만 하면 다른 직역 간의 파트너십
(Multi Diciplinary Partnership)은 물론 유한책임파트너십(Limited Liability
Partnership), 무한책임회사(Unlimited Liability Incorporated Practice), 폐쇄회
사(Private Limited Company), 공개회사(Pubilc Limited Company), 회원조
직체(Mutual Society) 등 어떤 형태도 무방하다. 어떤 조직체에 ABS를
허가할 경우에는 허가받은 조직체가 수행할 수 있는 법률업무의 내용
및 허가에 부가된 조건을 명시하여야 한다. ABS에 지분을 소유하려는
자는 10% 이상의 지분을 확보하여야 하며, 허가기관의 허가를 받아야
하는데, 허가를 받기 위해서는, 지분투자자가 지분을 소유하는 것이
Legal Service Act 제1조의 목적에 위배되지 않아야 하고, 지분투자자

가 지분을 소유하더라도 해당 조직체 및 소속 직원의 의무 이행을 저
해하지 않아야 하며, 지분을 소유하기에 적합하여야 한다. ABS에도 법
률업무책임자(Head of Legal Practice), 재정 및 행정업무책임자(Head of
Finance and Administration)를 두어야 한다. 법률업무책임자는 해당 조
직체 및 지정된 법률업무를 수행할 수 있는 자격을 가진 소속 직원이
나 관리자가 허가 조건을 준수하여 활동하도록 모든 조치를 강구할 책
임이 있으며, 허가조건을 위배하여 활동하는 경우에는 즉시 허가기관
에 이를 보고하여야 하고, 해당 조직체에서 법률업무를 수행할 자격이
없는 사람도 그 조직체에서 법률업무를 수행할 수 있는 직원이나 관리
자가 의무를 위반하게 해서는 아니된다.

## 나. 미국의 MDP 논의

미국은 변호사의 직무를 규율하는 연방법률이 존재하지 않는다.
American Bar Associaion(미국변호사협회, 통상 ABA라고 약칭한다.)에서
제정하여 시행하고 있는 「변호사모범행위준칙(Model Rules of Professional
Conduct)」이 가장 일반적인 규범이라고 할 수 있다. 위 「변호사모범행
위준칙」에서는 변호사가 변호사 아닌 자와 보수를 분배하는 것은 원칙
적으로 금지되며[§5.4(a)], 법률업무 수행을 위한 파트너십을 체결하는
것도 금지된다[§5.4(b)]. 다만 변호사가 같은 변호사회사에 속하지 않은
다른 변호사와 공동으로 수임사무를 수행한 경우에는 각자 수행한 사
무에 관하여 공동으로 책임을 부담하는 경우에 그 수행사무의 범위에
비례하여 보수를 분배할 수 있고, 의뢰인이 변호사들 사이의 분배금액
을 포함하여 그러한 보수분배약정을 서면으로 동의한 경우에도 보수
분배가 가능하다[§1.5(e)].

그러나 이러한 규범과 달리 현실에서는 대형 회계법인들이 변호
사를 고용하여 법인의 의뢰인들에게 회계서비스와 법률서비스를 함께
제공하는 양태가 빈번하게 되었다. 이러한 양태를 무시할 수 없게 된

ABA는, 1998년에 MDP를 연구하기 위한 위원회를 조직하였고, 위원회는 1999년 6월에 모범행위준칙 §5.4를 개정하여 MDP의 도입을 제안하는 보고서를 제출하였다. 이 보고서에서는 보다 효율적인 서비스의 제공과 법률시스템의 접근편의성을 가능하게 하는 새로운 조직체의 도입을 막을 이유가 없다고 전제하면서, 법률직역 — 변호사 직역을 의미한다 — 의 핵심적인 가치가 지켜질 수 있는 안전장치가 마련된다면, 변호사와 비(非)변호사 사이에 이익을 분배하는 것이 허용되어야 한다는 의견을 제시하였다. 즉 변호사회사가 아닌 MDP를 통해서도 변호사가 법률서비스를 제공할 수 있도록 해야 한다는 것이다. MDP의 형태로는 파트너십, 회사, 그 밖의 조직체, 계약공동체 등을 불문한다. 다만 MDP에 소속한 비(非)변호사는 법률서비스를 제공할 수 없으며, MDP에 속한 변호사는 「변호사모범행위준칙」을 준수하여야 한다. 「변호사모범행위준칙」의 적용에 있어서 MDP는 로펌과 마찬가지로 취급되어야 한다. 따라서 의뢰인과의 이해충돌이 문제가 되는 경우에는 MDP에 속한 파트너, 지분소유자, 피용인 등 모든 비(非)변호사도 변호사와 마찬가지로 취급되어야 한다. 이러한 MDP 외에는 변호사가 비(非)변호사와 보수를 분배하는 파트너십이나 그 밖의 조직체를 만들어서는 아니 된다. MDP의 관리자나 이사회는 변호사를 감독할 권한을 갖는 최고법원에 서면으로 된 약속을 제출하여야 하는데, 그 내용은 다음과 같다. MDP는 변호사의 독립적 판단에 관여하지 않을 것이며, 변호사가 MDP의 간섭을 받지 않고 독립적으로 전문적인 판단을 할 수 있는 절차를 마련할 것이며, 고객의 자금을 별도로 관리하도록 할 것이며, 법률서비스를 제공하는 구성원은 「변호사모범행위준칙」을 준수할 것이며, 해마다 변호사의 독립성 보장절차를 검토한 보고서를 법원에 제출할 것이고, 법원이 이러한 사항의 준수 여부를 확인하기 위하여 MDP를 감사하는 것을 받아들이고 그 감사비용을 MDP가 부담할 것이라는 내용이다.

그러나 ABA 대의원총회는 위 보고서를 채택하지 않고 추가적인 검토를 요구하였다. 추가검토를 요구한 사항은 보고서의 내용과 같이 MDP를 도입하는 것이 변호사의 독립성과 의뢰인에 대한 충실의무라는 변호사의 전통을 해치지 않으면서 공공의 이익을 증진시킨다는 사실이 증명되어야 한다는 것이었다.

이에 위원회는 2000년 5월 새로운 보고서를 제출하였다. 이 보고서의 주요 내용은 MDP 내의 변호사가 법률서비스의 제공에 있어서 변호사의 독립성을 유지하기에 충분할 만한 수준의 감독권을 MDP에 대하여 가질 수 있다면, 변호사와 비(非)변호사 사이에 보수를 분배하거나 법률서비스와 비(非)법률서비스를 결합하여 제공할 수 있도록 한다는 것이었다. 즉 MDP에서 변호사가 독립성을 확보할 수 있는 안전장치로 변호사의 MDP에 대한 감독권을 제시한 것이었다. 그러나 2007년 11월에 개최된 ABA 대의원총회는 위 수정보고서의 채택을 거부하고 위원회를 해산시켰다. 명시적으로 MDP의 도입을 거부한 것이다.

그러나 2007년 영국의 Legal Service Act 시행과 2008년부터 2009년 사이의 금융위기를 경험하면서 ABA는 다시 MDP를 검토하기에 이른다. 즉, ABA는 변호사 직역의 비전을 마련하기 위해 '20/20 윤리위원회'라는 위원회를 새로 출범시켰고, 위원회는 2009. 11. 19. '사전쟁점개요 Preliminary Issue Outline'라는 보고서를 발표하였는데, 여기에서 MDP 문제를 검토할 필요가 있는 쟁점으로 제기하였다. 그러나 아직 일반적인 MDP가 도입되기에 이른 것은 아니다.

이러한 ABA의 논의와 별개로 미국의 일부 주에서는 MDP 형태의 동업조직이 허용되고 있다. 워싱턴DC는 비변호사가 비(非)법률서비스를 제공하지 않는다는 전제 하에 변호사와 비(非)변호사 사이의 동업을 허용한다. 즉 변호사와 비(非)변호사가 동업하면서 그 동업체를 통하여 변호사가 법률서비스를 제공하는 형태의 동업을 허용하는 것이다. 그러나 이러한 형태의 동업은 엄밀한 의미에서 MDP라고 볼 수 없다. 뉴욕주에서 최초로 변호사와 비(非)변호사의 MDP를 허용하였다고 알려져 있으나, 이에 대해서도 비(非)변호사가 동업체를 소유하거나 경영하는 것이 금지되고, 법률서비스로 인한 수익을 분배하거나 소개비용을 수수하는 것이 금지되기 때문에 의미 있는 통합이라고 보기 어렵다는 지적이 제기된다.[16]

### 다. 독일의 MDP 논의

독일은 1994년에 LDP형태의 동업을 허용하는 법조항을 변호사법에 도입하였다. 즉, 「Bundesrechtsanwaltsordnung(독일연방변호사법, 통상 BRAO라고 약칭한다.)」 §59a(1)에서 변호사는 다른 변호사, 변리사, 세무사, 세무대리인, 회계사, 선서회계사(vereidigten Buchprüfern)와 함께 각자의 전문 역량의 틀 안에서 함께 직무를 수행할 수 있다고 규정한 것이다. 그보다 더 이전인 1973년에 독일 변호사는 회계사와 공동으로 사무소를 개설하는 것이 허용되었다.[17] 그러나 1994년 BRAO §59a(1)의 개정 이후에도 ABS 형태의 동업관계는 아직 허용되지 않고 있다. 독일에서는 변호사와 회계사 및 선서회계사의 관계를 유사인접직군(職群)에 속하는 것으로 보고 있기 때문에, 1973년의 동업체와 같은 공동사무소의 허용을 ABS의 허용이라고 볼 수는 없다. 연방헌법재판소는 공증인 자격을 갖는 변호사가 다른 변호사 또는 세무사나 회계사와 공동사무소를 개설할 수 없도록 하는 것은 충분한 법률적 근거가 없으며, 헌법상 평등의 원칙에 어긋나며 직업의 자유를 침해한다고 판단하였다. 이와 같이 독일에서는 유사인접직군(職群) 자격사 상호간의

16 이상수, "국제법률시장의 변화와 MDP", 「법과 사회」 제42호(2012), 법과사회이론학회, 123면 참조.
17 김용섭, "독일과 일본에서의 MDP 논의", 「人權과 正義」 제412호(2010), 대한변호사협회, 33면.

공동사무소 개설을 금지하는 것은 독일기본법상 직업의 자유와 평등의 원칙에 반하는 것으로 보고 있다. BARO §59a(1)을 근거로 여기에 규정되어 있는 법률업무관련직군(職群)이 아닌 의사, 건축사, 엔지니어, 기업컨설턴트 등 다른 자유직업인과 법률업무관련직군(職群) 사이에 동업이 허용될 수 있는 것인지 여부에 대해서는 아직 논의가 진행되고 있다.[18] 독일에서 아직 ABS 수준의 MDP 도입을 주저하고 있는 이유에는 의뢰인의 이익, 특히 비밀의 보호 필요성이 문제되기 때문이라고 한다.

### 라. 일본의 MDP 논의

일본 변호사법은 제72조에서 우리나라 변호사법 제109조와 유사한 내용을 규정함으로써 비(非)변호사의 법률업무 수행을 엄격하게 금지하는 입장을 취하고 있다. 그러나 우리나라와 달리 일본에서는 변호사법 제72조의 문언에도 불구하고 변호사가 법무사나 세무사, 변리사 등 인접 업종과 협력하여 업무를 수행하는 '종합적 법률·경제관계 사무소' 형태가 허용되는 것으로 보고 있다. 수익을 분배하는 형태의 협업사무소는 금지되지만, 비용을 분담하는 형태의 협업사무소는 가능하다는 것이다.[19] 대한변호사협회의 경우에는 노무사가 기업체와 자문계약을 체결하고자 자신을 홍보하면서 노무관련 업무 외의 다른 법률업무에 대해서는 ○○○ 변호사가 상담, 지원해 줄 것이라고 홍보물에 기재하여 광고하는 행위를 하는 것은 노무사와 변호사가 제휴관계에 있는 것처럼 보이게 하는 광고이고, 이는 법률상 허용되지 아니하는 노무사와 변호사의 제휴가 허용된 것처럼 보이게 하는 광고이므로 부적법하다고 보았다.[20] 물론 이 사례는 광고규정만 문제로 삼은 경우였지

---

18 김용섭, 전게면 참조.
19 이전오, "우리나라의 MDP 도입방안에 관한 연구", 「성균관법학」 제25권 제3호(2013), 성균관대학교 법학연구소, 211면 참조.
20 대한변협 2010. 7. 8. 질의회신(532).

만, 실제 이러한 사례가 발생하는 경우에는 광고규정만 문제되지는 않는 경우라고 할 수 있다. 그와 같은 광고행위는 아직 기업체와 자문계약을 체결하기 전 단계이어서 대가의 수수가 없기는 하지만, 장래에 자문계약을 체결하고 그에 따른 보수를 지급받을 것을 예정하고 이루어지는 행위이므로, 변호사법 제34조 제1항 제1호에 규정된 "사전에 금품·향응 또는 그 밖의 이익을 받기로 약속하고 당사자 또는 그 밖의 관계인을 특정한 변호사나 그 사무직원에게 소개·알선 또는 유인하는" 행위에 해당하여 변호사법상 금지되는 행위라고 할 것이기 때문이다. 따라서 실제로는 위 사례와 같은 광고행위가 이루어질 가능성은 거의 없다고 할 것이다. 한편, 대한변호사협회는 또, 변호사가 보험업에 종사하는 재무컨설턴트나 세무사 또는 공인회계사 등과 함께 각자의 사진과 이름, 경력, 사무소 연락처 등을 게재한 브로셔를 각 해당자들의 사무소에 비치하여 내방객에게 배포하는 경우에는, 위의 금지되는 행위유형에는 직접 해당하지 않지만 광고물의 외관상 변호사가 다른 업종 종사자들과 제휴하여 법률사무를 처리한다는 인상을 주게 되는데, 만일 실제로 제휴하여 업무를 처리하는 경우에는 변호사법 제34조에 위반하는 것이고, 실제로 제휴하지 아니함에도 그와 같은 외관을 형성한 것이라면 이는 고객을 오도하거나 고객으로 하여금 객관적 사실에 관하여 오해를 불러일으킬 우려가 있는 광고로서 변호사업무광고규정 제4조 제2호에서 금지하는 광고에 해당할 수 있다는 입장이다.[21] 대한변호사협회는 이러한 입장을 한층 더 강화하여 아예 대한변호사협회 윤리규약 제34조를 개정하여 보수를 분배하는 경우뿐만 아니라, 변호사가 변호사 아닌 자와 공동의 사업으로 사건을 수임하는 것까지 금지하는 태도를 취하고 있다. 일본의 경우와 비교하여 본다면, 협업에 관하여 우리 대한변호사협회의 입장이 일본의 그것보다 훨

---

21 대한변협 2010. 11. 30. 질의회신(554) 참조.

씬 더 엄격하다고 할 수 있다. 일본은 1999년에 시작된 사법개혁에 즈음하여 일본변호사연합회를 중심으로 관련 업종과의 협력 문제를 논의하고 있는 단계이다. 이미 비용 공동형 협업사무소는 허용되는 것으로 보고 있으므로 논의의 대상은 수익 공동형 협업사무소를 허용할 것인지 여부에 모아지고 있다.

## 3. MDP에 대한 평가

MDP를 도입하는 경우 예상되는 효과에 대해서는 긍정적인 면과 부정적인 면 모두에 관해서 논의가 제기되고 있다. 이에 관하여 차례대로 살펴보도록 한다.

### 가. 긍정적 측면

### (1) 원스톱 서비스의 제공

MDP 도입에 있어서 긍정적 효과로 거론되고 있는 측면으로는 크게 두 가지 측면 즉, 소비자에게 원스톱 서비스를 제공할 수 있게 된다는 점과 서비스의 질을 향상시킬 수 있다는 점이 거론된다. 원스톱 서비스의 제공이란 소비자가 갖고 있는 문제의 상당수가 법률적 해결뿐만 아니라 다른 측면의 해결 — 세무적 해결이나 회계적 해결 등 — 을 동시에 필요로 한다는 점에 착안한다. MDP가 허용되지 않는 상태에서 이처럼 복합적인 문제를 갖고 있는 소비자는 변호사와 세무사 또는 회계사에게 각각 따로 업무를 의뢰해야 한다. 이는 소비자의 입장에서 대단히 번거로운 일이고, 해결 비용을 증가시키는 요인이 된다. 변호사와 세무사 또는 회계사가 MDP를 구성하여 이러한 소비자의 요구에 응하게 된다면 이러한 번거로움을 해소할 수 있고, 해결 비용의 감소도 기대할 수 있게 된다는 것이다. MDP 논의가 본격적으로 시작되게 된 데에는 이렇듯 소비자의 필요에 부응해야 한다는 필요성이 가장 크게 자리하고 있다.

## (2) 서비스의 질 향상

한편, MDP 도입을 주장하는 입장에서 제시하는 '서비스의 질 향상'이란 두 가지 측면에서 기대될 수 있다고 한다. 하나는 위에서 본 바와 같이 복합적인 문제를 갖고 있는 사안에 있어서 각 자격사가 자신의 전문 영역에 속하는 업무에만 치중하다보면 사안의 다른 측면을 종합적으로 파악하기 어렵기 때문에 소비자에게 최선의 결과를 가져오지 못할 우려가 있게 되는데, MDP와 같이 여러 자격사들이 모여서 사안의 복합적인 측면을 모두 살피면서 종합적인 서비스를 제공하게 된다면, 그 서비스의 질이 각 자격사가 독립적으로 서비스를 제공하는 경우에 비하여 높아질 수 있게 된다는 것이다. 다른 하나는 MDP를 통해 다른 직종의 자격사나 외부의 자본이 진입할 수 있는 통로가 열리게 되면, 신규사업자의 진출이 그만큼 용이하게 되므로 기존의 사업자와 이들 신규사업자 사이에 경쟁이 활성화되어 서비스의 질을 높일 수 있다는 것이다.

## 나. 부정적 측면

### (1) 개 요

그러나 MDP의 도입에 대해서는 위와 같이 긍정적 측면만 거론되는 것은 아니다. MDP의 도입에 대해서는 부정적인 측면에서의 우려도 진지하게 제기되고 있다. MDP 도입의 부정적인 측면으로 거론되는 요소들은 주로 변호사가 전통적으로 지녀온 고유한 가치, 즉 변호사의 공공성, 독립성과 관련된 것들이다. 이와 함께 MDP가 도입되는 경우에는 변호사 제도의 근간을 이루는 요소라고 할 수 있는 의뢰인의 비밀보호 문제도 위태롭게 될 수 있으며, 의뢰인과 MDP에 속한 외부 직군(職群) 사이에 이해관계의 충돌이 발생할 가능성이 높아진다는 점도 거론된다.

## (2) 공공성 침해 우려

우선 변호사에게 변호사 외에 다른 자격사 등 다른 직군(職群)과의 동업을 허용하는 경우에는 전통적으로 변호사가 유지하여 온 '공공성(公共性)'이 훼손될 가능성이 높아지게 된다는 점이다. 변호사에게 요구되는 '공공성'이란 변호사가 단순히 사익을 추구하는 존재가 아니라는 것을 의미한다. 변호사는 의뢰인으로부터 대가를 받고 직무를 수행한다는 점에서 일반 상인(商人)과 유사한 외관을 갖는다. 그러나 변호사의 지위에 요청되는 "공공성"의 관점에서 변호사는 일반 상인과 같은 이윤추구가 허용되지 않는다. 그런데 만일 MDP가 허용된다면 외부의 자본이 투자될 것이고, 자본을 투자하는 목적은 이윤의 추구에 있는 것이다. 이윤에까지 이르지는 않더라도 적어도 수익을 극대화하는 것이 투자의 목적인 이상, MDP에서 법률업무를 처리하는 변호사는 법률사무소에서 법률업무를 처리하는 경우에 비하여 '공공성'을 훼손당할 가능성이 훨씬 높아진다고 할 수 있다.

## (3) 독립성 침해 우려

이와 마찬가지 관점에서 변호사의 '독립성' 역시 비(非)변호사의 MDP 관여로 인해 더 이상 종전과 같은 수준으로 유지되기 어렵게 될 우려가 있다. 변호사의 독립성이란 변호사가 국가권력은 물론 일반 사인 중 어느 누구로부터도 지배받지 아니하고 자신의 독자적인 소신에 따라 직무를 수행한다는 것을 의미한다. 이러한 독립성은 변호사의 특권인 동시에 의무이기도 하다. 변호사법에서 변호사가 비(非)변호사와 제휴하는 것을 금지하는 취지는 바로 변호사의 독립성을 유지시키기 위함이다. 우리나라 변호사법을 예로 들면 이러한 제휴금지 규범을 위반하는 경우에는 7년 이하의 징역 또는 5천만 원 이하의 벌금에 처하게 된다. 이 처벌의 수위는 우리나라 변호사법이 규정하는 형벌의 수위 중 가장 무거운 수위에 해당한다. 변호사가 확보하여야 할 독립성의 요청이 그만큼 중요하다는 것을 의미한다. 외부 자본이 투입되는 MDP 조직체 내에서 변호사의 '독립성'은 '공공성'과 마찬가지로 제대로 유지되기 어려운 상황에 처하게 될 가능성이 높아지게 된다.

(4) 비밀보호 의무 침해 우려

의뢰인의 비밀을 보호하여야 하는 의무는 변호사에게 가장 중요한 의무라고 할 수 있다. 의뢰인이 변호사와 자유롭게 의견을 교환할 수 있도록 하는 것이, 국가에서 진입장벽이라는 비난을 무릅쓰면서까지 변호사 제도를 면허 제도로 유지하고 있는 근본적인 이유이다. 변호사와 나눈 의견이나 정보가 외부에 누설되지 않으리라는 믿음이 의뢰인으로 하여금 변호사에게 조력을 요청하게 만드는 동인(動因)이 될 수 있기 때문이다. 그런데 MDP 조직체 내에서는 의뢰인의 비밀을 변호사뿐만 아니라 다른 자격사, 나아가 다른 직업인들까지 공유하게 된다. 비밀을 공유하는 사람이 많아진다는 것은 그만큼 비밀이 외부에 공개될 위험성이 커진다는 것을 의미한다. 다른 자격사나 직업인은 변호사에게 요구되는 것과 동일한 수준의 윤리적 주의의무 — 의뢰인의 비밀보호 의무를 포함하여 — 를 요구받지는 않는다는 점도 의뢰인의 비밀이 누설될 위험성을 높게 만드는 요인이 된다.

다른 자격사의 본질적 속성상 의뢰인의 비밀을 보호할 수 없는 경우도 있다. 회계사의 경우가 대표적이다. 기업을 경영하는 의뢰인이 회계장부에 부실·허위의 기재를 한 경우에, 변호사는 그러한 사실을 비밀로 보호하여야 할 의무를 요구받는 반면, 회계사는 그러한 사실을 감사보고서로 명확하게 지적해야 하는 의무를 요구받는다. 위와 같은 경우에 변호사의 비밀유지의무가 의뢰인의 범죄사실을 덮어줄 것을 요구하는 것은 아니지만, 변호사는 적극적으로 의뢰인의 잘못을 공개할 의무가 없는 반면, 회계사는 그러한 잘못을 공개하여야 하는 의무가 있다. 이런 점에서 MDP 조직을 구성하는 자격사 상호간에 의뢰인의 비밀보호 요구수준이 서로 달라지게 된다면, 의뢰인의 비밀이 강력하게 보호되지 않을 가능성이 높아지게 될 것이다.

(5) 이해충돌 방지 의무 침해 우려

변호사의 이해충돌 방지 의무 역시 마찬가지이다. 각국의 변호사법이나 변호사윤리규범은 변호사가 수임하는 사건이 종전 또는 현재의 다른 의뢰인이나 사건과 이해관계가 충돌하는 경우에는 이를 수임할 수 없도록 금지하고 있다. 변호사의 이해충돌 방지 의무는 변호사의 업무 수행에 있어서 매우 중요한 의무이기 때문에 각국의 변호사법이나 변호사윤리규범은 이해관계의 충돌을 방지하기 위하여 상세한 수임제한 기준을 마련하여 시행하고 있다. 그러나 다른 자격사의 경우에는 이해관계충돌 방지 의무를 요구받더라도 변호사에게 요구되는 수준까지는 요구받고 있지 않을 가능성이 있다. 심지어 MDP에 참여하는 외부투자자나 자유직업인은 아예 그와 같은 이해관계 충돌 방지 의무를 부담하지 않는다는 점도, MDP의 직무수행 과정에서 의뢰인 상호간에 이해관계가 충돌할 가능성이 높아질 수 있다는 우려를 낳게 하는 것이다.

## 4. 우리나라의 MDP논의

### 가. 개 관

우리나라에도 MDP를 도입하여야 한다는 입장을 표명한 전례로는 위에서 살펴본 바와 같이 이전오 교수, 이상수 교수, 최승재 변호사 등을 찾아볼 수 있다. 논자에 따라서는 2008년의 대한변호사협회 입장도 MDP 도입론의 범주에 포함시켜서 설명하기도 한다. 그러나 아래에서 보듯이 2008년 대한변호사협회의 입장은 MDP 도입론의 범주에 포함시키기에 적절한 입장이 아니다. 같은 맥락에서 2016년 대한변호사협회가 주최한 법의 지배를 위한 변호사대회 심포지엄의 주제발표에서 최승재 변호사가 제시한 방안 역시 MDP 도입론이라고 보기에는 무리한 내용이다. 결국 현재 확인 가능한 문헌을 기준으로 지금까지 MDP 도입론을 주장한 입장은 이전오 교수, 이상수 교수, 최승재 변호사(2010년) 이들 세 사람이라고 할 수 있다. 이 중 이상수 교수는 우리나라에도 MDP 도입이 필요하다는 원론적 입장만을 피력하였을 뿐, 실제로 MDP를 도입할 때 그 조직체를 어떤 형태로 해야 할 것인지에 관해서는 구체적인 언급을 하지 않고 있다. 이하에서는 어째서 대한변호사협회의 입장을 MDP 도입론의 범주에 포섭시킬 수 없는지 살펴보고, MDP 도입론을 주장한 이전오 교수의 입장, 최승재 변호사의 입장을 차례대로 살펴보면서 그에 대한 평가를 개진하도록 한다.

### 나. 대한변호사협회의 입장

2008년 대한변호사협회의 입장은 엄밀한 의미에서 MDP의 도입을 논의한 것이라고 볼 수 없다. 변호사 제도만 남기고 나머지 변호사 인접 자격사 직군(職群)을 없애겠다는 입장이기 때문이다. MDP는 참여하는 자격사 또는 직군(職群)이 서로의 존재를 인정하고 공존하는 체제를 기반으로 하므로 위와 같이 변호사 이외에는 모두 사라져야 한다는 발상은 MDP와는 상당히 거리가 있는 관념이라고 할 수 있다. MDP의 도입 여부를 검토함에 있어서 위와 같은 대한변호사협회의 입장은 고려 대상에 포함시키지 않아도 무방할 것으로 생각한다.

### 다. 이전오 교수의 입장

이전오 교수는 MDP의 대상 직군(職群)을 구분하여 법무사, 세무사, 변리사, 공인노무사, 관세사에 대해서는 변호사와의 동업을 조속히 허용하는 것이 바람직하고, 공인회계사에 대해서도 장기적으로는 적극적으로 동업을 허용하는 방향으로 나아가야 할 것이나, 다만 의사, 건축사, 금융전문가, 인사전문가 등 그 업무의 성격이 변호사와 전혀 다른 직군(職群)에 대해서는 충분한 준비를 거친 후에 점진적으로 허용해야 한다는 입장을 취한다.[22] 동업조직의 형태로 개인변호사와 비(非)변호사의 동업을 허용하는 경우에는 변호사의 독립성이나 공공성을 해치는 부정적인 결과를 가져올 우려가 있으므로 우선 법무법인부터 변호사와 비(非)변호사의 협업을 허용하고 점차 확대하는 것이 좋을 것이라고 한다.[23] 변호사가 50% 이상의 지분을 갖도록 하여야 하고 경영의사를 결정하는 조직에도 변호사가 과반이 되어야 한다고 본다.[24] 위에서 살펴보았던 영국 Clementi 보고서가 제시한 입장과 유사한 입장이라고 할 수 있다.

MDP 제도가 도입될 경우 실제로 우리나라 법률시장에 어떤 파급력을 가질 것인지 쉽게 예측하기 어렵다는 점에서, 신중한 접근이 필요하다는 이전오 교수의 관점에는 충분히 수긍할 수 있다. 그런데 우선 어느 단계에서 MDP를 도입하고 장기적으로는 구체적으로 어떤 준비를 갖추어야 ABS 형태까지 도입하게 된다는 것인지 분명하지 않다. 공인회계사와의 동업에 관해서는 장기적으로 허용하여야 한다고만 언급하고 있을 뿐, 어떤 조건을 갖추어야 하는 것인지도 설명하고 있지 않다. 이에 관해서는 이전오 교수의 입장을 확실히 알 수 없으므로 평가하기도 곤란하다. 다만, 이전오 교수가 확실하게 표명한 바, MDP의 조직형태를 '법무법인'으로 설정하는 관점에는 동의하기 어렵다. 우선, 어째서 MDP의 조직형태로 법무법인(유한)과 같은 조직체는 배제되어야 하고 법무법인과 같은 형태를 취해야 하는 것인지 그 논거가 분명하지 않다. 합동사무소 형태의 조직형태를 배제하는 것에도 마찬가지 문제점이 있다. 개인 개업변호사가 공동사무소 형태의 MDP 조직체로 전환할 경우에는 참여하는 파트너의 '지분'이 중요한 기능을 할 것이

---

22 이전오, 전게 "우리나라의 MDP 도입방안에 관한 연구", 218면.
23 이전오, 전게 "우리나라의 MDP 도입방안에 관한 연구", 219면.
24 이전오, 전게 "우리나라의 MDP 도입방안에 관한 연구", 220면.

다. MDP 조직체의 지분이나 의사결정기구에서 변호사가 과반이 되도록 하는 안배는 이와 같은 공동사무소 형태의 조직체나 법무법인(유한) 형태의 조직체를 만드는 경우에도 충분히 가능하다. 이전오 교수가 위 논문을 게재한 시점(2012년) 당시에 시행되던 변호사법상 법무법인은 3인의 구성원변호사와 그 중 1인에게 5년의 법조경력만 있으면 설립이 가능한 조직체이다. 물론 법무법인(유한)의 형태가 아니면서도 법무법인(유한)보다도 훨씬 더 많은 구성원으로 이루어진 대규모 법무법인을 생각할 수 없는 것은 아니지만, 대체로 법무법인은 소규모 조직이라고 생각할 수 있다. 이런 소규모 법무법인보다 훨씬 많은 구성원을 보유한 합동사무소도 얼마든지 존재한다. 의뢰인에게 복합적인 서비스를 제공하는 것이 MDP 도입의 주된 목적이라면, 구태여 MDP의 조직 형태를 법무법인으로 한정하여야 할 아무런 이유가 없는 것이다. 이러한 이유에서 MDP의 조직 형태를 법무법인으로 시작하자는 이전오 교수의 견해에는 선뜻 찬동하기 어렵다. 조직 형태에 관해서는 특별히 제한을 둘 이유가 없다고 본다. 물론 MDP의 본질상 개인사무소 형태는 허용될 수 없을 것이지만, 그 이외의 조직 형태 — 공동사무소, 법무법인, 법무법인(유한) — 는 모두 허용될 수 있다고 본다.

### 라. 최승재 변호사의 입장

MDP의 도입에 관한 최승재 변호사의 입장은 두 가지로 나뉜다. 하나는 최승재 변호사가 2010년에 대한변호사협회 기관지인 「人權과 正義」에 기고한 "한국형 MDP의 도입 방향"이라는 논문에서 주장한 입장이고, 다른 하나는 위에서 소개했던 것처럼 2016년 법의 지배를 위한 변호사 대회 심포지엄에서 발표한 입장이다. 전자의 입장은 단계적 LDP 도입론의 입장이었던 것에 비해, 후자의 입장은 변호사 인접 자격사 직군(職群)을 모두 변호사로 흡수하는 통·폐합 방안이므로 사실상 MDP를 부정하는 입장이라고 할 수 있기 때문이다. 물론 후자의 입장이 LDP 단계만 포기하고 — 즉, LDP 대신에 변호사 직군(職群)에 흡수 통·폐합하고 — , 변호사와 회계사의 동업과 같은 MDP로 나아가야 한다는 입장이라고 선해할 수도 있다. 그러나 그와 같은 입장이라면 2010년과 2016년 사이 6년의 시간 동안 어떠한 여건의 변화가 1단계 LDP 도입론을 포기하게 만든 것인지에 대한 설명이 필요하다. MDP의 도입 논의라는 관점에서 일단 후자(後者)의 입장은 배제하고, 전자(前者)의 입장을 중심으로 최승재 변호사의 주장을 살펴보고자 한다.

이전오 교수와 마찬가지로 최승재 변호사 역시 부분적 MDP 허용방안이 바람직하다고 본다. 1단계로 세무사, 변리사, 법무사의 3가지 직종과 LDP를 허용하고, 향후 성과를 보아 추가로 논의를 하는 것이 적절하다고 한다.[25] LDP의 조직형태로는 법무법인 형태를 주장한다. 그 이유로 별도의 법인격을 가지면서도 변호사 조직의 파트너십적 속성을 반영할 수 있다는 점을 근거로 들고 있다.[26] 경영결정기구의 구성에서 변호사가 과반이 되어야 하되, 배당에 있어서는 지분에 따르면 된다는 입장이다.[27]

최승재 변호사는 이전오 교수에 비해 LDP의 조직형태를 법무법인으로 해야 하는 이유에 대해서 비교적 논거를 명확히 밝히고 있다. 그러나 이 논거 역시 적절하다고 보기 어렵다. 법무법인에 파트너십의 속성을 반영하는 것은 법인에 대한 우리나라 법제의 기본적인 관념에 부합하지 않는다. 파트너십이란 조합관계에 해당하는 조직형태로서 구성원 개개인의 개성이 강하게 드러나는 조직형태이다. 그러나 우리나라의 법무법인은 설립이나 업무의 수행에 있어서는 파트너십을 기반

---

25 최승재, "한국형 MDP의 도입 방향", 「人權과 正義」 제412호(2010), 대한변호사협회, 57면.
26 최승재, 전게 "한국형 MDP의 도입 방향", 60면.
27 최승재, 전게 "한국형 MDP의 도입 방향", 64면.

으로 하지 않으며, 구성원들의 인격이 법인에 흡수되는 체제를 취하고 있다. 법무법인은 다른 법률에서 변호사에게 그 법률에 정한 자격을 인정하는 경우 그 구성원이나 구성원 아닌 소속 변호사가 그 자격에 의한 직무를 수행할 수 있을 때에는 그 직무를 법인의 업무로 할 수 있다는 변호사법 제49조 제2항이나, 법무법인은 법인 명의로 업무를 수행한다는 제50조 제1항, 법무법인의 구성원 및 구성원 아닌 소속 변호사로 하여금 자기나 제3자의 계산으로 변호사의 업무를 수행할 수 없도록 한 변호사법 제51조 제2항 등을 볼 때 이 점은 분명하다. 물론 우리 변호사법의 경우 법무법인에 대하여 합명회사의 규정을 준용하도록 하고 있어 파트너십적 요소가 전혀 반영되지 않는다고는 볼 수 없다. 그러나 법무법인의 의사결정이나 업무집행에 있어서는 그와 같은 파트너십적 요소가 반영되지 않으므로, 파트너십적 요소를 반영할 수 있는 법무법인 조직 형태가 LDP의 조직형태로 적절하다는 논거는 설득력이 부족하다. 최승재 변호사 스스로도 자신의 논지가 대형 법무법인에 유리하다는 비판이 제기될 수 있다고 인정하고 있는데,[28] 이는 LDP의 조직형태로 법무법인(유한)의 형태를 허용하더라도 별다른 문제가 없을 것임을 시사하는 부분이라고 할 수 있다.

한편, 최승재 변호사의 입장 중, 변호사가 조직체의 의사결정에 있어서만 과반을 확보하면 배당의 경우 지분에 따르면 된다는 논지만 제시하고, 지분의 과반을 변호사가 확보해야 한다는 논지에 이르지 않는 부분도 적절하지 않은 논지라고 할 수 있다. 이 부분은 이전오 교수의 논지가 훨씬 명확하고 설득력이 있다. 최승재 변호사의 이러한 논지는 지분을 인위적으로 제한할 필요가 없다는 관점을 전제로 한 것으로 보이는데, 이는 적절하지 않다. 우선 지분과 의사결정권이 상호 다르게 귀속된다는 관념은 정당하지 않다. 최승재 변호사 스스로도 자

---

28 최승재, 전게 "한국형 MDP의 도입 방향", 60면.

신의 논지에 따를 경우 외형상으로는 변호사가 이사 등의 직에 있지만 실제로는 지분권자가 경영권을 행사하는 경우가 있을 수 있음을 인정하면서 이러한 경우에는 제재로 대처하여야 한다고 기술한다.[29] 그러나 제재는 사후적으로 불이익을 부과할 뿐, 위법행위 자체를 직접적으로 방지하지 못한다. 비(非)변호사가 MDP의 의사결정권을 확보하지 못하게 하여야 한다면, MDP의 지분 구성 역시 비(非)변호사가 과반의 지분을 보유하지 못하도록 하는 것이 일관성이 있다.

## 마. 소 결

이상과 같이 아직 우리나라에서는 MDP의 도입을 둘러싸고 조심스러운 논의만 제기되고 있는 단계이다. 그나마 법률업무관련 자격사 직군(職群) 중에서 공개적으로 MDP에 대한 모색을 논하고 있는 자격사 직군(職群)은 변호사업계가 유일한 형편이다. 변호사업계를 대표하는 대한변호사협회의 입장은 MDP의 도입이 필요하기 때문에 이를 도입하자는 입장이라기보다는, 변호사의 직역에 대하여 인접 자격사 직군(職群)으로부터 지속적으로 이루어지고 있는 직역 침탈 시도에 대한 대응방안의 하나로 거론되고 있는 수준이다. 다양한 법률업무관련 자격사 직군(職群)이 각자의 전문적 역량을 그대로 유지하면서 단일한 조직체를 구성하고 서비스를 제공하는 형태가 본래적 형태의 MDP라고 할 때, 대한변호사협회가 제시하는 MDP 방안은 MDP 방안이라고 보기에 적절하지 않은 내용을 담고 있다. 대한변호사협회의 MDP 모색론이 이러한 한계 속에 머물고 있는 이유는 그 발상의 출발점이 직역 보호 또는 직역 간 갈등의 해소에 있기 때문이라고 할 수 있다.

본격적으로 MDP의 도입 모델을 제시하고 있는 이전오 교수나 최승재 변호사의 입장을 보면 대체로 점진적인 도입을 주장하고 있는 것으로 평가할 수 있다. 즉 도입 초기에는 LDP를 허용하는 수준에서 시

---

29 최승재, 전게 "한국형 MDP의 도입 방향", 64면.

작하고 그 시행 성과를 살펴보면서 MDP — 여기에서 특히 주된 대상은 회계사와의 동업이다 — 로 나아간다는 입장이다. 이들의 입장이 완전한 ABS까지 나아가야 한다는 입장인지는 분명하지 않다. LDP 단계에서는 조직체의 구성이나 의사결정조직에 있어서 변호사가 과반의 지분을 확보하도록 함으로써 법률서비스의 제공이 비(非)변호사에 의하여 좌우되는 상황이 초래되지 않도록 제도적 안배를 해야 한다는 입장 — 최승재 변호사는 구성 지분에 있어서는 변호사의 과반이 필요하다는 입장이 아니었으나, 이는 변호사에게 의사결정권한을 부여하여야 한다는 요건과 양립할 수 없는 주장이어서 적절하지 않으므로, 구성지분에 있어서도 변호사가 과반을 확보해야 한다는 입장으로 정리하는 것이 상당하다 — 인 것으로 보인다.

그러나 이들이 제시하는 LDP 방안은 통합조직의 형태를 법무법인으로 제한하고 있다는 점에 의문이 있다. 3인의 구성원만 있으면 설립할 수 있는 소규모 조직체가 과연 MDP를 효과적으로 수행할 수 있을 것인지는 의문이다. 현재의 실태를 보면 법무법인(유한)을 포함하여 주로 대형법무법인이나 대형 회계법인, 대형 특허법인, 대형 세무법인 등이 MDP 형태로 서비스를 제공하는 것에 적극적이다. 현행법을 위반하였거나 탈법하고 있다는 의심을 받으면서도 사실상 MDP 형태로 서비스를 제공하고 있는 것으로 알려진 경우도 있는 것으로 보인다.[30] MDP 도입 초기에 생길 수도 있는 혼란이나 부작용을 최소화하려면 이미 유사한 조직을 운영해 온 경험을 활용하는 것이 효과적이라고 할 수 있다. 그렇다면 MDP의 도입은 소규모 조직보다는 일정 규모 이상의 대형 조직에서 시작하는 것이 오히려 적절한 방향이 될 수 있다고 볼 수 있다. 회계처리에 대한 규율의 측면을 보더라도, 아무런 기준이 없는 법무법인보다는 「주식회사의 외부감사에 관한 법률」 제13조에

---

30 이전오, 전게 "우리나라의 MDP 도입방안에 관한 연구", 219면.

따른 회계처리기준에 따라 회계처리를 하여야 하고, 이러한 회계처리
기준에 따른 대차대조표를 작성하여 매 사업연도가 끝난 후 3개월 이
내에 법무법인(유한)을 관리하는 행정기관 — 법무부장관 — 에 보고하
여야 하는 의무를 부담하는 법무법인(유한)에 대한 규율방식이 적절하
다고 할 것이다.

그러나 그보다 앞서서 살펴보아야 할 쟁점은 우리 현실에서 과연
MDP를 도입해야 하는가 여부이다. MDP 도입의 긍정적 효과로 거론
되고 있는 요소들은 대체로 이 장의 제2절에서 살펴보았던 진입장벽
철폐론의 논거로 제시되고 있는 요소들이라고 할 수 있다. 만일 MDP
도입론이 진입장벽 철폐의 한 방안으로 거론되는 것이라면 MDP의 도
입은 유보되어야 한다. 그 이유는 진입장벽 철폐론에 대한 문제점을
지적하면서 충분히 개진하였으므로 여기에 다시 옮기지 않는다. 이 쟁
점은 MDP의 모델을 살펴보기에 앞서 먼저 결정되어야 할 쟁점이라고
할 것임에도 불구하고, 우리나라에서는 이에 관한 깊이 있는 논의가
생략된 채 바로 MDP의 모델을 논하는 단계로 건너뛰려는 경향이 있
다. 이는 그다지 적절한 발전 형태라고 볼 수 없다.

이 연구에서는 법률업무관련 자격사 직군(職群) 사이에서 벌어지
고 있는 직역 침탈과 직역 간의 갈등이 국민의 사법접근권을 충실하게
보장하여야 한다는 본질로부터 벗어나 있다는 문제의식을 갖고 있다.
그러므로 MDP를 도입할 것인지 여부도 이와 같은 맥락에서 판단해
보아야 할 것이다. 직역 간의 갈등이 해소되어야 국민의 사법접근권이
충실하게 보장될 수 있다고 볼 때, 논의의 초점은 MDP를 도입할 것인
지 여부가 아니라 어떻게 효과적으로 직역 간의 갈등을 해소시킬 수
있을 것인가 하는 부분에 모아져야 한다. 이러한 관점에서 본다면
MDP의 도입만으로는 지금 벌어지고 있는 직역 간의 갈등을 해소하기
어렵다고 본다. 이제 다음 장에서는 MDP 도입을 논의한 선행 연구에

대한 이와 같은 문제의식을 바탕으로, 우리나라에서 법률업무관련 자
격사 직군(職群) 사이에 벌어지고 있는 직역 갈등의 문제를 해소하기
위한 방안을 모색해 보고자 한다.

# 제 6 절   복합적 협력모델

## 1. 개  관

앞 절에서 살펴본 바와 같이 세계적으로 MDP의 도입은 추세적이
라고 할 수 있다. MDP의 도입 필요성의 근거가, 엄격한 면허제도에
기반하고 있는 변호사 제도가 진입장벽에 해당하기 때문에 이 진입장
벽을 철폐해야 한다는 입장 ─ 비록 대단히 잘못된 전제 하에서 출발
한 관점이어서 배척되어야 마땅할 관점이기는 하지만 ─ 에서 비롯된
것이든, 아니면 의뢰인에게 원스톱 서비스를 제공할 필요성 또는 법률
업무관련 자격사 직군(職群)의 협력을 통하여 고품질의 서비스를 제공
할 수 있게 되고, 법률업무관련 자격사 직군(職群) 내부에서 경쟁을 활
성화시켜 서비스의 품질을 향싱시키고 서비스 가격을 인하시키는 효
과를 가져올 수 있을 것으로 기대되기 때문이든 여부를 불문하고,
MDP 제도가 도입될 가능성은 점점 높아지고 있다고 보아야 한다.

이러한 상황을 주어진 것으로 받아들인다면, 이제 남은 과제는
MDP의 중추가 되어야 할 변호사 직역에서 이에 대하여 어떤 준비를
시작해야 하는가에 모아져야 할 것이다. 그런데 MDP가 과연 도입될
것인가 여부와 그에 대한 준비가 어떠해야 하느냐 여부에 대한 문제보
다 더 어려운 문제는 MDP의 도입과는 별개로, 변호사의 자격을 보유
하지 않은 인접 법률업무관련 자격사 직군(職群)에서, 변호사가 아니면

수행할 수 없도록 변호사법이 엄격하게 금지하고 있는 법률업무의 상당 부분을 자신들의 직무 영역으로 포섭하기 위해 많은 노력을 기울이는 한편, 해당 직역의 업무에 변호사가 진입할 수 있는 여지를 배제시키기 위해서도 많은 노력을 기울이고 있다는 점이다. 이러한 업무들은 전통적으로 변호사가 당연히 취급할 수 있는 법률업무의 일환으로 여겨져 왔던 업무들임에도 불구하고 변호사에게 해당 업무를 취급할 수 있는 자격을 박탈하거나, 역(逆)진입장벽을 마련하는 방법으로 변호사의 진입을 봉쇄하려는 시도가 지속적으로 이루어지고 있는 것이다. 이러한 시도는 결국 변호사 직역의 위축과 변호사 제도의 약화를 가져오게 될 것이라는 점에서 MDP에 대한 논의보다 더 중요하면서도 더 해결하기 어려운 문제라고 할 수 있다. 아직 MDP의 도입이 논의 수준에 머무르고 있는 일본의 예를 보더라도 이미 인접 법률업무관련 자격사 직군(職群)으로 하여금 변호사가 아니면 수행할 수 없었던 법률업무의 일부분을 취급할 수 있도록 할 뿐만 아니라, 심지어 소송대리권의 일부분까지 허용하는 법제 개편이 이미 이루어졌거나, 그와 같은 개편을 방향으로 설정한 작업이 진행되고 있다는 사실은 우리나라에 많은 시사점을 주고 있다. 의도적이든 의도적이지 않든 일본 사법제도의 개편은 우리나라 사법제도에 많은 영향을 미치고 있기 때문이다. MDP의 도입이 이러한 시도를 다소간 지연시킬 수 있을 가능성은 부정할 수 없겠지만, MDP의 도입에서 이 문제에 대한 해답을 찾을 수 있을 것인지는 의문이다. 경우에 따라서는 MDP는 MDP대로 도입이 이루어지면서, 인접 법률업무관련 자격사 직군(職群)의 변호사직역 침탈은 침탈대로 계속 이루어질 가능성도 배제할 수 없다.

변호사 직역에 대해 국가가 마련하고 있는 면허제도와 규제가 변호사 직역을 보호하기 위한 진입장벽이 아니라, 우리나라 헌법의 기본원리인 법치주의와 적법절차의 원리를 구현하기 위하여 불가결한 전제로서의 변호사 제도를 정착시키기 위한 것이라는 관점에서 본다면, 변호사의 직역이 이와 같이 위축되어 변호사 제도의 존립 기반이 위태롭게 되는 현상은 결코 바람직한 현상이라고 볼 수 없다. 변호사 제도의 위축과 몰락은 결국 법치주의와 적법절차의 위기를 초래하게 될 것이기 때문이다. 변호사단체로서는 지금까지의 수동적인 자세를 탈피해서 선제적으로 이러한 문제에 대해 적극적으로 해결방안을 모색할 필요가 있다. 이러한 모색은 변호사의 직역을 지키기 위한 것이 아니라, 법치주의와 적법절차의 헌법 원리를 튼튼하게 하고, 국민의 사법접근권을 충실하게 보장하기 위한 것이다.

이 연구에서는 인접 법률업무관련 자격사 직군(職群)에 대한 대응방안으로 통·폐합방안이나 MDP와 같은 상호공존방안의 어느 하나만을 고집하지 않고, 해당 자격사의 직무 범위를 살펴보면서 해당 자격사의 직무 범위에 따라 개별적으로 해결방안을 달리하여야 한다고 본다. 그 이유로는 우선, 인접 법률업무관련 자격사 직군(職群)에 종사하고 있는 사람들의 수가 변호사의 수보다 현저하게 많은 우리나라의 현실 하에서 과연 프랑스식 통·폐합방안이 제대로 성사될 수 있을 것인지 의문이라는 현실적인 문제를 고려할 필요를 꼽을 수 있을 것이다. 그러나 아무리 현실적인 문제를 고려한다고 하더라도 인접 법률업무관련 자격사 직군(職群)의 직무 범위나 연혁을 고려하여 통·폐합이 올바른 방향이라면 통·폐합을 모색해야 할 필요도 있을 것이다. 이에 따라 이 연구에서는 인접 법률업무관련 자격사 직군(職群) 중에서 그 직무 범위가 변호사의 직무 범위와 중첩되는 부분이 많을 경우에는 통합을, 그 직무 범위에 변호사의 직무 범위와 중첩되는 부분도 있으나, 해당 자격사의 고유성을 인정할 수 있는 직무부분도 상당한 경우이거나 또는 해당 자격사 직군(職群)의 연혁이나 독자성이 상당한 정도에 이른 경우에는 해당 자격사 직군(群)과의 동업을, 그 직무 범위가 변호사의

직무 범위와 별로 중첩되지 않는 경우에는 협업 — 업무제휴 — 을 각각
의 방안으로 제시하고자 한다. 이러한 모델을 가칭 '복합적 협력모델'이
라고 이름 붙이고, 이하에서 그 내용을 구체적으로 설명하도록 한다.

## 2. 복합적 협력모델

### 가. 복합적 협력모델의 개념

이 연구에서 제시하는 '복합적 협력모델'의 개념은 다음과 같다.
인접 법률업무관련 자격사 직군(職群)의 직무 내용에 따라 변호사 제도
로 통합하여야 하는 직군에 대해서는 현재 해당 직군에서 활동하고 있
는 이들은 계속 그 직무를 수행할 수 있도록 허용하되, 신규로 해당
직군에 진입하는 것을 중지시킨다. 이러한 방식은 프랑스의 통·폐합
방식과 유사한 것이다. 다음, 변호사 제도와 동업을 허용할 수 있는 직
군(職群)에 대해서는 MDP 형태의 동업을 허용한다. 마지막으로 변호
사 제도에 흡수시키는 것은 물론 동업을 허용하기에도 적절하지 않으
나, 통합적인 서비스를 의뢰인에게 제공하도록 도모하는 것이 의뢰인
의 편의를 증진시키고 더 효과적인 서비스를 가능하게 할 것으로 기대
되는 직군에 대해서는 변호사 제도와의 협력관계 — 업무제휴 — 를 허
용한다. 물론 통합이나 업무제휴를 허용하기 위해서는 종래의 변호사
법과 충돌하는 문제가 발생하지 않도록 일정한 규범적 기준을 마련하
고 그 기준을 준수하도록 요구할 필요가 있으며, 현행 변호사법 역시
통합이나 업무제휴의 취지를 반영하여 수정·보완할 필요가 있다. 동
업이나 업무제휴 대상으로 설정하는 직군(職群)뿐만 아니라 통합하는
직군(職群)의 경우에도 현재 해당 직군(職群)에서 직무를 수행하고 있는
이들에 대해서는 변호사와 동업 또는 업무제휴를 허용할 수도 있을 것
이다.

이와 같이 인접 법률업무관련 자격사 직군(職群)에 대하여 통합과

동업 및 업무제휴의 세 가지 형태를 모두 복합적으로 허용하는 것이 '복합적 협력모델'의 개념이다. 인접 법률업무관련 자격사 직군(職群)의 범주로는, 이 연구의 첫 부분에서 연구대상 범주로 설정하였던 법무사, 변리사, 세무사, 공인노무사, 행정사를 설정하였다. MDP론에서는 위와 같은 자격사 직군(職群) 외에 공인회계사나 심지어 금융업 등 업무의 성격이 전혀 다른 직역과의 동업 — 이른바 ABS — 도 거론하고 있는데, 공인회계사의 경우에는 동업이나 업무제휴 대상에서 배제하는 것이 적절하다고 본다. 그 이유는 아래에서 자세히 살펴보게 될 것이다. 공인회계사의 경우와 달리 오히려 금융업과 같은 경우에는 일정한 요건을 구비한다면 동업이나 업무제휴 형태의 협업을 허용할 수 있을 것이다. 이 경우에 요구되는 요건은 다른 자격사 직군(職群)과의 동업이나 업무제휴에 요구되는 요건과 별반 차이를 두지 않아도 충분할 것으로 생각되므로 이에 관하여 별도로 더 살펴보지는 않도록 한다.

### 나. 통합대상 직군(職群)

#### (1) 법무사 직군(職群)

인접 법률업무관련 자격사 직군(職群) 중에서 해당 직군(職群)의 반발 등 정치적·사회적인 변수를 고려하지 않고 법리적으로만 살펴본다면, 변호사 제도에 흡수·통합시키더라도 아무 문제가 없는 직군(職群)으로는 법무사 직군(職群)과 아래에서 보는 행정사 직군(職群) 및 공인노무사 직군(職群)을 꼽을 수 있다. 제1장 제3절 중 법무사의 직무 범위 및 제2장 제3절 중 법무사 제도의 연혁과 현황에 관하여 살펴보면서 지적한 것과 같이, 우리나라 법무사의 직무 범위는 변호사의 직무 범위 속에 완전히 흡수된다. 연혁적으로 보자면, 우리나라의 법무사 제도는 변호사 제도에 비견될 정도로 오랜 역사를 거치며 발전해 온 직군이기는 하다. 그러나 법학전문대학원 제도를 통하여 변호사를 배출하는 체제가 정착되어가고 있는 지금의 상황에서 보자면, 법무사 제도를 더 이상 존치시켜야 할 합리적 필요성은 전혀 없다고 할 수 있다. 지금까지 법무사 직군(職群)이 특화하고 있는 등기나 경매 분야의 경우, 현재 법무사로 활동하고 있는 사람들이 본인들의 의사에 따라 계속 법무사로 활동할 수 있도록 보장하는 방법으로 충분히 대처가 가능할 것이다.

### (2) 행정사 직군(職群)

행정사의 경우에도 변호사 제도에 흡수·통합시키는 데에 별다른 무리가 뒤따르지 않을 것이다. 구태여 행정사라는 제도를 계속 유지하면서 그 직역을 확대시켜나가야 힐 필요성을 수긍하기 어렵다. 아직까지 객관적 규범에 부합하는 기속적 처분행위보다는 행정주체의 합목적적 재량권 행사의 폭이 넓은 분야가 행정 영역이라는 점을 고려할 때, 오히려 행정사 제도를 이용하여 공직에서 퇴직한 이들이 계속 전관(前官)으로 퇴직 전 공직 분야에 영향력을 행사할 수 있는 기회가 보장되는 것이 아닌가 하는 우려가 제기되고 있는 실정이다. 행정 분야에 있어서 법치주의가 확립되기 위해서도 행정사의 업무 분야는 변호사가 담당하는 것이 바람직하다.

### (3) 공인노무사 직군(職群)

공인노무사의 직무 범위는 대체로 법률업무에 해당한다고 볼 수 있다. 행정청을 상대로 하는 '행정사의 직무 범위 중 일부'와 '노동관계 법령 및 노무관리에 관한 업무'가 합체되어 있는 것이 공인노무사의 직무라고 할 수 있는데, 이는 모두 변호사의 직무 범위에 속하는 업무들이다. 행정사의 경우에는 그 직무 범위가 변호사의 직무 범위에 포함되므로 변호사 직역에 통합시키는 것이 적절하다는 점은 위에서 본 바와 같다. 공인노무사의 나머지 직무 범위에 해당하는 부분은 변호사의 법률상담 업무에 포섭시킬 수 있다. 결국 공인노무사 직역도 변호사 직역에 흡수시키는 것이 법리적으로 타당하다고 할 것이다.

## 다. 동업대상 직군(職群)

변리사의 경우에는 변호사와 통합보다는 동업(同業)을 허용할 수 있는 분야라고 할 수 있다. 변리사가 담당하는 특허 등 기술 분야의 전문성과 변호사가 담당하는 법률 분야의 전문성이 결합하게 된다면, 긍정적 효과 즉 시너지 효과 창출을 통한 고품질의 서비스 제공 및 원스톱 서비스를 실현함으로써 증가되는 고객의 편의 등을 도모할 수 있게 될 것으로 기대되기 때문이다. MDP 도입에 있어서 문제점으로 거론되던 변호사의 공익성이나 독립성 저해 우려나 비밀유지의무의 훼손 우려도 거의 발생하지 않을 것으로 보인다. 이해관계의 충돌이 발생할 여지도 없다고 할 수 있다.

변호사와 비(非)변호사가 동업을 하는 경우 그 조직의 형태는 공동사무소이든 법무법인이든, 법무법인(유한)이든 불문한다. 여기서 법무법인이나 법무법인(유한)의 형태라고 함은 해당 동업체의 기본 성격을 합명회사 또는 유한회사의 형태 중 어느 형태를 취하더라도 무방하다는 취지이다. 다만 합명회사 형태의 동업체라고 하더라도 그 구성원의 대외적 책임관계에 있어서는 무한책임을 요구할 필요는 없다고 할 것이다. 동업체의 업무 처리 및 운영 등과 관련된 손해배상책임을 보장하기 위하여 보험 또는 공제기금에 가입하도록 하는 정도로 충분하다고 본다. 보험이나 공제기금의 가입 등에 관하여 필요한 사항은 대통령령으로 정하는 바에 따르도록 위임할 수 있을 것이다.

동업의 속성상 개인사무소 형태의 동업은 허용되지 않는다고 보아야 한다. 동업체를 구성하려는 변호사와 비(非)변호사는 동업의 기본 사항을 규정한 정관(定款)을 작성하여 해당 변호사가 소속하는 지방변호사회를 거쳐 대한변호사협회에 동업체의 설립을 신고하도록 하여야 한다. 변호사는 변리사의 자격을 자동으로 가지므로 변리사법에서 별도의 절차를 규율할 필요는 없다고 할 것이다. 동업체의 정관에는 동업의 목적, 동업체의 명칭, 주사무소 및 분사무소의 소재지, 동업체 참여자의 명칭, 자격사인 경우에는 자격번호, 현재 직무를 수행하고 있는 사무소의 주소, 출자의 종류와 그 가액 또는 평가 기준 및 지분 비율, 동업체 참여자의 가입·탈퇴와 그 밖의 변경에 관한 사항, 동업체 참여자의 회의에 관한 사항, 동업체에 참여하는 변호사 중 선임변호사 — 동업체에 참여하는 변호사 직군(職群)을 대표하는 지위의 변호사 — 와 비(非)변호사 중 선임자 — 동업체에 참여하는 비(非)변호사를 대표하는 지위의 자 — 의 인적 사항, 동업체의 대표에 관한 사항 및 대표자의 인적 사항, 동업체 내의 선임변호사와 선임자의 권한과 의무에 관한 사항, 동업체의 자산과 회계에 관한 사항, 동업체의 존립 시기나 해산 사유를 정한 경우에는 그 시기 또는 사유 등을 필수적 기재사항으로 기재하도록 하는 것이 바람직하다. 만일 동업체의 조직 형태가 합명회사나 유한회사와 같은 법인 형태라면 법무부장관의 설립인가도 받도록 하여야 한다. 동업체에 참여하는 비(非)변호사가 자격사인 경우 그 자격사를 규율하는 다른 법률에서 별도의 규정을 두는 것은 별론(別論)으로 하고, 변호사가 동업체에 참여하는 이상 변호사법의 규율을 받도록 하는 것이 상당하기 때문이다. 동업체 참여자가 변리사인 경우에는 변리사법에서 별도로 규정을 두어 규율할 필요가 없음은 위에서 이미 설명하였다. 설립 인가를 받는 경우 그 설립 인가는 동업체의 존속기간을 5년 미만으로 정한 경우를 제외하고는 5년마다 한 차례씩 갱신인가를 받도록 규정하는 것이 적절할 것이다. 설립인가를 받은 경우에는 이를 등기할 수 있도록 「비송사건절차법」에 필요한 조항을 마련할 필요가 있다. 등기사항으로는 위 정관의 필수적 기재사항에 해당하는 사항 및 설립인가연월일 등이 될 것이다. 동업체의 명칭에는 변호사와 비(非)변호사의 동업체임을 표시하는 문구가 부기되어야 한다. 동업체에 참여하는 변호사와 비(非)변호사의 수에는 아무런 제한을 두지 아니하여 각 1인씩 2인을 최소한의 구성원으로 하는 방안과, 일정한 수 이상으로 제한을 두는 방안 모두를 고려할 수 있을 것이다. 어느 방안이나 특별히 문제될 것은 없으나, 변호사와 비(非)변호사의 동업이라는 새로운 업무형태가 안착되기 위해서는 도입 초기에는 일정한 수 이상의 구성원을 필요로 하는 것으로 제한을 두었다가 점진적으로 그 제한을 완화하는 방향으로 제도를 운영하는 방안도 고려할 수 있을 것이다. 마찬가지 이유에서 동업체에 참여하는 변호사나 비(非)변호사의 자격요건으로 자신의 업무 분야에서 일정 기간의 경력을 필요로 하는 것으로 제한을 두거나 두지 않거나 어느 쪽이든 무방하다고 할 수 있다. 동업체에 참여한 변호사나 비(非)변호사가 각자의 자격을 규율하는 법률에 따라 징계를 받거나 형사처벌을 받는 등의 이유로 해당 자격의 업무를 일시적 또는 영구적으로 수행할 수 없게 된 경우에는 동업체의 구성원에서도 당연탈퇴하는 것으로 규율하여야 할 것이다. 동업체에는 동업체의 의사를 결정하고 실행하는 기구를 두어야 한다. 해당 기구에는 변호사가 과반이 되도록 제한을 두어야 한다. 단체법의 속성상 동업체에 참여한 구성원들은 출자지분에 따라 의결권을 행사하는 것으로 규율하여야 하는데, 변호사 직군(職群)의 지분이 과반이 되지 못하는 경우에는 동업체의 활동에 있어서 변호사법을 준수하지 않는 의사결정이 이루어질 가능성이 있기 때문이다. 동업체에 참여하는 변호사와 비(非)변호사는 출자를 하여야 하는데, 출자비율 역시 변호사군(群)의 출자비율이 전체 출자의 과반이 되도록 제한을 두어야 하고, 동업체에 참여하지 않는 외부 자본이 투자되는 경우에는 변호사법 제34조를 잠탈할 우려가 없는지 신중한 검증이 필요하다. 동업체에는 구성에 참여하는 변호사와 비(非)변호사 외에 동업체의 업무를 집행하기 위하여 소속 변호사 ― 구성원 변호사가 아닌 변호사 ― 나, 소속 비(非)변호사 ― 구성원이 아닌 비(非)변호사 ― 와 같은 피용자(被傭者)를 둘 수

있도록 한다. 다만 피용자는 반드시 구성원 변호사 또는 구성원 비(非)
변호사와 공동으로만 업무담당자가 될 수 있도록 하여야 하고, 동업체
가 변호사의 사무에 속하는 업무를 수행하는 경우에는 업무담당자 중
최소한 1인은 변호사이어야 한다. 동업체에 참여하는 변호사나 비변호
사는 동업체 이외에 자기 또는 제3자의 계산으로 동업체의 업무나 자
신의 자격에 기한 업무를 수행할 수 없도록 하여야 한다. 동업체는 수
임하여 처리하는 업무의 내역을 장부에 기록하여 보관하도록 하여야
한다. 동업체는 변호사법이 정하는 바와 같은 내용의 수임제한, 겸직
제한, 비밀유지 등의 의무 주체가 된다. 동업체에 속하는 구성원이나
업무담당자 중 변호사에 대해서는 변호사법이 정하는 바에 따라 대한
변호사협회가 징계권을 행사할 수 있도록 한다. 동업체 자체에 대해서
도 대한변호사협회가 징계권을 행사할 수 있도록 하여야 한다. 현행
변호사법은 변호사징계위원회와 법무부징계위원회로 변호사에 대한
징계절차가 이원화되어 있다. 변호사징계위원회로 단일화하는 것이 장
기적으로는 바람직한 방향이라고 할 수 있지만, 동업체에 대한 징계절
차는 변호사법이 규정하는 절차에 보조를 맞추는 것이 적절하다고 할
것이다. 그러므로 필요한 경우 법무부에 동업체에 대한 징계를 담당하
기 위한 위원회를 구성할 필요가 있다. 위원회의 구성에 관해서는 대
체로 현행 변호사법의 규정을 참고하면 특별히 문제될 것은 없을 것이
다. 대한변호사협회는 이상의 지위 중 대한변호사협회가 전속적으로
행사해야 하는 권한에 따른 지위를 제외한 나머지 지위를 동업체에 속
하게 되는 변호사가 소속하는 지방변호사회에 위임하여 관리하도록
할 수 있다.

### 라. 업무제휴대상 직군(職群)

세무사 직군(職群)의 경우에는 변호사 직역에 통·폐합하거나 동업
을 허용하는 방향보다는 업무상 제휴를 허용하는 방향으로 제도를 운

용하는 것이 적절하다고 생각한다. 세무사의 경우에도 그 직무 중 법률업무의 성격을 갖는 업무가 부분적으로 포함되어 있는 것이 사실이다. 과세전적부심사청구, 이의신청, 심사청구 및 심판청구를 포함한 조세에 관한 신고·신청·청구 등의 대리 업무 및 「개발이익환수에 관한 법률」에 따른 개발부담금에 대한 행정심판청구의 대리 업무는 명백하게 법률업무에 해당한다. 그러나 세무조정계산서와 그 밖의 세무 관련 서류의 작성이나 조세에 관한 신고를 위한 장부 작성의 대행 및 세무사가 작성한 조세에 관한 신고 서류의 확인 업무 등은 법률업무의 성격이 존재하지 않거나 거의 없는 세무업무라고 할 수 있다. 그밖에 조세에 관한 상담 또는 자문이나 세무관서의 조사 또는 처분 등과 관련된 납세자 의견진술의 대리 업무는 대상이 되는 사건에 따라서 법률업무의 성격을 갖기도 하고 세무업무의 성격을 갖기도 하는 업무라고 할 수 있다. 세무사 직무의 이러한 복합적 성격을 고려한다면, 세무사와 변호사 사이의 협업은 동업 형태보다는 업무제휴 형태가 적절하다고 할 수 있다.

　현행 변호사법의 체제를 고려할 때, 변호사 — 개인법률사무소, 공동법률사무소, 법무법인, 법무법인(유한), 법무조합 등을 모두 포함한다 — 와 위에서 제시한 일정한 비(非)변호사 사이의 업무제휴를 허용하기 위해서는 몇 가지 전제요건을 갖출 필요가 있다. 우선 업무제휴의 형태는 일정한 기간 계속적으로 특정 변호사와 업무제휴관계를 형성하는 형태와, 특정한 사안이 발생했을 때마다 사안별로 개별적인 업무제휴관계를 형성하는 형태 두 가지를 모두 허용할 수 있다고 보아야 한다. 어느 하나의 경우를 특별히 금지하여야 할 이유가 없기 때문이다. 계속적인 업무제휴관계이든 단발적·간헐적인 업무제휴관계이든 불문하고 업무제휴관계를 형성하게 되는 경우에는 대한변호사협회에 그 사실을 신고하도록 하여야 한다. 비록 개별적인 사안별로 업무제휴관

계를 형성하는 경우라고 하더라도, 업무제휴관계를 허용하는 것이 변
호사법의 기본적인 체제에 부합하지 않는 새로운 제도라는 점을 고려
한다면, 대한변호사협회에 업무제휴 사실을 신고하도록 함으로써 대한
변호사협회로 하여금 변호사와 비변호사의 업무제휴가 변호사법의 기
본 규제를 벗어나지 않는지 여부를 관리하도록 도모할 필요가 있기 때
문이다. 구체적으로 신고하여야 할 사항의 범위에 관해서는 대한변호
사협회가 정하도록 할 것이나, 변호사법 제28조가 요구하고 있는 정도
의 사항 — 수임일, 수임액, 위임인 등의 인적사항, 수임한 법률사건이
나 법률사무의 내용 및 그밖에 대통령령으로 정하는 사항 — 을 신고
하도록 하되, 의뢰인의 비밀을 침해하는 정도에는 이르지 않도록 적절
한 기준을 마련하여 시행하여야 할 것이다. 또 신고받은 제휴업무의
내용이나 그 수행 방식이 변호사의 공공성이나 독립성을 훼손하거나
의뢰인의 비밀을 침해할 우려가 있는 경우 등에 있어서 대한변호사협
회는 해당 업무를 수행할 수 없도록 중지명령을 내리거나 그밖에 제휴
업무를 수행하면서 준수하여야 할 사항들을 부관(附款)의 형식으로 부
가(附加)할 수 있다. 만일 대한변호사협회에 신고한 업무제휴 내용과
다른 내용으로 업무를 수행하거나 위와 같이 부가된 부관을 준수하지
않고 업무를 수행하는 경우에는 대한변호사협회가 해당 업무의 수행
을 중지할 것을 명령할 수 있도록 하여야 한다. 물론 업무제휴관계에
있는 다른 인접 자격사나 다른 직군(職群)에 대해서 대한변호사협회가
업무중지를 명령할 수 있는 권한은 없으므로, 위와 같은 업무중지명령
은 업무제휴관계를 형성한 해당 변호사에 대하여 발하는 형식이 될 것
이다. 업무제휴기간의 만료 또는 업무제휴약정에서 정한 종료사유가
발생하여 업무제휴관계가 종료된 경우에도 대한변호사협회에 그 사실
을 보고하도록 하여야 한다. 제휴한 업무를 수행함에 있어서 변호사는
변호사법 및 변호사단체가 요구하는 의무사항 중 변호사법 제34조와

한국의 법률업무관련 자격사 제도에 관한 연구

대한변호사협회 윤리규약 제34조의 의무를 제외한 나머지 의무는 그
대로 준수하여야 한다. 제휴한 업무의 수행 대가로 수령하는 보수의
분배에 있어서는 반드시 변호사의 몫이 비변호사의 몫보다 더 클 필요
는 없을 것이다. 그러나 변호사의 몫보다 비변호사의 몫이 현저하게
큰 비중을 차지하는 등 외관상으로는 업무제휴 형태를 취하더라도 실
질적으로는 변호사의 명의를 빌려 변호사법 제34조나 대한변호사협회
윤리규약 제34조를 위반하는 형태로 업무를 수행하는 경우라고 판단
되는 사안이 발생한다면 이러한 경우에는 제휴업무의 수행을 금지시
키거나, 중지명령을 발하도록 하여야 할 것이다. 대한변호사협회는 이
상의 지위를 업무제휴 변호사가 소속하는 지방변호사회에 위임하여
관리하도록 할 수 있다.

### 마. 동업·업무제휴 배제 직군(職群)

공인회계사의 경우 제휴관계 허용에 신중할 필요가 있다. 공인회
계사는 그 직무의 본질적 속성상 의뢰인의 비밀을 보호하여야 하는 변
호사의 직무상 의무와 충돌하게 된다. 하나의 예를 들어보도록 하자.
기업을 경영하는 의뢰인이 회계장부에 부실·허위의 기재를 한 경우
에, 변호사는 그러한 사실을 비밀로 보호하여야 할 의무를 요구받는
반면, 회계사는 그러한 사실을 감사보고서로 명확하게 지적해야 하는
의무를 요구받는다. 물론 변호사의 비밀유지 의무가 위와 같은 경우에
의뢰인의 범죄사실을 덮어줄 것까지 요구하는 것은 아니지만, 변호사
의 비밀유지의무는 의뢰인의 잘못을 적극적으로 공개할 의무까지는
포함하지 않는다. 반면에 공인회계사의 의무는 그러한 의뢰인의 잘못
을 명백하게 공개할 것을 요구한다. 이러한 점을 고려한다면 회계사
직군(職群)과 변호사 사이에는 동업 관계나 업무제휴관계를 원칙적으
로 제한하는 현재의 태도가 적절할 것이다.

## 3. 변호사 직역의 변화 필요성

### 가. 개   관

위와 같이 법률업무인접 자격사 직군(職群)과의 동업이나 업무제휴를 허용한다고 하더라도, 해당 자격사 직군(職群)의 변호사 직역에 대한 침탈시도가 쉽사리 그칠 것으로 보이지는 않는다. 변호사 직역에 통합 대상이 되는 자격사 직군(職群)의 조직적이고 집단적인 반발도 예상할 수 있다. 이러한 문제들에 효과적으로 대처하기 위해서는 변호사 스스로도 지금까지의 현황에 안주하지 말고 과감하게 변화를 시도하여야 할 것이다. 그 변화의 방향은 국민의 사법접근권을 확충하고, 수요자인 국민에게 커다란 경제적 부담을 수반하지 않으면서도 변호사 인접 자격사보다 수준 높은 변호사의 법률서비스를 제공할 수 있도록 하는 것에 맞추어져야 할 것이다.

이러한 관점에서 생각할 수 있는 방안으로는 민사소액사건을 지원하는 변호사 제도의 정비, 특정분야 — 특허사건이나 세무사건 — 를 취급하는 변호사에 대한 직무훈련의 강화를 들 수 있다. 물론 국민에게 수준 높은 법률서비스를 제공하기 위해서는 소송절차에 필수적 변호사변론주의를 도입하는 것이 무엇보다도 중요한 관건이 되겠지만, 이 부분은 논외(論外)로 한다. 그 이유는 이와 같다. 필수적 변호사변론주의는 도입하기 전에 먼저 선결되어야 할 어려운 과제들 — 예를 들어 국민들이 별다른 저항 없이 지불할 수 있는 변호사 수임료의 기준 마련이나 경제적 약자를 위한 국선대리인 제도의 마련 등 — 이 해결되어야 하는데, 그 과제들이 단시일 내에 해결될 가능성은 그다지 높지 않다. 자칫 변호사들의 직역이기주의로 매도되어 복합적 협력모델의 도입 논의까지 저항에 부딪힐 우려가 크다.

나. 민사소액사건의 지원

민사소액사건을 지원하기 위한 변호사 제도의 개요는 다음과 같다. 변호사들 중에서 자원하는 이들을 중심으로 민사소액사건지원변호사단을 구성하고 일반 국민들이 이 변호사단을 이용하고자 하는 경우 각 지방변호사회가 변호사단의 정보를 제공하여 국민들이 변호사를 선택할 수 있도록 하는 것이다. 소액사건지원변호사단에 지원하는 변호사들은 변호사단체가 지정하는 보수수준이나 기타 의무를 준수한다는 계약을 체결하도록 하고, 각 지방변호사회의 안내를 통하여 수임하게 되는 사건에 대해서는 보수의 상한선을 정하거나 또는 정액제보수를 채택하여 의뢰인과 수임약정을 체결한다. 이와 같은 방식으로 민사소액사건에 대해 변호사를 선임할 수 있도록 각 지방변호사회가 국민에게 변호사 안내서비스를 시행하게 된다면, 국민은 대서비(代書費) 정도의 비용으로 법률업무 인접 자격사들이 제공하는 것보다 높은 수준의 법률서비스를 누릴 수 있게 될 것이다. 현재 서울지방변호사회가 시행하고 있는 민사소액사건지원변호사단에서는 변호사 보수를 「변호사보수의 소송비용 산입에 관한 규칙」에 따라 산정되는 금액 이하로 약정하도록 규제하고 있다. 종래의 권고 기준은 50만원이었다. 지금까지 민사소액사건에 대해 소송대리권의 부여를 주장해 온 법무사단체의 기조는, 민사소액사건의 경우 소송으로 당사자가 얻을 수 있는 이익에 비하여 변호사의 보수 수준이 너무 높아서 변호사를 선임하기가 곤란하므로, 변호사보다 낮은 수준의 보수로도 소송대리를 할 수 있는 법무사에게 민사소액사건의 소송대리권을 부여하는 것이 국민의 사법접근권을 충실하게 보장하는 방편이 된다는 것이었다. 그러나 위와 같은 방식으로 변호사단체가 민사소액사건지원변호사단을 운영하게 된다면 법무사단체의 위와 같은 민사소액사건 소송대리권 부여 요구는 더 이상 명분이 없는 요구가 될 것이다. 일부에서는 민사소액사건지원

변호사단에서 권고하는 수준의 변호사 보수로는 변호사들의 자발적인 참여를 기대하기가 어려울 것이라고 생각할 수도 있을 것이다. 그러나 위와 같은 민사소액사건지원변호사단 제도는 현재 변호사들의 호응 속에 전국 개업 변호사 중 4분의 3 가량이 소속하고 있는 서울지방변호사회에서 시행하고 있는 제도로서, 위와 같은 우려는 기우에 불과하다고 할 수 있다.

## 다. 특정분야 직무훈련 강화

한편, 특정분야 ― 특허사건이나 세무사건 ― 에 대한 직무훈련의 강화 방안의 개요는 다음과 같다. 변리사나 세무사의 업무를 수행하는 변호사에 대해서 지방변호사회나 대한변호사협회가 훈련프로그램을 마련하여 이 훈련프로그램을 거친 변호사에게만 변리사나 세무사의 직무를 수행할 수 있도록 한다. 뿐만 아니라 일정한 주기를 두고 연수프로그램을 실시하여 변리사나 세무사의 업무를 수행하고 있는 변호사들에 대한 보수(補修)교육이 가능하도록 도모하여야 한다. 현행 변리사법이나 2017. 12. 26. 법률 제15288호로 개정되기 전까지의 세무사법상 변호사는 특별한 제한 없이 등록 등 행정적인 절차만 거치면 변리사나 세무사로 등록하고 업무를 수행하는 것이 가능한데, 이와 같이 변리사나 세무사로 등록한 변호사에 대하여 변호사단체는 2017년 8월 말 시점을 기준으로 이들의 훈련을 위하여 연수 등 특별한 프로그램을 운영하여 오지 않았다. 변리사단체나 세무사단체에서 변호사에 대하여 제기하는 비판의 골자가 바로 이렇듯 특별한 훈련도 없이 변리사나 세무사의 모든 업무를 제한 없이 수행하도록 하는 것이 적절하지 않다는 점에 있다는 사실은 이미 앞에서 살펴본 바와 같다. 변리사나 세무사의 업무를 수행하는 변호사에 대해서 지방변호사회나 대한변호사협회가 훈련프로그램이나 연수프로그램을 마련하여 시행하고 이러한 프로그램을 이수한 변호사에게만 해당 직무를 수행할 수 있도록 관리한다면, 변리사단체나 세무사단체의 위와 같은 비판은 더 이상 설득력을 가지지 못하게 될 것이다. 비록 현재보다 변호사들에게 번거로운 부담이 추가되는 것은 사실이다. 그러나 이러한 훈련프로그램이나 연수프로그램을 거친 변호사들의 경우 변호사단체가 그 수준을 보장한다는 취지를 국민들에게 홍보할 수 있게 된다면, 오히려 지적재산권업무나 세무업무에서 변호사를 활용하는 비율을 훨씬 높일 수 있는 계기가 될 수도 있을 것으로 기대한다.

# 결 론

이 연구는 우리나라에서 법률업무관련 자격사 제도 중 가장 먼저 시행된 제도가 어느 것인가라는 작은 질문에서 시작되었다. 이러한 질문은 얼핏 생각하기에 법률업무를 수행하는 자격사 직군(職群) 사이의 치기(稚氣) 어린 경쟁의식의 발로 정도로 치부해 버릴 수도 있는 사안이다. 그러나 이러한 문제가 제기되는 양상의 이면에는 우리나라의 법률업무관련 자격사 제도의 연원(淵源)이 어떤 것이며, 지금까지 어떤 변화를 겪으면서 운영되어 왔는지에 대한 근본적인 물음이 자리하고 있다.

제1장에서는 위와 같은 물음에 대한 해답을 찾기 위하여 먼저 '법률업무'의 개념을 정리하였다. 연구의 범주를 결정하기 위한 기준이 바로 해당 자격사의 직무가 '법률업무'에 해당하는지 여부이기 때문이다. 이 연구에서는 변호사법 제3조와 제109조를 종합하여 '법률업무'의 개념을 정리하였다. 이 연구에서 설정한 '법률업무'의 개념은 소송을 포함한 '법률사건의 대리'와 상담·문서작성 등을 포함한 '법률사무'를 처리하는 것 양자를 포섭하는 것이다. '법률사건의 대리' 역시 '법률사무'

의 범주에 포섭될 수 있는 개념이나, 우리 변호사법이 '법률사건'과 '법률사무'라는 용어를 구별하여 사용하고 있으므로, 용어의 혼동을 피하기 위하여 이 연구에서는 '법률사무' 대신에 '법률업무'라는 용어를 사용하기로 하였다.

이러한 법률업무는 변호사가 아니면 수행할 수 없는 것이 원칙이다. 이와 같이 법률업무의 수행에 관하여 변호사에게 독점적인 권한을 부여하고 있는 이유를 살피기 위해서 이 연구에서는 수직적인 연혁적 연구와 수평적인 직역 간 직무 범위의 비교 연구를 함께 진행하고자 하였다. 이를 위해 연구의 대상을 설정하여야 했는데, '법률업무'를 기준으로 삼아 변호사와 변호사 인접 자격사 직군(職群)으로 크게 대별하였다. '법률업무'를 기준으로 삼는 이상 변호사가 모든 비교의 기준이 되는 것은 당연한 전제라고 할 것이다.

인접 자격사 직군(職群)의 범주로 고려할 수 있는 직군(職群)으로는 법무사, 변리사, 세무사, 공인노무사, 손해사정사, 행정사, 관세사, 공인중개사 등을 고려할 수 있다. 이들 인접 자격사 직군(職群)의 직무 범위를 살펴본 결과는 다음과 같았다. 법무사의 직무 범위는 변호사의 직무 범위 속에 완전히 포함된다. 즉 변호사가 수행할 수 있는 법률업무 중 일부분을 떼어 법무사의 직무로 설정하였다고 보는 것이 온당하다. 이런 관점은 아직 변호사와 사법서사의 직역이 명확하게 구분되기 이전의 근대 개화기 우리나라 및 일본의 사법제도의 속성을 파악하는 데 있어서 대단히 중요한 판단 기준이 된다. 변리사의 직무 범위 역시 변호사가 수행할 수 있는 직무 범위에 사실상 거의 완전히 포함된다고 할 수 있다. '특허, 실용신안, 디자인 또는 상표에 관한 출원의 대행'에 있어서 일부 기술(技術)적인 요소가 강조되는 경우가 있기는 하지만, 본질적으로 지식재산권으로 보호할 만한 가치가 있는지 여부를 판단하는 요소는 법률적 요소이기 때문이다. 세무사의 직무 범위 중 상당

부분 역시 법률업무에 해당한다. 위에서 연구의 범주에서 제외시킨 관세사의 직무 속성 역시 세무사의 직무 속성과 별반 다르지 않다. 연혁적인 이유를 고려하지 않더라도, 변리사와 세무사의 직무가 갖고 있는 이러한 법률업무적 속성 때문에 현행 변리사법과 2017. 12. 26. 법률 제15288호로 개정되기 전까지의 세무사법은 변호사에게 변리사와 세무사의 자격을 부여하는 규정을 두고 있는 것이다. 이는 변호사를 특별히 우대하기 위함이 아니라, 해당 직무의 성격상 당연한 귀결이라고 할 수 있다. 공인노무사의 직무 범위 역시 본질적으로 법률업무에 해당하거나, 사안의 성격에 따라 법률업무적 성격을 포함하게 되는 업무들이 거의 대부분을 차지하고 있다. 손해사정사의 경우도 그 직무 범위 중에 법률업무의 성격이 포함되어 있음은 마찬가지이다. 행정사의 직무 범위는 법무사의 경우와 마찬가지로 변호사의 직무 범위 속에 완전히 포섭된다. 이러한 연구결과에 따라 이 연구의 연구 대상 범주로는 법무사, 변리사, 세무사, 행정사, 공인노무사만을 포함시켰다. 변호사와의 직무 범위 비교에 있어서 관세사는 세무사와 별반 차이가 없으며, 손해사정사나 공인중개사는 그 수행하는 업무의 성격상 본래 법률업무를 수행할 수 없음이 원칙이어서 해당 직군(職群)의 법률업무 취급 자체가 변호사법 위반이 되는 경우이거나(손해사정사의 경우), 대법원의 종국적인 판단을 받지 않아 아직도 미완의 쟁점으로 남아 있는 경우(공인중개사의 경우)라고 보아 현재 단계에서는 인접 자격사 직군(職群)의 범주에 포섭시킬 이유가 없다고 판단하였다. 다만 직역 간 충돌과 갈등의 양상을 파악하기 위해서 손해사정사나 공인중개사의 연혁과 현황에 관해서도 살펴보았다.

　　제2장에서는 위와 같은 법률업무관련 자격사 제도의 연혁과 현황을 구체적으로 살펴보았다. 특히 한국의 변호사 제도와 관련해서는 지금까지 일반적으로 설명하고 있던 1905년 이른바 「광무변호사법」이

우리나라 최초의 '근대적' 변호사 제도를 도입한 법률이라는 주장에 의
문을 제기하였다. 1895년 법부령 제3호로 제정·시행된 「민형사소송
(民刑事訴訟)에 관한 규정(規程)」에 도입된 '대인(代人)' 제도야말로 우리
나라 최초의 '근대적' 변호사 제도의 연원(淵源)이라고 볼 수 있다는 것
이 이 연구의 관점이다. 여기서 '근대적'이라고 함은 국가면허제도의
시행 또는 적어도 해당 업무를 수행하기 위해서는 국가의 관여를 필요
로 하는 요소가 들어 있는 경우를 가리킨다. 실제 '대인(代人)' 제도가
시행되지 못하였는지 여부는 추후의 연구가 더 필요한 부분이며, 설사
제도가 시행되지 못하였더라도 폐지되지 않은 이상 '제도'로서는 도입
된 것으로 보아야 한다는 것이 이 연구가 취한 입장이다. 변호사 '제
도'의 연원(淵源)이 무엇이냐 하는 문제와 최초의 변호사가 누구였느냐
의 문제는 서로 별개의 문제이기 때문이다. 근대적 법률업무관련 자격
사 제도의 시발을 놓고 변호사와 경쟁하는 듯한 양상을 보이는 법무사
단체의 공식적인 저작물 ―『법무사백년사』― 에서도 인정하고 있는
사실을 구태여 우리 변호사들이 부정할 이유는 전혀 없다고 할 것이
다. 아울러 1897년 9월에 공포된 「대서소세칙(代書所細則)」에서 규정하
고 있는 '대서인(代書人)' 역시 법무사의 전신(前身)이라고 볼 수 없고,
오히려 변호사의 전신(前身)으로 볼 수 있음을 지적하였다. 그 이유는
법률문서의 작성은 법무사에게 전속된 권한이 아니라 본래 변호사에
게 전속된 권한을 부분적으로 법무사에게 할애(割愛)한 것이라는 연혁
적 이유 때문이다. 물론 시간을 더 거슬러 올라가자면, 조선시대에 활
동하였던 외지부(外知部) 또는 쟁송위업자(爭訟爲業者)가 연혁적 의미에
서 우리나라 변호사 제도의 연원에 해당한다고 볼 수도 있다. 그러나
조선시대의 제도는 개화기를 거쳐 일제 강점기에 이르기까지 우리의
전통적 제도로 더 이상 존속하지 못하였다. 앞에서 제시한 것처럼 최
소한 해당 업무의 취급을 위하여 국가가 '관여'하는 자격 제도를 '근대

적'인 자격제도라고 파악한다면, 위에서 언급한 '대인(代人)'이 우리나라 최초의 '근대적' 변호사의 연원(淵源)이라고 할 수 있다. 이와 같이 변호사 제도는 우리나라 최초의 근대적인 법률업무관련 자격사 제도로 도입되어 지금까지 유지되고 있는 제도임에도 불구하고, 현재의 변호사는 변호사 인접 자격사 직군(職群)의 직무 범위가 점점 확대되면서 상대적으로 그 직역이 위축되는 어려움을 겪고 있고, 인접 자격사 직군(職群)과 사이에서 직역을 둘러싼 갈등을 빚고 있다.

　　국가의 허가를 받아 보수를 받으면서 다른 사람의 위탁을 받아 법률문서만을 작성하는 근대적 의미의 법무사의 연원은 1910년 경기도 경무부령으로 공포된 「대서업취체규칙(代書業取締規則)」이 최초의 것이라고 할 수 있다. 이 「대서업취체규칙」이 「조선사법대서인령(朝鮮司法代書人令)」을 거쳐 「조선사법서사령(朝鮮司法書士令)」에 이르기까지의 일제 강점기에, 우리나라의 사법서사 제도는 일본의 사법서사 제도를 의용(依用)하는 수준에서 벗어나지 못하였다. 위 「조선사법서사령」의 시행으로 '대서인'이라는 명칭이 '사법서사'라는 명칭으로 바뀌게 되었다. 해방 이후 미군정 치하의 과도기를 거쳐 1954년 대한민국의 법률로 제정된 「사법서사법」은 1963년의 재제정과 여러 차례의 개정을 거쳐 1990년부터 「법무사법」으로 전부개정되었고, 다시 여러 차례의 개정을 거치면서 현재에 이르고 있다. 이러한 법무사법의 연혁은 한마디로 법무사의 자격사 위상 강화와 직역 확대의 역사라고 평가할 수 있다. 일본에서는 사법서사의 법률문서 작성 권한에 관하여 직무 범위에 관하여, 법률상식적인 지식에 근거한 정서(整序)적인 사항에 한하여 이루어져야 하며, 그 이상의 전문적인 감정에 속하는 사항이거나 대리 그밖에 다른 방법으로 타인 사이의 법률관계에 개입하는 것은 사법서사의 직무 범위를 벗어나는 것이라는 입장이 비교적 오래 지속되어 왔다. 그러나 우리나라에서는 그러한 논의과정조차 제대로 거치지 않은 채, 실정법을 개정하는 방법으로 위와 같이 법무사의 직역 확대가 이루어져 온 것이다. 근자에 이르러 법무사 직역의 당면 과제는 민사소액사건에서 소송대리권을 확보하는 것이다.

변리사 제도 역시 일제 강점기 치하의 일본 변리사 제도 의용 시대와 미군정 치하의 과도기를 거쳐 1961년 대한민국 최초의 「변리사법」이 제정되었다. 이후 여러 차례의 개정을 거쳐 지금에 이른 「변리사법」은 특허침해 민사사건에 대한 공동소송대리권의 확보 문제, 변호사에 대한 변리사 자격 자동 부여 문제, 변리사 자격을 취득한 변호사들에 대한 변리사회 가입 강요 문제 등에서 변호사단체와 치열하게 대립하고 있다. 변리사단체의 이와 같은 태도는 해당 법조항의 문리적 해석으로도 적절하지 못한 태도일 뿐만 아니라, 변리사 제도의 태동부터 지금에 이르기까지의 연혁을 살펴보더라도 타당하지 못한 태도라고 할 것이다. 세무사 제도의 연혁 역시 위에서 살펴본 법무사나 변리사의 연혁과 별반 다르지 않은 과정을 거쳐 1961년 「세무사법」이 제정된 이래 여러 차례의 개정을 거치면서 현재에 이르고 있다. 세무사 직역도 변호사에게 자동으로 세무사의 자격을 부여하는 세무사법을 개정하려는 움직임을 비롯하여,[1] 조세관련 소송에서 세무사에게 소송대리권을 부여하려는 시도와 세무사의 직무 범위에 속하는 업무 중 법률업무의 성격을 갖는 업무가 상당 부분을 차지하고 있음에도 변호사로 하여금 세무사의 직무를 수행하기 어렵도록, 세무사 등록 제도를 편파적으로 규율하는 등 변리사단체와 마찬가지로 변호사단체와 충돌과 갈등을 만들어내고 있다. 공인노무사 제도 역시 그 직무 범위에 속하는 업무의 거의 대부분이 법률업무에 해당한다. 구태여 공인노무사라는 별도의 변호사 인접 자격사 제도를 창안해 낼 필요성이 별로 없

---

1 이 움직임은 결국 세무사법이 2017. 12. 26. 법률 제15288호로 개정되면서 현실화되었다.

는 자격사 제도라고 할 수 있다. 변호사의 수가 적다거나 수임료가 공인노무사의 그것보다 월등하게 높다는 주장은 작금의 상황 속에서는 더 이상 설득력을 갖지 못한다. 그럼에도 불구하고 공인노무사에게 소송대리권을 인정하는 내용을 담고 있는 개정법률안이 지속적으로 발의되고 있고, 심지어는 진정·고소·고발사건에 관한 진술대리권까지 부여하려는 입법시도가 이루어지고 있다. 자격사 위상을 높인다는 명분으로 손해사정인이라는 명칭을 변경한 손해사정사 직군(職群)은 손해사정사를 규율하는 독립한 법률을 마련하는 것이 당면 목표인 단계이기 때문에 아직 직역을 둘러싸고 변호사 직역과 충돌하는 양상이 벌어지고 있지는 않다. 다만, 비변호사인 손해사정사가 그 직무 범위를 벗어나 법률업무에 해당하는 업무를 탈법적으로 취급하는 사례가 종종 문제되고 있는 상태이다. 공인중개사와 변호사 사이에서는 다른 자격사 직군(職群)의 경우와 반대로 변호사가 공인중개사로 등록을 하지 않고서 부동산중개 업무를 취급하는 경우가 문제되고 있다. 변호사가 공인중개사 등록을 하지 않은 채 부동산중개업을 영위할 수 있는지 여부에 관하여 대법원은 과거에 부정적인 입장을 취하였다. 그러나 최근에는 부동산중개 업무 중에서 법률업무의 성격을 갖는 업무에 대해서는 변호사도 이를 수행할 수 있다고 본 하급심 판결이 나오기도 하였다. 비록 이 판결은 상급심에서 취소되었고 그 후 대법원의 최종적인 판단을 받지 못한 채 종결되었으나, 직업법관이 아닌 국민참여재판을 통한 판단이었다는 점에서 주목할 만한 판결이었다. 대서업자로 시작해서 대서인과 행정대서 시기를 거쳐 지금의 행정사로 발전한 행정사 직군(職群)과 관련해서는 행정상 쟁송절차에서 대리권을 확보하기 위한 입법 시도가 크게 문제되고 있다. 이상과 같이 우리나라 법률업무관련 자격사 직군(職群)의 연혁과 현황을 살펴본 바에 따르면, 우리나라 법률업무관련 자격사 직군(職群) 사이에는 직역 간의 충돌과 갈등만

양산하는 상황이 전개되고 있음을 알 수 있었다.

제3장에서는 외국의 법률업무관련 자격사 제도는 어떤 연혁을 거쳐 현재 어떻게 운영되고 있는지를 살펴보았다. 외국의 법률업무관련 자격사 제도에 관한 연혁적인 연구는 우리나라의 근대화 시점에 해당 국가의 법률업무관련 자격사 제도가 많은 영향을 미쳤다는 점에서 중요한 의의를 갖는다. 아울러 외국 법률업무관련 자격사 제도의 현황은 현재 우리나라에서 벌어지고 있는 법률업무관련 자격사 직군(職群) 사이의 충돌과 갈등 양상에 대한 비교법적 고찰을 가능하게 한다. 일본의 경우에는 우리나라와 유사하게 법률업무관련 자격사 제도가 매우 다양하게 분화되어 있음을 알 수 있었다. 그 중에는 사법서사(司法書士), 변리사(弁理士), 세리사(税理士), 사회보험노무사(社会保険労務士), 행정서사(行政書士)와 같이 우리나라의 법률업무관련 자격사 제도와 유사한 제도가 상당수를 차지하고 있었지만, 토지가옥조사사(土地家屋調査士)와 같이 우리 법제에는 생소한 자격사 직군(職群)도 존재하고 있었다. 일본의 연혁과 현황에 관한 연구에서 발견한 중요한 시사점은 1999년부터 시작된 사법개혁 작업이 종래 변호사가 아니면 수행할 수 없었던 법률업무 영역에 이들 자격사 직군(職群)의 진입을 확대하거나 새로 허용하는 방향으로 변화가 이루어지고 있다는 점이다. 사법서사에게는 우리의 민사소액사건에 해당하는 간이재판소 사건에 관하여 변호사와 대등한 소송대리권이 인정되었다. 변리사 중에는 부기변리사라고 하여 변호사와 공동으로 소송대리를 할 수 있는 지위가 인정되었고, 부기변리사가 아니더라도 보좌인의 지위를 인정받게 되었다. 세무사의 경우에도 보좌인의 지위를 인정받고 있으며, 다른 자격사에게도 장기적으로 이와 같이 소송절차나 소송외 분쟁해결절차에서 고유한 지위를 인정하는 방향으로 사법제도의 변경이 진행되고 있다고 할 수 있다. 반면에 독일의 경우에는 변호사에게 변리사나 세무사의 자격을

자동으로 부여하고 있지는 않지만 법률업무를 처리할 수 있는 지위는
변호사로 엄격하게 제한하고 있었다. 기술적인 분야와 행정적인 업무
에 관해서는 해당 분야에 고유한 자격사 제도를 시행하되, 소송대리
등 법률업무의 영역은 필수적 변호사대리 제도를 시행하여 변호사가
아니면 관여할 수 없도록 분화되어 있는 것이 독일 법률업무관련 자격
사 제도의 특징이라고 할 수 있다. Rechtsbeistand(법률상담사)라는 특
유한 제도가 존재하지만 우리의 변호사 인접 자격사 직군(職群)에 비견
될 정도의 중요한 역할을 담당하는 제도는 아니었다. 독일의 법률업무
관련 자격사 제도에 있어서 또 다른 특징이라고 한다면, 변호사법에
변호사와 변리사 또는 세무사의 협업이나 합동사무소를 허용하고 있
다는 점이었다. 프랑스의 경우에는 매우 특이하게도 법률업무관련 자
격사 제도가 변호사 직역으로 흡수·통합되는 연혁을 갖고 있었다. 변
호사 직군 자체가 다양하게 분화되어 있기 때문일 수도 있겠으나, 프
랑스의 경우에는 변호사 이외에 특별히 이 연구와 관련하여 살펴볼 만
한 법률업무관련 자격사 직군은 눈에 띄지 않았다. 미국의 경우에도
법률업무에 관해서는 변호사의 지위가 확고하게 자리잡고 있다고 할
수 있었다. 변리사는 특허 출원 등에 관해서만 대리권을 가질 뿐이고,
소송에 관한 업무는 모두 변호사가 담당하였다. 다만 변호사가 특허
관련 업무나 세무 관련 업무를 취급하고자 하는 경우에는 일반변호사
중에서 별도로 자격을 부여하거나, 특정 기관에 등록을 하도록 요구하
는 경우가 있었다. 이밖에 Paralegal이라는 독특한 제도가 발전해 온
것이 특징이었는데, 종래 변호사의 업무를 보조하는 지위에 머무르던
Paralegal 직군(職群)이 점차 그 지위를 강화하면서 일부 주에서는 독
립적인 직무수행 권한까지 부여받고 있는 단계에 이르고 있음을 살펴
보았다. 앞으로의 추이가 주목되는 부분이라고 할 수 있다. 영국의 경
우에는 변호사 제도 자체가 Barrister와 Solicitor로 분화되어 있는 점이

큰 특징인데, 점차 양자 사이의 경계가 허물어지고 있는 양상이다. 영국의 변리사는 특허청 및 특허법원에서 특허에 관한 대리 업무를 담당하나 특별한 교육과 훈련을 거친 변리사들에게는 특허법원에서 소송을 대리할 권한이 부여된다. 영국의 경우에도 미국과 마찬가지로 Paralegal이라는 직군(職群)이 존재하는데, 영국의 Paralegal은 Solicitor의 업무를 보조하기도 하지만, 소정의 실무경력과 인증절차를 거쳐 독립적으로 의뢰인에게 제한적인 법률서비스를 제공할 수 있는 지위를 인정받고 있다. 한편 Paralegal 중에서 일정한 실무경력과 선발시험을 거친 이들은 Legal Executive라고 하여 하급법원에서 제한적인 소송대리권을 인정받고 있다. 이상이 제3장에서 살펴본 외국의 법률업무관련 자격사 제도의 연혁과 현황이었다.

제4장에서는 한국의 법률업무관련 자격사 제도가 어떤 모습으로 발전해 나가야 할 것인지 그 방향을 모색하여 보았다. 먼저 변호사가 아니면 원칙적으로 법률업무를 수행할 수 없도록 금지하고 있는 변호사법의 규율에 대한 이론적 논의를 살펴보았다. 일각에서는 법률업무의 수행에 관하여 변호사 직역에 독점적인 권한을 부여하는 것은 진입장벽에 해당하고, 이러한 진입장벽은 철폐되어야 한다는 주장을 제기하고 있다. 진입장벽이 필요하다는 입장에서는 진입장벽 필요성의 이론적 근거로 정보의 비대칭성으로 인한 역선택(逆選擇)을 방지할 필요성이나, 자격사가 잘못된 법률서비스를 제공하는 경우 사회에 미치는 파급력 — 부정적 외부효과 — 을 고려해서 국가가 법률서비스를 제공하는 자격사 직군(職群)을 관리할 필요성을 거론한다. 반면에 진입장벽을 철폐해야 한다고 주장하는 입장에서는, 진입장벽을 이용한 자격사 직군(職群)의 도덕적 해이 및 진단과 처방을 동시에 담당하는 경우 자신이 속한 직역의 이익을 도모하게 된다는 논거 등을 들어 진입장벽 필요론을 비판한다. 아울러 진입장벽 철폐론은 자격사의 공급을 확대

하게 되면 자격사가 제공하는 서비스의 수준이 높아질 것이라고 주장
한다. 그러나 소비자 주권이 강화되고 있는 현실에서 도덕적 해이론은
별로 설득력이 없으며, 정액제 또는 정률제 보수약정이 거의 대부분인
우리나라의 현실 하에서 변호사가 진단과 처방을 동시에 담당하면서
불필요한 소송을 부추기거나 서비스의 가격을 왜곡시킬 우려 역시 거
의 없다고 할 수 있다. 이와 같이 진입장벽 철폐론은 우리나라의 현실
에 대한 진단에서 근본적인 오류를 범하고 있다. 자격사의 공급을 확
대하여 자격사 상호간에 경쟁을 활성화시키면, 저렴한 가격을 지불하
고도 높은 수준의 서비스를 제공받을 수 있을 것이라는 논거 역시, 변
호사의 수가 많기로 정평이 난 미국의 사례를 볼 때 그러한 수준 높은
서비스가 구현되지 않고 있다는 점에서, 탁상공론에 불과하다. 사람의
생명과 신체, 재산을 다루는 법률서비스의 수준을 수요와 공급의 법칙
이라는 초보적 경제학 이론에 입각해서 정량적으로 평가한다는 것은
애당초 불가능한 접근이라고 할 수 있다. 변호사가 아닌 자에게 법률
업무를 함부로 취급할 수 없도록 법률이 규제하는 이유는, 변호사 직
군(職群)을 보호하기 위한 '장벽'을 설치하고자 하는 것이 아니라, 국가
제도로서의 사법제도를 유지하고 우리나라 헌법의 기본질서인 법치주
의와 적법절차의 원리를 확립하기 위한 안전장치를 마련하기 위함이
다. 변호사에게 법률업무를 독점시키는 경우에 발생할 수 있는 사회적
비효용은, 이와 같은 변호사 제도의 사회적 효용과 비교할 바가 되지
못한다. 이러한 이유에서 변호사 직역에 대한 진입규제는 충분한 정당
성을 갖는다는 것이 이 연구가 내린 결론이다.

　　외국의 법률업무관련 자격사 직군(職群)의 경우를 살펴보면, 일본
의 경우와 같이 변호사 인접 자격사 직군(職群)에 종래 변호사가 아니
면 수행할 수 없었던 법률업무의 일부, 심지어 소송대리권까지 부여하
는 방향으로 변화해 가는 사례가 전혀 없는 것은 아니지만, 대체로 법

률업무의 수행에 관한 변호사의 지위를 존중하고, 인접 자격사 직군(職群)의 직무 범위에 속하는 업무라고 하더라도 그 업무가 법률업무의 성격을 갖고 있는 경우에는 변호사가 이를 수행할 수 있도록 허용하고 있음을 알 수 있었다. 심지어 일본의 경우와 반대로 인접 자격사 직군(職群)을 변호사 직군(職群)에 통·폐합하는 방향 — 프랑스의 경우 — 으로 직역 사이의 조정이 이루어진 경우도 볼 수 있었다. 또 변호사와 변호사 아닌 자 사이의 동업 — MDP, LDP, ABS — 이 이미 제도화되었거나 제도적 허용을 모색하고 있음을 알 수 있다. 우리나라에서도 이러한 통·폐합론이나 MDP 도입론이 조심스럽게 제기되기 시작했으나, 아직 MDP가 우리나라에 필요할 것인지, 그리고 어떤 구체적 모델로 시행할 것인지에 대해서는 본격적인 논의가 이루어지지 못하고 있는 형편이다. 도입론자들이 제시하는 MDP의 모델 역시 어째서 그러한 모델만을 선택해야 하는지에 대한 설명이 충분하지 않다. MDP 도입을 지지하는 입장에서는 원스톱 서비스의 제공이나, 서비스의 질 향상을 긍정적 효과로 주장한다. 그러나 MDP를 도입하는 경우에는 변호사 제도가 사회에 제공하는 가장 중요한 효용, 즉 공공성, 독립성, 비밀보호 의무, 이해충돌 방지의무 등이 침해될 가능성이 매우 커진다는 문제점이 제기되기도 한다.

　이 연구에서는 법률업무관련 자격사 제도의 사회적 효용은 국민의 사법접근권을 충실하게 보장하는 것에 맞추어져야 한다고 보았다. 법률업무관련 자격사 제도의 발전 방향 역시 이러한 사회적 효용의 증대에 맞추어져야 할 것이다. 진입장벽의 철폐든 MDP 제도의 도입이든, 이와 같은 사회적 효용을 증대시킬 수 있는지 여부를 기준으로 판단해야 한다. 이와 같은 관점에서 현재와 같이 법률업무관련 자격사 직군(職群) 사이에 갈등과 충돌이 벌어지고 있는 양상은 결코 바람직한 상황이라고 볼 수 없다. 그러나 이를 해소하기 위한 방안으로 지금까

지 제시되어 온 진입장벽 철폐론이나 인접 자격사 통·폐합방안, 그리
고 MDP 방안은 부족하거나 잘못된 방향을 설정하고 있다. 변호사 직
역에 대한 진입장벽 철폐론은 변호사 제도의 사회적 효용을 제대로 고
려하지 못한, 출발점부터 잘못 설정된 논의이다. 통·폐합방안이나
MDP 도입론은 어느 하나의 방안만으로 사회적 효용을 현재보다 더
증대시켜 줄 수 있을 것인지 의문이 있다.

　　이상의 연구결과를 종합할 때, 한국의 법률업무관련 자격사 제도
의 발전을 도모할 수 있는 방안은 '복합적 협력모델'이어야 한다는 것
이 이 연구의 최종적인 결론이다. 복합적 협력모델이란 대상 직군(職
群)의 직무 범위에 따라 변호사 직군과 통합과 업무제휴 및 동업을 각
각 달리 검토하여야 한다는 개념이다. 변호사 제도로 통합하여야 하는
직군에 대해서는 현재 해당 직군(職群)에서 활동하고 있는 이들은 계속
그 직무를 수행할 수 있도록 허용하되, 신규로 해당 직군(職群)에 진입
하는 것을 중지시킨다. 동업을 허용할 수 있는 직군(職群)에 대해서는
MDP 형태의 동업을 허용한다. 변호사 제도에 흡수시키는 것은 물론
동업을 허용하기에도 적절하지 않으나, 통합적인 서비스를 의뢰인에게
제공하도록 도모하는 것이 의뢰인의 편의를 증진시키고 더 효과적인
서비스를 가능하게 할 것으로 기대되는 직군(職群)에 대해서는 변호사
제도와의 협력관계(업무제휴)를 허용한다.

　　이러한 기준에 따라 이 연구에서 연구대상 범주로 설정하였던 법
무사, 변리사, 세무사, 공인노무사, 행정사 직군(職群) 중에서 통합 대
상 직군(職群)은 법무사 직군(職群), 행정사 직군(職群), 공인노무사 직
군(職群)으로 설정하였다. 이들 직군(職群)의 업무는 변호사의 업무 범
위에 완전히 포섭시킬 수 있다. 변리사 직군(職群)은 동업이 허용될 수
있는 직군(職群)으로 보았다. 특허의 출원 등 기술적인 분야에 대한 독
자성이 어느 정도 인정될 수 있다고 보았기 때문이다. 세무사 직군(職

群)은 그 업무의 성격을 고려할 때 흡수나 동업보다는 업무제휴 형태가 적절하다고 보았다. 물론 흡수나 동업의 대상으로 제시한 직군(職群)의 경우에도 해당 자격이 유지되는 동안에는 업무제휴형태의 협력이 가능할 것이다. 금융업과 같은 비(非)자격사 직군(職群)의 경우에도 일정한 요건을 구비한다면 동업이나 업무제휴 형태의 협업을 허용할 수 있을 것이지만, 회계사의 경우에는 동업이나 업무제휴 대상에서 배제하는 것이 적절하다고 보았다. 그 직무의 속성상 비밀보호 의무를 둘러싸고 변호사의 의무와 회계사의 의무는 충돌할 가능성이 매우 높기 때문이다.

동업이나 업무제휴를 허용하게 된다면 해당 자격사 제도를 규율하는 법률은 물론 변호사법 제34조와 같은 일부 조항을 개정하여야 하고, 동업조직이나 업무제휴관계를 규율하기 위한 법제를 변호사법에 마련하여야 할 필요가 있다. 이에 관해서는 해당 항목에서 구체적인 내용을 자세히 제시하였는데, 기본적으로는 변호사 제도가 갖는 사회적 효용성 ― 법치주의와 적법절차 원리라는 헌법 질서의 구현 ― 을 고려하여 변호사에게 법률이 요구하는 공공성이나 독립성이 훼손되지 않고, 의뢰인의 비밀보호나 이해관계의 충돌방지의무가 제대로 구현될 수 있어야 한다는 관점에 입각하였다.

한편, 변호사 직역에 대하여 사회가 요구하는 목표를 충실하게 구현하기 위해서는 변호사 직군(職群) 내부에서도 변화가 필요함을 지적하면서, 그 변화의 방향은 국민의 사법접근권을 확충하고, 수요자인 국민에게 커다란 경제적 부담을 수반하지 않으면서도 변호사 인접 자격사보다 수준 높은 변호사의 법률서비스를 제공할 수 있도록 하는 것이어야 한다고 보았다. 민사소액사건을 지원하는 변호사 제도의 정비, 특정분야 ― 특허사건이나 세무사건 ― 를 취급하는 변호사에 대한 직무훈련의 강화 방안 등이 그 예가 될 수 있을 것으로 제시하였다.

국가에서 어떤 직역에 대하여 일정한 자격을 요구하면서 그러한 자격이 없는 자에게는 해당 직역의 업무를 수행할 수 없도록 규제하는 목적은 그러한 규제를 통하여 국민의 복리가 더 증진될 것이라는 기대가 있기 때문이다. 그러한 기대가 난망(難望)이 된다면 더 이상 규제를 존속시킬 필요성이 없게 되는 것이며, 규제의 정당성도 사라지게 될 것이다. 이와 같은 이치는 우리나라 법률업무관련 자격사 제도에 대해서도 당연히 적용된다. 법률업무와 관련하여 자격사 제도를 시행하는 목적은 국민의 사법접근권을 충실하게 보장하기 위함에 있다. 법률업무관련 자격사 직군(職群) 사이의 충돌과 갈등은 이러한 자격사 제도의 목적에 정면으로 반하는 것이다. 이러한 충돌과 갈등을 해소하면서 법률업무관련 자격사 제도가 갖는 사회적 효용성을 제고하려면 '직역이기주의'라는 좁은 울타리를 벗어나야 한다. 직무가 중복되는 직군(職群)은 과감하게 통합하되, 각 직무의 고유성이 인정되는 직군(職群) 사이에서는 동업과 업무제휴를 허용할 필요가 있다. 각 직군(職群)에 진입하는 이들이 많아질수록 개혁은 더욱 어려워질 것이므로 이러한 조치는 가급적 조속히 이루어져야 한다. 이러한 외부적 개혁과 함께, 변호사 직역 내부에서도 종래의 고답적인 논의를 답습하는 태도를 벗어나서 국민의 사법접근권을 강화하기 위하여 변호사 직역이 감당해야 할 역할이 무엇인지를 진지하게 성찰하여야 할 것이다.

# 참고자료

## 단행본(국내)

국회도서관, 『한말 근대법령자료집』, 1971.

노명선, 『법무사제도론』, 성균관대학교출판부, 2011.

대한법무사협회, 『법무사백년사』, 육법사, 1997.

대한변리사회, 『변리사회육십년사』, 2007.

서울지방변호사회, 『변호사법개론』, 박영사, 2016.

서울지방변호사회, 『서울지방변호사회100년사』, 서울지방변호사회, 2009.

세종대왕기념사업회, 『한국고전용어사전』, 2001.

한국고문서학회, 『조선의 일상, 법정에 서다』, 역사비평사, 2014.

한국특허제도사편찬위원회, 『한국특허제도사』, 특허청, 1998.

행정안전부, 『2012 행정사제도 업무편람』, 2012.

## 연구논문/용역보고서/자료집(국내)

고영선·김두얼·윤경수·이시욱·정완교, "전문자격사제도 개선방안 연구", 한국개발연구원 연구보고서, 2002. 2.

국회의원 이명수, "손해사정사의 공정성 제고를 위한 정책토론회 자료집", 2015. 5. 14.

권세훈, "유럽과 프랑스의 특허업무와 특허담당기관", 「유럽헌법연구」 제10호 (2011. 12), 유럽헌법학회.

김성환, "일본의 세리사제도와 그 현황", 「계간 세무사」(1994), 한국세무사회.

김완석, "독일의 세무사제도", 「계간 세무사」(1994), 한국세무사회.

김용섭, "독일과 일본에서의 MDP 논의", 「人權과 正義」 제412호(2010), 대한

변호사협회.

김재문, "한국전통법의 정신과 법체계, 62: 사법사상·재판이론: 조선왕조의 변호사제도(外知部): 송사·옥사의 의의 및 그 부작용과 대송(대리소송)·외지부", 「司法行政」 제45권 제9호 통권 525호(2004. 9), 韓國司法行政學會.

김진태·서정화, "세무사 자격제도 역사적 고찰을 통한 개선방안", 「경영사학」 제31집 제2호(통권 제78호)(2016), (사)한국경영사학회.

노기현, "현행 변리사의 대리권에 관한 비교법적 연구", 「유럽헌법연구」 제10호(2011. 12), 유럽헌법학회.

대한변호사협회, "변리사 공동소송 대리 저지를 위한 토론회 자료집", 2017.

박명호·기은선·김정아, "외국의 세무사제도 연구", 한국조세연구원, 2007.

법무부, 「각국의 변호사제도」, 2001.

송기철, "일본의 사회보험노무사에 관한 고찰", 「보험학회지」 12권(1976), 한국보험학회.

심재우, "조선시대 소송제도와 外知部의 활동", 「명청사연구」 제46집(2016. 10).

안경봉·장재옥·신홍균·윤태영, "법조인접직역 업무조정 및 통폐합 방안 연구", 법무부용역보고서, 2010.

이병규, "근대 한국의 특허제도", 「지적재산권」 제26호(2008. 7), 한국지적재산권법제연구원.

이상수, "국제법률시장의 변화와 MDP", 「법과 사회」 제42호(2012), 법과사회이론학회.

이상혁·차형근, "한국 변호사 100년의 발자취", 「저스티스」 27권 제2호(1994. 12), 한국법학원.

이전오, "미국과 영국의 MDP 동향", 「人權과 正義」 제412호(2010), 대한변호사협회.

이전오, "우리나라의 MDP 도입방안에 관한 연구", 「성균관법학」 제25권 제3호(2013), 성균관대학교 법학연구소.

이천교, "법무사 120년, 그 존재와 역할", 법률신문(2017. 9. 28 입력).

임호순, "미국에서의 특허침해소송과 특허무효절차", 「발명특허」 제35권 제12
　　호(2010. 12), 한국발명진흥회.

정차호, "영국 특허지방법원(Patents County Court)의 개혁", 「지식재산연구」
　　제7권 제4호(2012. 12), 한국지식재산연구원.

최승재, "변호사법 제3조의 해석과 변호사의 직무범위에 대한 연구", 「변호사」
　　제47집(2015), 서울지방변호사회.

최승재, "한국형 MDP의 도입 방향", 「人權과 正義」 제412호(2010), 대한변호
　　사협회.

최호진, "구한말부터 일제시대까지 사법적 시스템 ― 갑오경장에서 해방전(前)
　　법제사를 중심으로 ― ", 「한국행정사학지」(2005), 한국행정사학회.

하홍준, "특허소송체계 개선을 위한 해외사례 조사 연구", 국가지식재산위원회
　　연구용역보고서, 2014.

한상권, "조선시대 소송과 외지부(外知部) ― 1560년 「경주부결송입안(慶州府
　　決訟立案)」 분석", 「역사와 현실」 제69호(2008. 9).

## 단행본(해외)

高中正彦, 『弁護士法概説』(제4판), 三省堂, 2012.

## 연구논문/용역보고서/자료집(해외)

谷正之, "弁護士の誕生とその背景 ― 明治時代前期の代言人法制と代言人の活
　　動 ― ", 「松山大学論集」 第21巻 第2号(2009. 8).

木下富夫, "わが国における司法書士制度の史的展開", 「武蔵大学論集」 第54권
　　제3호(2007. 1).

松永六郎, "本人訴訟の意義", 「月報司法書士」 417호(2006. 11), 日本司法書士
　　会連合会.

## 웹사이트

http://glaw.scourt.go.kr

https://www.ccourt.go.kr

http://law.go.kr

http://viewer.nl.go.kr

http://theme.archives.go.kr

http://likms.assembly.go.kr/bill/main.do

http://www.koreanbar.or.kr

https://www.seoulbar.or.kr/

https://www.lawtimes.co.kr

http://www.lec.co.kr/

http://db.history.go.kr

http://www.itkc.or.kr

http://www.kpaa.or.kr

http://www.kacpta.or.kr/

http://sillok.history.go.kr

http://news.donga.com/

http://www.yonhapnews.co.kr/

http://m.dailyjn.com

http://elaws.e－gov.go.jp/search/elawsSearch/elaws_search/lsg0100/

https://www.gyosei.or.jp/information/introduction/consists.html

http://www.chosashi.or.jp/res/index.html

http://www.shiho－shoshi.or.jp/association/intro/association_history.html

http://www.sihosyosi.or.jp/about/history/

http://www.kantei.go.jp/jp/sihouseido/report/ikensyo/pdf

http://www.jpaa.or.jp/patent－attorney/history/.

http://www.ip.courts.go.jp/aboutus/history/index.html.

http://www.gesetze—im—internet.de/

http://www.buzer.de/gesetz/2859/index.htm

http://legaldocumentassistant.blogspot.kr/2007/12/whats—in—name.html

https://www.uspto.gov/learning—and—resources/glossary#sec—a

https://www.linkedin.com/pulse/paralegal—vs—california—legal—document —assistant—sandra—mccarthy.

http://www.courts.wa.gov/court_rules/?fa=court_rules.display&group=ga&s et=apr&ruleid=gaapr12.

http://www.faldp.org/About—FALDP—Contact—FALDP.html

http://www.nationalparalegals.co.uk/what_is_a_paralegal

http://www.cilex.org.uk/about_cilex/about—cilex—lawyers

**책임연구위원 약력**

이광수(李光洙)
서울대학교 법과대학 법학과 졸업
제27회 사법시험 합격 / 사법연수원(제17기) 수료
대법원 양형위원회 위원 / 법무부 형사법개정분과특별위원회 위원
서울지방변호사회 법제이사
(현)서울지방변호사회 법제연구원 원장

서울지방변호사회 법제연구원 연구총서 10
한국의 법률업무관련 자격사 제도에 관한 연구

| | |
|---|---|
| 초판발행 | 2018년 11월 30일 |
| 연구위원 | 서울지방변호사회 이광수 |
| 펴낸이 | 안종만 |
| 편  집 | 이승현 |
| 기획/마케팅 | 조성호 |
| 표지디자인 | 조아라 |
| 제  작 | 우인도 · 고철민 |
| 펴낸곳 | (주) **박영사** |
| | 서울특별시 종로구 새문안로3길 36, 1601 |
| | 등록 1959. 3. 11. 제300-1959-1호(倫) |
| 전  화 | 02)733-6771 |
| f a x | 02)736-4818 |
| e-mail | pys@pybook.co.kr |
| homepage | www.pybook.co.kr |
| ISBN | 979-11-303-3196-6  93360 |

copyright©서울지방변호사회, 2018, Printed in Korea

정 가    30,000원